Das Einsteigerseminar

Samba

Jan Holz

Das Einsteigerseminar Samba

bhv

Dieses Buch wurde der Umwelt zuliebe auf chlorfrei gebleichtem Papier gedruckt.

Bürohandels- und Verlagsgesellschaft mbH
Novesiastraße 60
41564 Kaarst
Germany
Telefax: (0 21 31) 765 – 101
Internet-Adresse: http://www.bhv.net

04 03 02 01 00

10 9 8 7 6 5 4 3 2 1

1. Auflage

ISBN 3-8287-1103-0

Printed in Italy

Inhalt

Vorwort

Mit diesem Buch wende ich mich an die Leser, die privat oder beruflich den Einsatz eines Dateiservers planen und, aus welchen Gründen auch immer, eine Alternative zu Microsofts Windows NT suchen.

Auch den Lesern, die bereits Samba im Einsatz haben, wird das Buch eine Hilfe sein. Schließlich ist die Inbetriebnahme von Samba mit ein paar UNIX-(LINUX)-Grundkenntnissen gut zu schaffen. Man merkt im Laufe des Buches allerdings, dass es doch noch eine Menge von Parametern gibt, die man eigentlich nicht zu verändern braucht, die aber in speziellen Fällen durchaus hilfreich sind. Bekanntlich halten Provisorien immer am längsten, aber es spricht auch nichts dagegen, aus ihnen Lösungen zu machen. Deshalb gibt es in diesem Buch reichlich Informationen, die mehr ins Detail gehen, als für die pure Inbetriebnahme nötig ist.

Nicht zuletzt kommt es in Netzwerkumgebungen auch zu Fehlern und unerklärlichen Problemen. Auch hierzu liefert das Buch entsprechende Hinweise und Methoden der Diagnose und Behebung.

Samba ist mittlerweile auch im kommerziellen Umfeld mit steigender Tendenz im Einsatz. Das liegt an der hohen Softwarequalität des Produktes, aber auch an dem Wunsch vieler Unternehmen, teure und zuverlässige UNIX-Computer auch als Dateiserver nutzen zu können oder Lizenzkosten zu sparen.

Über die LINUX-Gemeinde brauchen wir gar nicht lange zu reden. Dort genießt Samba schon seit Jahren ein hohes Ansehen.

Samba wird häufig, vielleicht sogar am häufigsten, in LINUX-Umgebungen eingesetzt. Das spiegelt sich auch in diesem Buch wider.

Die Angaben, die sich auf kein konkretes UNIX-System beziehen, gelten hier für die SuSE-LINUX-Distribution (Version 6.2), da diese Distribution im deutschsprachigen Raum sehr verbreitet ist. Die beschriebene Version ist Samba 2.0.6, falls nichts anderes angegeben wurde.

Angemerkt sei jedoch, dass SuSE in einigen Fällen die Ablage der Dateien ihren Bedürfnissen angepasst hat. So befindet sich die Konfigurationsdatei *smb.conf*, die im Original unter */usr/local/samba/lib* liegt, z.B. nun, wie die meisten Konfigurationsdateien, unter */etc*. Das muss man entsprechend beachten, wenn man vor hat, die Original-Quellen zu übersetzen und zu installieren oder wenn der Leser eine andere LINUX- oder UNIX-Version benutzt.

Ausdrücklich möchte ich auch darauf hinweisen, dass für die erfolgreiche Installation und den Betrieb Grundkenntnisse des Betriebssystems UNIX notwendig sind. Im Rahmen des Buches kann auf die verwendeten UNIX-Kommandos nicht näher eingegangen werden. Das würde allein ein Buch dieses Formates füllen. In aller Regel findet man aber bei seinem verwendeten UNIX die legendären »man pages« des Kommandos `man` oder eine ähnliche Dokumentation, die bei Fragen weiterhilft. Nicht zuletzt gibt es auch noch die unerschöpflichen Informationen des Internets, insbesondere WWW und NEWS.

Ich bemühe mich, einige Grundbegriffe zu UNIX und der Zahlendarstellung als Basiswissen anzubieten, damit auch diejenigen Samba zum Laufen bekommen, die nicht die Zeit haben, sich intensiv mit UNIX auseinander zu setzen. Für die Lektüre wünsche ich viel Spaß und Erfolg beim Einsatz eines Samba-Servers.

Jan Holz

Einführung

1 Einführung

1.1 Was ist Samba?

Samba stellt eine Software dar, die über das SMB-Protokoll Ressourcen für ein Netzwerk bereitstellt. Diese Ressourcen sind Dateien (bzw. Dateisysteme) und Drucker.

Damit stellt Samba eine Alternative zum *Microsoft Windows NT Server* dar.

Die Motivation für den Einsatz dürfte vor allem folgende Gründe haben:

- keine unmittelbaren Lizenzkosten
- zuverlässiger Dienst für Dateiarbeit und Drucken
- Interesse an UNIX/LINUX und deren Einsatzmöglichkeiten
- einfache Fernkonfiguration über SWAT und Browser
- vorhandene UNIX-Server

Haben Sie den Benchmarkstreit zwischen Samba und Microsoft mitbekommen? Etwa mit der Freigabe der Version 2.0 von Samba wurden auch Ergebnisse von Leistungsmessungen bekannt gegeben, die Samba in einem äußerst günstigen Licht erscheinen ließen. Danach sah Windows-NT-Server in einigen Aspekten schlechter aus als Samba. Nun, der vermeintlich Schlechtere konterte natürlich und die Streiterei ging noch eine Weile weiter.

Interessant für uns ist der Aspekt, dass man wohl behaupten kann, Samba und Windows-NT-Server spielen in einer Liga. Deshalb ist der Betrieb eines Windows-Netzwerkes mit Samba-Server durchaus eine Alternative zu Windows-NT-Server.

1.2 Alternativen (die keine mehr sind)

Die Verwendung von Microsoft-Produkten, wie Windows 3.11 (WfW), Windows NT, Windows 95 und Windows 98 erfreut sich großer Beliebtheit. Die große Verbreitung zwingt allerdings auch die letzten Abtrünnigen zu dem Einsatz von Microsoft-Produkten auf ihren PCs oder man ist nicht mehr »kompatibel« und kann kaum noch einen vernünftigen Datenaustausch hinbekommen. (Wenigstens gibt es noch herstellerunabhängige E-Mail!)

Vor einigen Jahren war die Verteilung noch nicht ganz so Microsoft-lastig und es gab auch häufiger UNIX-Systeme. Und zu MS-DOS-Zeiten brauchte man natürlich auch schon Dateiserver. Damals setzte man Novell NetWare, Sun PC-NFS auf UNIX oder einige andere Systeme ein.

NetWare hat sich lange Zeit auf den Lorbeeren ausgeruht und erst in den letzten Jahren mit der Verlagerung von IPX auf TCP/IP einige Dienste mehr zur Verfügung gestellt. Vorher gab es im Wesentlichen nur zwei Aufgaben:

- Dateidienste
- Druckdienste

Der Betrieb einer Datenbank war schon ein ziemlicher Krampf. (Heute könnte man ja sogar durch Verwendung von Java mit mäßigem Aufwand einen eigenen Dienst implementieren.)

UNIX ging es auch nicht viel besser (und LINUX gab es noch nicht). Als Datenbankserver und für den wissenschaftlichen Einsatz als Workstation war es durchaus präsent. Allerdings war die Versorgung von PCs mit Dateien ein echtes Problem. Von Sun Microsystems wurde als erste halbwegs brauchbare Lösung PC-NFS eingeführt. NFS selbst ist zum Verteilen von UNIX-Dateisystem-Ressourcen zwischen UNIX-Systemen nach wie vor das gängige Protokoll.

Der Einsatz im PC-Umfeld hatte jedoch etliche Tücken. Zum einen benötigten die Treiber-Schichten in der DOS-Umgebung recht viel Platz, was zickige DOS-Anwendungen durchaus zur Aufgabe zwang. Andererseits gab es auch häufiger Probleme mit Dateisperren (File Locking), vor allem wenn Windows 3.x und Microsoft-Produkte laufen sollten.

Mit Windows NT als Server gab es solche Probleme natürlich nicht!

Wie kann man nun das Gute von UNIX (*das* Server-Betriebssystem, gute Skalierbarkeit, Verzicht auf unnötigen Ballast, wie die ständig aktive Grafikoberfläche) mit dem Nützlichen, nämlich der möglichst hundertprozentigen Kompatibilität zu Windows NT verbinden? Indem man das SMB-Protokoll auf UNIX implementiert!

1.3 Auf welchen Plattformen läuft Samba?

Samba wurde für den Betrieb auf UNIX-Betriebssystemen entwickelt und ist auch für alle bedeutenden Ableger getestet und verfügbar. Der verbissene Einsatz einiger Softwareentwickler sorgt auch immer mal für Überraschungen, so dass es auch Portierungen für UNIX-ähnliche Systeme gibt.

Die Verteilung erfolgt mit vollem in C geschriebenem Quellcode und ist unter dem GNU General Public Licence (GPL) Model verfügbar. Mehr zum Lizenzmodell steht im nächsten Abschnitt.

Ausgehend von den Programmquellen kann man Samba mindestens auf folgenden Systemen übersetzen:

- AIX
- DNIX

- FreeBSD, NetBSD und OpenBSD
- IRIX
- HP-UX
- LINUX
- OSF1
- SCO
- Solaris 2 und Folgende
- SunOS 4.x
- Ultrix

Da bei einigen Systemen, z.B. AIX, SCO und Solaris, kein C-Compiler mit ausgeliefert wird bzw. dieser, in Abweichung von alten UNIX-Traditionen, teuer erworben werden muss, ist die do-it-yourself-Übersetzung schon etwas aufwendiger.

Allerdings ist für die meisten UNIX-Versionen der unter GPL laufende GNU-C-Compiler *gcc* verfügbar.

Zusätzlich zu den obigen UNIX-Versionen gibt es auch noch Samba-Portierungen für folgende Betriebssysteme:

- Amiga
- MVS
- MPE/ix
- OS/2
- Stratus-VOS
- VMS

1.4 Lizenzfragen

Samba wird unter der GNU General Public License (GPL) verteilt. Dieses Lizenzmodell entstammt der Free Software Foundation.

Die Idee der GPL ist die Erlaubnis der Verteilung unter folgenden Bedingungen:

- Jegliche Veränderung an der Software muss unter den gleichen Lizenzbedingungen freigegeben werden, wie die Originalsoftware (GPL Version 2, Sektion 2).
- Der Quellcode muss mindestens auf Anforderung geliefert werden, wenn er nicht schon mit der übersetzten Distribution ausgegeben wurde (GPL Version 2, Sektion 3).

Der tiefere Sinn der GPL besteht nicht darin, alles kostenlos zu machen, sondern den Freiraum für das Kopieren und Verändern zu schaffen. Sie bedeutet auch, dass man GPL Software als Lizenz nicht verkaufen darf. Allerdings, und das ist faire Praxis, wird häufig der Aufwand der Installation berechnet, was die Lizenzbedingungen aber nicht berührt. Diese Art der Preisgestaltung ist vermutlich auch im Sinne der GPL, wenn man gelegentlich Kommentare zu diesem Thema liest.

Wen das Thema weitergehend interessiert, kann als Einstieg folgende URL benutzen:

http://www.gnu.org

1.5 Zusammenfassung, Fragen und Übungen

Zusammenfassung

- Samba hat sich als kostengünstige und stabile Alternative zu häufig eingesetzter Netzwerk-Software etabliert.
- Die Lauffähigkeit auf den meisten UNIX-Derivaten ist gegeben.
- Auf den gängigen LINUX-Distributionen ist Samba in aktueller Fassung vorhanden.
- Samba liegt als GNU Public License vor und kann ohne Lizenzkosten verwendet werden. Die Installation verursacht möglicherweise Aufwand Dritter und kann von ihnen berechnet werden. (Das ist keine Lizenzfrage!)

Fragen und Übungen

1. Welche grundsätzlichen Voraussetzungen müssen für den Einsatz von Samba vorhanden sein?

Samba – eine kurze Geschichte

2 Samba – eine kurze Geschichte

Dem Leser, der sich mehr der Geschichte von Samba hingeben möchte, sei das Dokument *history* in der Samba-Distribution empfohlen. Es ist überschrieben mit »*Subject: A bit of history and a bit of fun*«. Kleine Randbemerkung des Autors zur Aktualität: »Always out of date! (Would not be the same without it!)«

Dieses Dokument wurde im Wesentlichen von *Andrew Tridgell* verfasst, der gut als Vater von Samba bezeichnet werden kann. Das deshalb, weil er die ersten lauffähigen Versionen dieser für ihn damals notwendigen und für uns heute äußerst nützlichen Software geschaffen hat.

Aus diesem Dokument entstammen auch die wesentlichen Informationen dieses Kapitels (da ich damals nicht dabei sein konnte).

2.1 Entstehung von Samba

Die ganze Sache begann im Dezember 1991. Andrew war Student an der Australien National University in Canberra. Er arbeitete in dem »Computer Sciences Laboratory«. Damals war er noch MS-DOS-Nutzer, als er eine Betaversion von Digitals eXcursion erhielt und auf seinem PC testete.

eXcursion lief zu diesem Zeitpunkt nur auf DECs »*Pathworks*« für DOS (Netzanbindung an DEC-Maschinen).

Für die Einbindung seiner Sun-Workstation verwendete er PC-NFS und war damit einigermaßen glücklich. Um nun aber *Pathworks* für den Zugriff auf Festplatten zu benutzen, musste er PC-NFS abschalten. Und *Pathworks* war unglücklicherweise auch nur für Digital-Workstations verfügbar, die unter VMS oder ULTRIX liefen, so dass man dann die Ressourcen der Sun nicht mehr mounten konnte.

HINWEIS

Mounten bedeutet eigentlich anmontieren. Gemeint ist das Einhängen von Dateisystemen am lokalen PC oder an der Workstation. Es sieht dann so aus, dass für DOS/Windows ein neues Laufwerk gebildet wird, auf dem die Daten des entfernten Rechners abgebildet werden. Unter UNIX wird ein vorhandenes Verzeichnis mit den entfernten Daten »überschrieben«. In der UNIX-Welt spricht man bei jeglicher Art der Verbindung der Dateisysteme mit dem Betriebssystem vom Mounten.

Andrew hatte Zugang zu einer *Decstation 3100* unter ULTRIX und versuchte nun herauszubekommen, mit welchem Protokoll *Pathworks* zu ULTRIX »sprach«. Bis dato hatte er noch nie ein Netzwerkprogramm geschrieben und auch keine Ahnung, was ein Socket ist.

HINWEIS

Ein Socket ist ein Kommunikationsendpunkt für Netzwerkverbindungen. Wenn zwei Programme Daten über ein Netzwerk austauschen wollen, benötigen beide einen Socket zur Kommunikation. Die Sockets sind damit Basiskomponenten für jedes Netzwerkprogramm.

Nach dem Durchsehen von einigen Beispielprogrammen für Sockets wurde klar, dass es gar nicht so schwierig sein würde, einen »Spion« für das Netzwerk zu schreiben, der den Verkehr zwischen Pathworks-Client und -Server aufzeichnete. Dieses Programm, genannt *sockspy.c*, ist auch Bestandteil des Samba-Paketes.

Der nächste Schritt war dann der Einsatz von in Turbo-C (DOS) geschriebenen kleinen Programmen, die einfache Dateioperationen auf dem *Pathworks*-Netzwerklaufwerk durchführten, wie Öffnen einer Datei, Lesen, Verzeichniswechsel u.a. Dabei überprüfte Andrew mit seinem *socketspy*, was Client und Server so an Daten austauschten. Auf diese

Weise wurde Schritt für Schritt aufgedeckt, was einzelne Bytes der Pakete zu bedeuten hatten. Nach diesem Muster wurde nun ein Programm für die Sun geschrieben, das den gleichen Verkehr von der Sun aus generierte.

Ein paar Tage später gelang es ihm, eine Verbindung aufzubauen und eine Datei zu lesen. Das führte wenig später dazu, dass sein PC unter *Pathworks* ein Dateisystem von der Sun mounten konnte, wenn auch noch etwas unzuverlässig. Im Servercode waren noch zahlreiche feste Codes, die der ULTRIX-Server immer verwendete, deren Bedeutung aber nicht klar war. Nach nicht einmal zwei Jahren hatte Andrew allerdings die Bedeutung aller dieser »Magic-Codes« herausgefunden.

Das war der Zeitpunkt, zu dem bei ihm der Gedanke aufkam, andere Leute könnte die Sache eventuell auch interessieren. Aber niemand war besonders interessiert. Bei einem Gespräch mit einem Digital-Mitarbeiter fiel dann das erste Mal das Wort »netbios«. Zu NetBIOS gab es schon eine Spezifikation und nach ein bisschen Herumfragen wurde er in der RFC1001 und RFC1002 fündig.

Das, was allerdings in diesen RFCs stand, hatte mit seinem Programm nicht viel zu tun. Dort steht etwas über die Namensvergabe und Paketierung (packet encapsulation) bei Verwendung von TCP/IP, und was er geschrieben hatte, war wirklich eine SMB-Implementierung.

Andrew wurde ermuntert, den Stand bekannt zu machen und so kam der »Server 0.1« im Januar 1992 heraus. Es gab ein ganz gutes Echo von Leuten, die *Pathworks* mit ihren Nicht-ULTRIX-Servern verbinden wollten. Das führte bald zur Korrektur einiger Fehler und die Version »Server 0.5« wurde freigegeben. Kurz darauf folgte auch der »Server 1.0«.

Nun, bei diesem Stand wurde Andrew anstatt seines PCs mit eXcursion ein X-Terminal hingestellt und das Programm kam etwas in Vergessenheit. Zwei Jahre später hörte er jedoch von ein paar Leuten, die meinten, sein Code für den Lanmanager verwenden zu können, aber er bekam nie eine Bestätigung dafür.

Eine E-Mail von Dan Shearer von der University of South Australia machte jedoch Eindruck auf ihn. Dan schrieb, er hätte von einem freien *Pathworks*-Server für UNIX in einem »Net chanel« einer LINUX-Liste gelesen. Daraus ging auch das Interesse weiterer Leute zu dem Thema hervor. Seine Frage: »Wie ist der letzte Stand?« Gleich darauf der Hinweis, dass es sicher kein Problem sein würde, eine Menge interessierter Hakker in der LINUX-Welt zu finden, die das Projekt zügig voranbringen würden. (Hacker hier nicht im negativen Sinne, sondern als Programmierer mit viel Know-how und Enthusiasmus.) Erstaunt fragte Andrew zurück, was denn eigentlich »LINUX« sei. Das war im November '92 und ein paar Monate später war er ins LINUX-Lager gewechselt. Nun brauchte er kein *Pathworks* mehr und somit auch nicht die Portierung seiner Serversoftware nach LINUX. Sie wurde aber dennoch gemacht, vermutlich von Dan.

In dieser Zeit kam auch mal eine E-Mail von Digital, von einem Mitarbeiter, der eine CD-ROM für Alpha Software zusammenstellen wollte. Andrew hatte nie damit gerechnet, dass sich jemand von DEC für seine Software interessieren würde.

Das nächste größere Ereignis fand im Dezember 1993 statt, als Dan eine E-Mail sendete und mitteilte, dass der Server ein Thema in der News-Gruppe *comp.protocols.tcpip.ibmp* sei. Nach einem kurzen Blick in diese News-Gruppe war er über das Interesse dort überrascht.

Gerade benötigte er Zuhause eine Verbindung eines PCs und seiner LINUX-Maschine. Da traf es sich gut, dass in den News bekannt wurde, dass Microsoft einen freien Client ins ftp gestellt hatte. Zu seiner Überraschung funktionierten Client und »Pathworks«-Server sofort zusammen.

Nach ein bisschen hacking und rumfragen kam er zu dem, was ihm noch fehlte: dem »SMB-Protokoll«. Nun konnten alle noch unklaren Konstanten aus dem Server-Quellcode entfernt werden, denn die Erklärungen waren gefunden.

Am 1. Dezember 1993 gab er den Start des Projektes »NetBIOS for Unix« bekannt. Zwei Monate später waren bereits einige hundert Leute, die den Code benutzten und gut fanden, in die Mailingliste eingetragen. Im Mai 1994 waren es dann schon etwa 1400 Einträge. Innerhalb zweier Monate erfolgten über 5000 Downloads und es gab eine Reihe von »mirror sites« (Spiegelservern).

Im März 1996 befand man sich beim Stand 1.9.16alpha1 und Portierungen nach OS/2, Amiga und NetWare wurden verfügbar.

Ab Juni 1997 arbeitete das Samba-Team an der CIFS-Initiative mit, um eine bessere Standardisierung und Dokumentation zu erreichen.

Wie kam es denn nun zu dem Namen Samba? Dazu die Erklärung aus dem schon oben erwähnten Dokument: Zuerst wurde der Code »server« genannt. Später, als Andrew bekannt wurde, dass das Protokoll SMB hieß, kam die Umbenennung in »smbserver«. Daraufhin meldete sich im April 1994 die Firma Syntax, die das kommerzielle Produkt »TotalNet advanced server« geschrieben hatte, und teilte mit, dass sie ein Trademark auf den Namen »SMBserver« habe und Andrew seine Software anders nennen müsse. Er ließ ein `egrep` (ein Suchkommando unter UNIX/LINUX) über */usr/dict/words* nach allen Wörtern suchen, die S, M und B enthielten und der Name »Samba« sah am besten aus.

2.2 Zusammenfassung, Fragen und Übungen

Zusammenfassung

- Andrew Tridgell begann 1991 einige Programme zu schreiben, die das Verhalten von DECs *Pathworks* zur Anbindung von MS-DOS-PCs an ULTRIX nachempfanden.

Zusammenfassung

- Ziel war die Bereitstellung der *Pathworks*-Dienste durch andere als die DEC-Betriebssysteme VMS und ULTRIX.
- In Laufe der Zeit stellte sich heraus, dass die benutzten Protokolle zur NetBIOS-Spezifikation gehören.
- Ende 1992 kam Tridgell mit LINUX in Berührung.
- Die Veröffentlichung eines SMB-Clients von Microsoft klärte die letzten großen Unklarheiten.
- Im Dezember 1993 wurde das Projekt »NetBIOS für UNIX« aus der Taufe gehoben.
- Der Name »Samba« entstand, weil die ursprüngliche Bezeichnung »smbserver« aus rechtlichen Gründen seit 1994 nicht mehr verwendet werden durfte.

Fragen und Übungen

1. Was verbirgt sich hinter dem Begriff Socket?
2. Welchen Zweck hat das NetBIOS?
3. Welches Protokoll verwendet Samba zur Kommunikation?

Grundlagen zur Zahlen- und Zeichendarstellung

3 Grundlagen zur Zahlen- und Zeichendarstellung

Um das Verständnis für die komplizierteren Vorgänge und Einstellungen aufzubauen, sind gewisse Grundlagen notwendig. Diese Grundlagen werden in den folgenden zwei Kapiteln vermittelt.

Es gibt verschiedene Möglichkeiten, einen Zahlenwert darzustellen. Für die Rechentechnik sind fünf Darstellungsformen von Bedeutung, die als Basis für die nachfolgenden Kapitel erläutert werden sollen:

- dezimale Darstellung
- binäre Darstellung
- hexadezimale Darstellung
- oktale Darstellung
- Zeichendarstellung (ASCII)

In der Rechentechnik hat sich schon in den Anfängen das Byte als gebräuchliche Einheit für die Informationsspeicherung etabliert. Ein Byte hat einen Wertevorrat von 256.

Wenn ein Byte vom Wertevorrat nicht reicht, wird ein zweites dazugenommen und man spricht von einem Wort (16 Bit). Der Wertebereich geht dann von 0 bis 65535. Negative Zahlen lassen sich als Zweierkomplement oder mit einem Vorzeichenbit darstellen. Gleitpunktzahlen werden durch Zusammenfassen mehrerer Bytes abgebildet.

3.1 Die binäre Darstellung

Die binäre Darstellung ist erst einmal für die Rechentechnik die grundsätzliche Darstellungsart. Anfängliche Programmierarbeiten wurden binär getätigt. Jede Zeichenposition kann nur den Wert 0 oder 1 haben. Eine solche Zeichenposition nennt man ein Bit. Man hat sich vermutlich aus technischen Gründen damals auf eine Zusammenfassung von acht Zeichenpositionen zu einem Byte geeinigt.

Bei 8 Bits und zwei Zuständen ergibt sich ein Wertevorrat von $2^8 = 256$.

Die Darstellung ist wie bei dem in der Schule gelehrten Dezimalsystem von links nach rechts mit fallender Wertigkeit. Alle Stellen werden vollständig ausgenutzt.

2^7	2^6	2^5	2^4	2^3	2^2	2^1	2^0	
0	1	0	1	1	1	0	1	
	64+		16+	8+	4+		1	= 93
0	1	0	1	1	1	0	1	= 0x5D
0	1	0	1	1	1	0	1	= 0135

Abb. 3.1: Von der Binärzahl zur Dezimalzahl

In der Abbildung wird die Bildung der Dezimalzahl gezeigt. Zur Umrechnung sind die Wertigkeiten der mit 1 belegten Stellen zu addieren.

Wie zu sehen ist, belegt ein Byte als Binärzahl acht Zeichenpositionen (Stellen). Ein Wort würde geschrieben schon 16 Stellen belegen. Deshalb wird diese Darstellung selten benutzt.

3.2 Die dezimale Darstellung

Die dezimale Darstellung ist für den Nicht-Rechentechniker natürlich das Normale. Allerdings kann man wegen der verwendeten Basis 10 (keine Potenz von 2) nicht direkt auf die Bitpositionen schließen. Dadurch wird das Dezimalsystem bei Byte- oder Wort-orientierten Problemen meist nicht verwendet.

Jede Stelle hat einen Wertebereich von 0 bis 9. Der Wertevorrat von 256 (0...255) lässt sich, wie man sofort sieht, also auf 3 Stellen abbilden. Die höchste Stelle wird nicht vollständig ausgenutzt. Ein Wort passt bereits in fünf Stellen, wobei die höchste Stelle auch hier nicht ausgenutzt wird (0...65535).

3.3 Die hexadezimale Darstellung

Die nicht vollständige Ausnutzung (nur 3/10) der vordersten Stelle beim Dezimalsystem wird sicher zu der Überlegung geführt haben, diese einzusparen. Bei dann nur zwei Stellen müsste jede Stelle $2^4 = 16$ Werte aufnehmen können. Die ersten zehn Werte kann man vom Dezimalsystem übernehmen (0...9). Fehlen noch sechs Werte. Die holen wir uns aus dem Alphabet, also A...F, für die Werte 10...15.

Dadurch ergibt sich ein Wertebereich eines Bytes von 00 bis FF. Die Darstellung mit Kleinbuchstaben ist ebenfalls gebräuchlich, also auch 00 bis ff.

In der vorherigen Abbildung ist die Binärzahl auch als Hexadezimalzahl dargestellt. Man beachte die Trennung in zwei Halbbytes (4-Bit-Teile).

Da es zu Verwechslungen mit dem Dezimalsystem kommen kann, wenn keine Alphazeichen vorkommen, werden Hexadezimalzahlen immer gekennzeichnet. Ausnahme: Wenn von vornherein klar ist, dass es sich ausschließlich um eine solche hexadezimale (kurz hex) Darstellung handelt, wie beim so genannten Hexdump. Folgende Darstellungen sind gebräuchlich:

Darstellung	Verwendung
0x1E	C, JAVA
1EH	Schriftsatz, Assembler
$1E_H$	älterer Schriftsatz

Tab. 3.1: Schreibweisen von Hexadezimalzahlen

Neben der vollen Ausnutzung der nur zwei Stellen hat die Hex-Darstellung auch noch den Vorteil, dass man mit ein wenig Übung von der Zahl direkt auf die binäre Darstellung schließen kann. Jede Zeichenposition belegt ein halbes Byte mit 16 Möglichkeiten, die sich noch gut einprägen.

Etwas umständlicher ist die Umrechnung in das Dezimalsystem.

3.4 Die oktale Darstellung

Beim Oktalsystem werden immer drei Bitpositionen zusammengefasst. Für ein Byte ergibt sich daher die Besonderheit, dass für die hochwertigste Stelle nur noch zwei Bit übrig bleiben (2-3-3).

Der Wertebereich einer Stelle ist demnach 2^3, also acht Werte von 0 bis 7. Daher kann ein Byte Werte im Bereich von 0000 bis 0377 enthalten.

Die Frage ist nun, warum man gerade drei Bitpositionen zusammenfassen möchte. Die Antwort kommt vermutlich aus dem UNIX-Umfeld. Durch das Rechtekonzept, das immer Bitpositionen für die Rechte read (r), write (w) und execute (x) benötigt, ergibt sich eine solche Gruppierung von drei Bits.

Wird mehr als ein Byte für die Speicherung eines Wertes benötigt, dann werden die Dreiergruppen über die Bytegrenze hinweg zusammengefasst. Ein Beispiel:

Die Rechte einer Datei sind 0755. Dafür sind neun Bit nötig.

Oktalzahlen werden oft durch das Voranstellen einer Null (0) von Dezimalzahlen unterschieden. In UNIX-Zeichenketten ist auch die Schreibweise »\0311« üblich.

In der vorherigen Abbildung ist in der letzten Zeile eine Oktalzahl dargestellt.

3.5 Zeichendarstellung

Nun sollen ja nicht nur Zahlen darstellbar sein, sondern auch Zeichen. Deshalb gibt es die Zuordnung von Werten zu Zeichen: eine Zeichentabelle. Für die Mikrorechentechnik hat sich die ASCII-Tabelle durchgesetzt. Sie definiert die Zeichen im Bereich von 0 bis 127 bzw. 0x00 bis 0x7F. Das ist wohl der Tatsache geschuldet, dass dieser Zeichenvorrat für amerikanische Verhältnisse genügte. (In diesem Buch habe ich mir die Ausgabe der ASCII-Tabelle gespart, da sie in vielen anderen Büchern vorkommt.)

Definiert sind Steuerzeichen (0x00...0x1F), Sonderzeichen (0x20...0x2F), Zahlen und Sonderzeichen (0x30...0x3F), Großbuchstaben und Sonderzeichen (0x40...0x5F) und Kleinbuchstaben und Sonderzeichen (0x60...0x7F). Die genannten Buchstaben sind auf amerikanische Verhältnisse ausgerichtet und enthalten keine Umlaute, wie sie für Europa notwendig sind.

Einige Steuerzeichen haben größere Bedeutung. Das sind:

Hexcode	ASCII-Name	Bedeutung
0x0D	CR	Carriage Return: Wagenrücklauf
0x0A	LF	Line Feed: Zeilenvorschub
0x0F	FF	Form Feed: Blattvorschub
0x1B	ESC	Escape: oft Eröffnungszeichen für Steuersequenzen, z.B. Schriftumschaltungen

Tab. 3.2: Einige wichtige Steuerzeichen aus dem ASCII

In der DOS/Windows-Welt ist als Zeilenende in Texten die Kombination CRLF üblich. Warum man dafür zwei Zeichen benötigt, ist den Programmierern heute noch ein Rätsel. Die UNIX-Welt kommt jedenfalls mit einem Zeichen aus, nämlich mit LF.

Der aufmerksame Leser wird bemerkt haben, dass bisher ja auch nur der halbe Wertevorrat des Bytes belegt ist. Das stimmt! Die restlichen 128 Möglichkeiten (0x80 bis 0xFF) konnten nun nicht mehr einfach fest definiert werden. Die Europäer brauchten Platz für ihre Umlaute und die Programmierer wollten weitere wichtige Sonderzeichen (z.B. das ®) und Grafiksymbole. Da reichte der Platz nicht mehr und man definierte so genannte Codepages, um den oberen Bereich umschaltbar zu machen. Und davon gibt es nun leider viele.

Bekannt aus MS-DOS-Zeiten dürfte noch die CP437 sein, die u.a. deutsche Umlaute enthält. Die Positionen sind aber inkompatibel mit den ISO-Standards, so dass mit MS-Windows eine eher ISO-konforme Zeichenverteilung eingeführt wurde.

Was für ein riesiges Problem diese Umlaute für amerikanische Software sind, konnte man jahrelang erleben, als man versucht hat, einigen UNIX-Versionen beizubringen, ein Ä auszugeben, wenn ein Ä auf der Tastatur gedrückt wurde.

Für die PC-Technik haben die Codepages 850, 437 und 1152 Bedeutung. Im UNIX-Umfeld wird meist ISO8859 benutzt. Für West- und Mitteleuropa ist die ISO8859-1 vorgesehen. Aus dem Rahmen fallen öfter die Erfinder der CP437 (IBM), z.B. unter AIX.

In Zukunft ist auch mit einer neuen Zeichendarstellung zu rechnen, die bereits standardisiert ist. Sie heißt UNICODE. Der entscheidende Unterschied ist, dass 2-Byte-Codes verwendet werden.

3.6 Zusammenfassung, Fragen und Übungen

Zusammenfassung

- Die interne Wertespeicherung der Rechentechnik erfolgt in Bytes (8 Bit) oder ganzzahligen Vielfachen davon.
- Für einen Byte-Wert ergeben sich mehrere Interpretationsmöglichkeiten. Er kann eine Zahl, ein Teil einer Zahl oder auch ein Zeichen (Buchstabe o.Ä.) sein. Das kann vom Wert allein nicht abgelesen werden, sondern ist vom Kontext abhängig.
- Zahlen können verschieden dargestellt werden. Der Rechentechnik-Outsider kennt meist nur Dezimalzahlen. Für Insider sind die Hexadezimalzahlen (Basis 16), die Oktalzahlen (Basis 8) und die Binärzahlen (Basis 2) von Bedeutung.
- Wegen zahlreicher Zeichen, die im internationalen Maßstab nötig sind, reicht ein Byte mit seinen 256 Möglichkeiten nicht zur Darstellung aus. Deshalb sind die oberen 128 Werte variabel gehalten und in so genannten Codepages variabel definiert.

Fragen und Übungen

1. Was steht im Bereich 0x00 bis 0x1f des ASCII-Zeichensatzes?
2. Kennen Sie die hexadezimalen Entsprechungen für Wagenrücklauf (CR), Zeilenvorschub (LF) und Blattvorschub (FF)?
3. Welche Dezimalwerte entsprechen der Lösung der vorherigen Frage?

Ein UNIX-Crash-Kurs

4 Ein UNIX-Crash-Kurs

Dieses Buch kann und soll kein UNIX-Buch ersetzen. Andererseits möchte ich dem UNIX-Newcomer eine Chance geben, wenigstens prinzipiell das Samba-Umfeld zu verstehen. Dazu sind einige Grundbegriffe von UNIX unumgänglich.

4.1 Nutzerverwaltung

Nutzer

Jeder UNIX-Nutzer hat einen Nutzernamen (Usernamen) (meist komplett klein geschrieben). Zu jedem Nutzernamen gehört eine Nutzernummer (Usernummer), auch *uid* genannt. Die Unterscheidung ist für das Betriebssystem notwendig, da intern aus Effizienzgründen nur mit der *uid* gearbeitet wird.

Es gibt eine *uid*, die besonders behandelt wird. Es ist die *uid* 0, die für den Superuser reserviert ist. Der Superuser hat üblicherweise den Nutzernamen *root*. Er hat die höchsten Privilegien und ist für die Systemadministration zuständig. Ausnahmen gibt es speziell im Netzwerkbereich. Dort hat der Superuser unter Umständen eingeschränkte Rechte, da sich seine Privilegien nur auf sein lokales System beschränken (können).

Der Superuser ist logischerweise auch für die Anlage neuer Nutzer zuständig. Jeder neue Nutzer bekommt eine (mindestens für das lokale System) eindeutige Nutzernummer. Diese *uid* kann in bestimmten Bereichen vom Superuser festgelegt werden. Als Richtwert kann der Bereich 500 < uid < 65000 gelten. Die einzelnen UNIX-Versionen haben unterschiedliche Richtwerte. In dem reservierten *uid*-Bereichen liegen besondere Nutzer, die für das System von Bedeutung sind. Meist sind das Pseudonutzer, die nicht zur Anmeldung am System vorgesehen sind.

Die absolute Obergrenze der *uid* liegt bei 65535, da sie intern als eine vorzeichenlose 16-Bit-Zahl verarbeitet wird.

Nutzer gehören mindestens einer Gruppe an. Diese dem Nutzer unmittelbar zugeordnete Gruppe nennt man Primärgruppe. Er kann weiteren Gruppen, den Sekundärgruppen, angehören. Sinn der Zuordnung zu weiteren Gruppen ist die gezielte Erweiterung der Zugriffsrechte des Nutzers auf Dateien und Verzeichnisse.

Standardmäßig wird den Nutzern ein Heimatverzeichnis (homedirectory) zugeordnet. Dieses liegt häufig im Verzeichnis */home* und hat normalerweise den Namen des Nutzers. Die Zuordnung ist aber nicht starr vorgegeben, so dass man jedem Nutzer ein beliebiges Heimatverzeichnis zuordnen kann. Gleichfalls möglich ist auch die Vergabe eines Verzeichnisses an mehrere Nutzer. Ob das sinnvoll ist, hängt stark vom Kontext ab.

Nach der Anmeldung des Nutzers an das UNIX-System wird normalerweise das Heimatverzeichnis eingestellt.

Zu den Nutzerangaben gehört auch eine Beschreibung des Nutzer. Das ist sinnvoll, weil die Nutzernamen meist recht kurz gehalten werden und man anhand des Nutzernamens nicht immer auf dessen Identität oder Funktion schließen kann.

Normalerweise sollen Nutzer am UNIX arbeiten können. Da sie dann mit dem System interagieren wollen oder sollen, ist es nötig, für sie nach der Anmeldung ein Programm zu starten. Dieses Programm, meist eine so genannte *shell*, wird ebenfalls jedem Nutzer zugeordnet.

Die *shell* ist ein komplexerer Kommandointerpreter und schafft die Schnittstelle vom Nutzer zum Betriebssystem mit seinen zahlreich vorhandenen UNIX-Kommandos.

Nicht zuletzt muss sich ein Nutzer normalerweise bei der Anmeldung autorisieren. Dazu wird neben dem Nutzernamen ein Passwort verlangt. Das Passwort wird beim Anlegen des Nutzers vom Superuser vergeben und kann (gegebenenfalls mit Einschränkungen) vom Nutzer auch geändert werden.

Diese nutzerspezifischen Angaben werden bei den meisten UNIX-Versionen in den Dateien */etc/passwd* und */etc/shadow* gespeichert.

In der ersten Datei, die für jedermann lesbar ist, werden alle Angaben zum Nutzer bis auf das Passwort gespeichert. In älteren UNIX-Versionen steht auch das verschlüsselte Passwort darin. Eine aktuelle *passwd*-Zeile (LINUX) sieht folgendermaßen aus:

```
paul:x:5159:300:Paul Meier:/home/paul:/bin/bash
```

Heute steht das verschlüsselte Passwort in der */etc/shadow*, die nur noch für den Superuser *root* zugänglich ist. Das sieht bei LINUX dann so aus:

```
paul:yujBzZExwfZNc:11068:0:99999:7:0::
```

Mit diesem Extraschutz wird verhindert, dass ein normaler Nutzer Programme zur Ermittlung von Passwörtern anderer Nutzer (oder sogar des Superusers) starten kann. Da es kein direktes Verfahren zur Rückwandlung des verschlüsselten Passwortes in ein Klartextpasswort gibt, wird ein indirektes Verfahren angewendet, dass Wörter aus z.B. einem Duden verschlüsselt und mit dem zu entschlüsselnden Passwort vergleicht. Mit der Einführung der */etc/shadow* kann nun kein normaler Nutzer mehr diesen Vergleich anstellen, da schlichtweg das Lesen der verschlüsselten Passwörter versagt.

Neben den besprochenen Funktionen gibt es noch eine weitere Aufgabe der */etc/passwd*. Sie dient auch zur Rückverwandlung von *uid*s in Nutzernamen. Wenn Sie sich eine Liste von Dateien mit dem Kommando `ls -al` ansehen, bekommen Sie normalerweise immer den Namen des Eigentümers und der Gruppe angezeigt. Das ist allerdings nur ein Service des Betriebssystems und keinesfalls eine Notwendigkeit zur Verwendbarkeit solcher Dateien. Wenn man nämlich von einem fremden System auf einem Datenträger Daten bekommt, dessen Eigentümer auf dem lokalen System nicht bekannt ist, dann werden die Dateien und Verzeichnisse genauso verarbeitet, nur mit dem Unterschied, dass an Stelle des Eigentümernamens und des Gruppennamens die *uid* und *gid* angezeigt werden.

Zugehörige Kommandos

Kommando	Funktion und Bemerkungen
`useradd`	Einen Nutzer zum UNIX-System hinzufügen.
`passwd`	Das Passwort ändern. Der Superuser darf auch Passwörter anderer Nutzer über `passwd <user>` ändern.
`who`	Wer ist angemeldet?
`id`	Wer bin ich? Welchen Gruppen gehöre ich an? (`id -a`)
`chown`	Eigentümer eines Dateisystem-Objektes (Datei, Verzeichnis ...) ändern
`su`	Ein Nutzer kann mit diesem Kommando Superuser-Rechte erlangen, vorausgesetzt, er kennt das Passwort für *root*. Es wird eine neue Shell gestartet. Mit `su <username>` kann man auch die Rechte eines anderen Nutzers erhalten.

Tab. 4.1: Kommandos, die Nutzerangaben betreffen

Gruppen

Wie ich oben erwähnt habe, gehören Nutzer einer oder mehreren Gruppen an. Die Gruppen werden ebenfalls intern über Nummern geführt, die *gid*s oder Gruppennummern genannt werden.

Ähnlich wie bei der *uid* werden auch bei der *gid* einige Nummern, meist im Bereich 0 bis 100, für das System reserviert. Da es bei weitem nicht so viele Gruppen wie Nutzer gibt, hat man meist den Bereich von 100 bis 65000 frei zur Verfügung.

Jeder Gruppeneintrag kann eine Liste von Nutzern erhalten, die diese Gruppe als Sekundärgruppe besitzen. Die Primärgruppe eines Nutzers ist in der */etc/passwd* abgelegt, nicht in der */etc/groups*.

Sinn der Zugehörigkeit zu mehreren Gruppen ist die Erweiterung der Rechte eines Nutzers. Ein Nutzer darf auf alle Dateisystemobjekte, die den Zugriff für eine seiner Gruppen zulassen, zugreifen.

Beim Anlegen von Dateisystem-Objekten, z.B. Dateien oder Verzeichnissen, wird die aktuelle Gruppe herangezogen (meist die Primärgruppe, außer man hat mit `newgrp` die *gid* gewechselt).

Zugehörige Kommandos

Kommando	Funktion und Bemerkungen
`chgrp`	Die Gruppe eines Dateisystem-Objektes ändern.
`newgrp`	Die aktuelle Gruppe eines Nutzers ändern. Neu angelegte Dateien bekommen dann die neue Gruppenzugehörigkeit.

Tab. 4.2: Kommandos, die die Gruppenzugehörigkeit betreffen

4.2 Dateisystem

UNIX kennt keine Laufwerke wie die Microsoft-geprägten Betriebssysteme. Das ist auch unnötig, da alle Ressourcen in das Dateisystem unterhalb des Hauptverzeichnisses / eingehängt werden können. Dieses Einhängen bezeichnet man als *mounten*.

Beim Mounten wird ein Dateisystem an ein existierendes Verzeichnis gehängt, das nicht unbedingt leer sein muss. Allerdings ist der eventuell vorhandene Inhalt des Verzeichnisses nach dem Mounten von dem angemounteten Dateisystem überdeckt (aber nicht verloren).

Analog zum Mounten kann man eingehängte Dateisysteme auch wieder entfernen. Voraussetzung ist allerdings, dass keine Dateien dieses Dateisystems mehr geöffnet sind. Bei einigen Dateisysteme, insbesondere / (root-Dateisystem), geht das nicht, weil es immer in Benutzung ist.

Mounten kann man bei modernen Systemen so ziemlich alles, was von Bedeutung ist. Insbesondere LINUX glänzt mit einer weiten Palette von Möglichkeiten:

Dateisystem	Beschreibung
`ext2fs`	Das »natürliche« Dateisystem von LINUX
`ufs`	UNIX-Filesystem (Solaris, SunOS, BSD ...)
`fat`	MS-DOS
`vfat`	MS-DOS mit Erweiterungen, z.B. langen Namen, wie sie mit Windows 95B eingeführt wurden
`cdfs`	alle möglichen Spielarten von CD-ROM-Dateisystemen nach ISO mit den gängigen Erweiterungen wie joliet
`nfs`	das von Sun eingeführte Network File System
`ntfs`	das Windows-NT Filesystem (Version 4 zur Zeit wohl nur lesbar, da Microsoft die Struktur noch geheim hält; Version 5 (Windows 2000: unbekannt))

Tab. 4.3: Einige Beispiele für unter LINUX verwendbare Dateisysteme

Die Tabelle ist nicht vollständig, zeigt aber, dass zumindest unter LINUX eine Unmenge von Dateisystemtypen unterstützt werden. Andere UNIX-Varianten kennen allerdings nur einen Bruchteil davon.

Jede mountbare Ressource ist ein eigenständiges und vollwertiges Dateisystem. Deshalb kann man unter UNIX ein aus irgendwelchen Gründen nicht mehr bootfähiges System auch recht elegant behandeln: Man startet ein Notsystem von CD-ROM und mountet das fehlerhafte Dateisystem an, um das Problem zu untersuchen.

Die nachfolgende Tabelle soll einen kleinen Überblick über die wichtigsten Basisverzeichnisse eines UNIX-Systems geben.

Verzeichnis	**Bedeutung**
`/`	Wurzel-(root-)verzeichnis, Basis für alle anderen Verzeichnisse
`/etc`	Einige für den Superuser gedachte Administrationskommandos und ein Großteil der Konfigurationsdateien
`/usr`	Bibliotheken, UNIX-Kommandos, Systemsoftware */usr/local* wird häufig für Zusatzsoftware, die nicht unmittelbar für den Betrieb notwendig ist, benutzt.
`/dev`	alle Schnittstellen zu den Kernel-Gerätetreibern
`/var`	Protokolle, Spoolverzeichnisse, Mail und alles, was stark expandieren kann
`/opt`	Auf einigen Systemen (Solaris, LINUX) wird hier Zusatzsoftware abgelegt
`/proc`	Pseudodateisystem, in dem alle Prozessabbilder eingetragen sind
`/mnt`	leeres Verzeichnis zum temporären Mounten von anderen Dateisystemen
`/cdrom`	leeres Verzeichnis zum Mounten von CD-ROMs

Verzeichnis	Bedeutung
`/home`	Heimatverzeichnisse der Nutzer
`/tmp`	Allgemeines Verzeichnis für temporäre Dateien. Bei einigen UNIX-Versionen wird es beim Start geleert.
`/sbin`	Kommandos und andere Dateien, die schon beim Start zur Verfügung stehen müssen
`/floppy`	leeres Verzeichnis zum Mounten von Disketten
`/lost+found`	Hier werden fehlerhaft zugeordnete Dateien und Verzeichnisse beim Testen des Dateisystems (`fsck`) abgelegt, bei denen die richtige Zuordnung nicht mehr ermittelt werden konnte.

Tab. 4.4: Die wichtigsten Verzeichnisse eines typischen UNIX-Systems

Grundsätzliche Organisation

Es gibt mittlerweile eine ganze Reihe von Dateisystem-Varianten, die z.T. auch erheblich voneinander abweichen. Deshalb hier nur der Blick auf das eher historische UFS als Referenz.

Die wichtigen Verwaltungsinformation werden in einem besonderen Bereich auf dem Datenträger gespeichert, dem Superblock. Aus Sicherheitsgründen gibt es vom Superblock etliche Kopien, verteilt über den Datenträger.

Jeder Eintrag ins Dateisystem (Datei, Verzeichnis, ...) ist im Superblock als *inode* eingetragen. Zur *inode*-Struktur gehören alle wichtigen Daten zu dem Eintrag, wie Typ, Größe, Eigentümer, Modifizierungszeiten, Verweis auf die Datenablage usw. Die *inodes* selbst sind durchnummeriert.

Da der Nutzer einen Dateisystem-Eintrag auch sehen soll, gibt es eine Referenz in einem Verzeichnis. Ein Verzeichniseintrag für z.B. eine Datei besteht aus der *inode*-Nummer und dem Namen. Alle weiteren Informationen werden aus der *inode* beschafft.

Häufiger benötigt man gleiche Dateien an mehreren Stellen. Das ist nun mit dem besprochenen Modell kein Problem, da man über das Kommando `ln` einen so genannten (harten) Link von einer Datei in ein anderes Verzeichnis anlegen kann. Die dann vorhandenen zwei Referenzen auf eine Datei liefern natürlich die gleiche physische Datei.

Mit dem Kommando `ls -li <datei>` lässt sich die *inode*-Nummer auch anzeigen.

Elemente eines Dateisystems

Ein Dateisystem besteht vereinfacht aus Dateien und Verzeichnissen. Das würde für die Datenspeicherung eventuell auch reichen, aber nicht für den Betrieb eines UNIX-Systems.

Deshalb gibt es noch eine Reihe weiterer Elemente, die kurz erklärt werden sollen. Als Basis nehmen wir mal die Anzeige, wie sie das Kommando `ls -l` produziert.

Dateien

Dateien haben im weitesten Sinne die Aufgabe, Daten zu speichern. Die Daten können im speziellen Falle auch Programmcode, also Programme, sein.

Beispiel:

```
ruegen:~ # ls -l /etc/passwd

-rw-r–r– 1 root root 2626 Apr 26 20:16 /etc/passwd
```

Die erste Stelle der Anzeige gibt Auskunft über das Objekt. Steht dort, wie im obigen Beispiel, ein Minuszeichen, dann handelt es sich um eine reguläre Datei.

Verzeichnisse

Verzeichnisse sind die Basis für die Ablage der Daten in Pfaden. Ein Verzeichnis ist eine Komponente eines Pfades. Ausserdem stellt das Verzeichnis die Verbindung eines Dateisystem-Objektes mit dem *inode* im Superblock her.

Verzeichnisse können daher alle Arten von Dateisystem-Objekten beinhalten. Wir lassen uns einmal das Hauptverzeichnis anzeigen. (Die Anzeige ist hier gekürzt).

```
ruegen:~ # ls -l / |more

total 87

drwxr-xr-x 24 root root       1024 Apr 30 08:28 .

drwxr-xr-x 24 root root       1024 Apr 30 08:28 ..

drwxr-xr-x  2 root root       2048 Apr 29 21:56 bin

drwxr-xr-x  2 root root       1024 Apr 26 20:29 boot

drwxr-xr-x  2 root root       1024 Apr 26 20:16 cdrom

drwxr-xr-x  3 root root       1024 Apr 30 08:33 daten

drwxr-xr-x  6 root root      30720 Apr 30 08:22 dev

...
```

Verzeichnisse haben in der Anzeige an erster Position ein »d« für directory.

Symbolische Links

Symbolische Links (auch Softlinks genannt) gehörten nicht von Anfang an zu UNIX. Sie haben aber mittlerweile eine enorme Verbreitung in den meisten UNIX-Dateisystemen gefunden. Sinn eines Symbolischen Links ist das Verweisen auf eine andere Stelle. Das benötigt man, wenn eine Datei gleichen Inhalts an mehreren Stellen erscheinen soll. Das Gleiche gilt auch für alle anderen Dateisystem-Objekte. Häufig wird ein Symbolischer Link auch eingesetzt, um für ein Objekt einen zweiten Namen zu vergeben. Nehmen wir mal das Beispiel des Java-Verzeichnisses. Da sich die Versionen noch relativ häufig ändern, ist es unpraktisch, den Namen fest auf */usr/local/java* festzulegen. Stattdessen lässt man den Originalnamen, z.B. */usr/local/jdk1.1.2*, stehen und erzeugt einen Symbolischen Link mit dem Namen *java*. Das sieht dann so aus wie in nachfolgendem Listing. Die betroffenen Zeilen sind fett dargestellt.

```
ruegen:/usr/local # cd /usr/local
ruegen:/usr/local # ls -l
total 16
drwxr-xr-x  16 root     root   1024 Apr 26 22:32 .
drwxr-xr-x  24 root     root   1024 Apr 26 20:21 ..
drwxr-xr-x   2 root     root   1024 Apr 26 20:16 include
lrwxrwxrwx   1 root     root      8 Dec 12 08:52 java -> jdk1.2.2
drwxr-sr-x   8 holz     143    1024 Jan 13 02:10 jdk1.2.2
drwxr-xr-x   4 holz     users  1024 Apr 22  1999 jserv
drwxr-xr-x   2 root     root   1024 Apr 26 20:16 lib
drwxr-xr-x  12 root     root   1024 Apr 26 20:29 man
```

Noch ein zweites Beispiel: Unter LINUX sind die Verzeichnisse */usr/tmp* und */var/tmp* identisch. Die Identität wird auch hier mit einem Symbolischen Link hergestellt.

```
ruegen:~ # ls -l /usr/tmp
lrwxrwxrwx  1 root  root   10 Oct 10  1999 /usr/tmp -> ../var/tmp
```

Wie wir gesehen haben, steht bei Symbolischen Links an der ersten Stelle der Anzeige ein »l«.

Der Name »Symbolischer Link« deutet darauf hin, dass es auch andere Links gibt. Die »echten« Links sind die weiter vorn beschriebenen »harten« Links. Sie haben jedoch den Nachteil, dass sie nicht auf Ziele außerhalb des eigenen Dateisystems verweisen können. Mit anderen Worten: Beide Referenzen müssen sich im gleichen Dateisystem befinden. Da in der Praxis oft */var*, */usr* und */home* in eigenen Dateisystemen angelegt sind, wären Querverweise mit normalen Links nicht möglich.

Die Freiheit der Symbolischen Links hat auch einen (kleinen) Nachteil: Ein solcher Link kann auf beliebige Ziele verweisen. Es gibt keinen Zwang und keine Kontrolle, ob die Ziele vorhanden sind.

Bezüglich Samba ist noch zu erwähnen, dass Samba den Symbolischen Links folgen kann. Das heißt, Links, die unter Windows als solche nicht erkennbar sind, werden wie die referenzierte Datei oder das referenzierte Verzeichnis behandelt.

Schnittstellen zu Gerätetreibern

Gerätetreiber (im UNIX-Sprachgebrauch »special files«) stellen die Schnittstelle zwischen den Programmen, die die Geräte benutzen wollen, und dem UNIX-Kern und damit den Geräten dar. Alles, was irgendwie Ein-/Ausgabeaufgaben zu erledigen hat, ist ein Gerät, so z.B. die Festplatten, Tastatur und Bildschirm usw.

Es gibt keinen unmittelbaren Zwang, aber die Konvention, dass diese »special files« im Verzeichnis */dev* (wie devices) abgelegt werden.

```
ruegen:/usr/local # cd /dev
ruegen:/dev # ls -al | more
total 39
drwxr-xr-x   6 root     root     30720 Apr 30 08:22 .
drwxr-xr-x  24 root     root      1024 Apr 30 08:28 ..
crw-rw----   1 root     video 107,   0 Mar 11 10:12 3dfx
```

```
lrwxrwxrwx   1 root     root          4 Oct 10  1999 :0 -> tty0
crw-rw----   1 root     root     56,   0 Mar 11 10:12 adb
crw-rw-r--   1 root     root     10,  10 Mar 11 10:11 adbmouse
lrwxrwxrwx   1 root     root           5 Apr 26 20:16 adsp -> adsp0
crw-rw-rw-   1 root     audio    14,  12 Mar 11 10:11 adsp0
brw-rw----   1 root     disk      3,   1 Mar 11 10:11 hda1
...
```

Beim Ansehen der (hier stark gekürzten) Liste fallen uns zwei Arten von Geräten auf:

- blockorientierte Geräte
- zeichenorientierte Geräte

Der Unterschied ist an dieser Stelle unerheblich. Jedoch werden unterschiedliche Darstellungen benutzt, nämlich »b« für blockorientierte Geräte und »c« für (character) zeichenorientierte Geräte.

Named Pipes

Weniger verbreitet im Dateisystem sind so genannte *Named Pipes*. Das sind eigentlich Datenpuffer nach dem FIFO-Prinzip (*first in first out*). Daten, die von einem Programm eingeschrieben wurden, werden in gleicher Reihenfolge von einem anderen Programm ausgelesen.

Die Suche einer solchen Datei unter LINUX war nicht besonders ergiebig, aber für ein Beispiel reicht es:

```
ruegen:/dev # ls -l /dev/initctl
prw-------   1 root     root         0 Apr 29 21:58 /dev/initctl
```

Named Pipes haben an der ersten Stelle der Anzeige ein »p«.

Zugehörige Kommandos

Dateisystem	Beschreibung
`mount`	eingehängte Dateisysteme anzeigen oder Dateisysteme einhängen
`umount`	eingehängte Dateisysteme entfernen
`ls`	Dateisystemobjekte anzeigen; Verzeichnisinhalt anzeigen
`fsck`	Dateisystem überprüfen Für dieses Kommando sollte das Dateisystem abgemountet sein, ansonsten werden meist Fehler erkannt, die aber keine sind. Außerdem weise ich darauf hin, dass sich in der Regel nur die zum Betriebssystem unmittelbar gehörenden Dateisystemtypen überprüfen lassen.
`ln`	Einen Link anlegen. Mit `ln -s` werden Symbolische Links definiert.
`mknod`	Erstellen von *character special files* und *named pipes*

Tab. 4.5: Kommandos, die das Dateisystem betreffen

4.3 Rechtesystem

Das UNIX-Rechtesystem ist einfach, aber effektiv. Jedes Dateisystem-Objekt (z.B. eine Datei) hat einen Eigentümer. Der Eigentümer kann die Rechte des Objektes ändern und es gegebenenfalls auch anderen Nutzern übereignen.

Wie Sie weiter oben gelesen haben, ist jeder Nutzer mindestens einer Gruppe zugeordnet. Das ist natürlich nur sinnvoll, wenn die Gruppe auch etwas mit den Rechten zu tun hat. Deshalb gibt es in jedem Dateisystem-Objekt einen Rechteteil, der einer Gruppe Rechte zuordnet.

Ein dritter Rechteteil definiert die Rechte für alle anderen Nutzer, die also weder Eigentümer des Objektes sind noch der Gruppe angehören, die dem Objekt zugeordnet ist.

Den Rechte-Status eines Dateisystem-Objektes kann man sich mit dem Kommando `ls` anzeigen lassen:

```
user@ruegen: ~ > ls -l /etc/passwd

-rw-r–r–   1 root    root        2626 Apr 26 20:16 /etc/passwd
```

Die Option `–l` sorgt für die Anzeige der gewünschten langen Informationen, die nachfolgend erläutert werden.

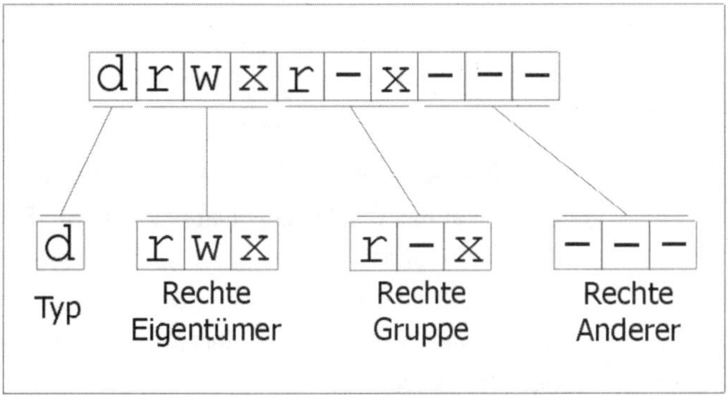

Abb. 4.1: Darstellung von Typ und Rechten

Sie sehen, dass ein Block von zehn Zeichen existiert. Das erste Zeichen klassifiziert den Objekttyp, wie bereits beschrieben. Nun folgen von links nach rechts drei Dreiergruppen für die Rechte:

- Rechte des Eigentümers,
- Rechte der Gruppe und
- Rechte der »Welt« (aller anderen Nutzer).

Mit den Rechten der »Welt« sind die der restlichen Nutzer gemeint, die nicht der Eigentümer sind und die nicht der Gruppe angehören.

Die beiden Namenspalten liefern normalerweise den Namen des Eigentümers und den Namen der Gruppe. Wenn der Eigentümer oder die Gruppe auf dem System nicht bekannt sind, werden die Nummern *uid* bzw. *gid* angezeigt.

Jede der drei Rechtegruppen hat die Zeichenfolge *rwx*. Ist ein Recht nicht gesetzt bzw. rückgesetzt, wird statt des Buchstabens ein Minuszeichen eingetragen, z.B. *rw-*. Nun zur Bedeutung der einzelnen Positionen innerhalb einer Rechtegruppe:

Zeichen	relative Position	Bedeutung
r	links	read (lesen) Ist dieses Recht für den Nutzer zutreffend, kann er das Objekt lesen. Für Dateien bedeutet das, dass sie geöffnet werden können. Für Verzeichnisse bedeutet das, dass sie gelistet (angezeigt) werden können.
w	Mitte	write (schreiben) Ist dieses Recht für den Nutzer zutreffend, kann er das Objekt schreiben (verändern). Für Dateien bedeutet das, dass ihr Inhalt geändert werden kann. Für Verzeichnisse bedeutet das, dass sie geändert werden können, sprich: Objekte können umbenannt, angelegt oder gelöscht werden.
x	rechts	execute (ausführen) Ist dieses Recht für den Nutzer zutreffend, kann er das Objekt ausführen (starten). Für Dateien bedeutet das, dass sie ausführbare Programme sind. Auch Textdateien können dieses Attribut erhalten und werden damit zu Shellscripten (vergleichbar mit Batchdateien). Für Verzeichnisse bedeutet das, dass in sie gewechselt werden kann (mit `cd`). Man kann für Verzeichnisse die Situation so einstellen, dass man dorthin wechseln darf, ohne das Verzeichnis einsehen zu dürfen.

Tab. 4.6: Die Bedeutung der rwx-Folge

Für ein konkretes Objekt gilt aus Sicht des Nutzers das für ihn günstigste Recht. Nehmen wir mal ein Beispiel. Eine Datei gehört dem Nutzer *paul*. Als Gruppe ist *logistik* eingetragen. Die Rechte stehen auf 0664 (entspricht `rw-rw-r–`).

Nun will Nutzer *emil* zugreifen. Er gehört ebenfalls der Gruppe *logistik* an. Ob *logistik* die Primärgruppe oder eine der Sekundärgruppen ist, spielt keine Rolle. Darf er die Datei bearbeiten?

Die Antwort lautet »ja«. Von der Eigentümerseite hat er keine Rechte, da er nicht der Eigentümer ist. Er gehört aber der Gruppe *logistik* an, und die hat hier die Rechte Lesen und Schreiben. Die restlichen Rechte spielen keine Rolle mehr. Er darf die Datei also uneingeschränkt bearbeiten. Ob er sie auch löschen und umbenennen darf, hängt von den Rechten des Verzeichnisses ab, in dem sie abgelegt ist.

Rechte für das Anlegen von Objekten

Die Anfangs-Rechte von Dateien, Verzeichnissen usw. werden über die so genannte *umask* definiert. Diese Maske bzw. Bitfolge legt fest, welche Bitpositionen beim Erzeugen zurückgesetzt werden.

Häufig steht die *umask* auf dem Wert 0022 (oktal). Das bedeutet, dass bei Dateien die Rechte nach dem 0022-Muster zurückgesetzt würden:

```
–|-w-|-w-
```

Die Grundrechte einer neuen Datei sind 0666 und nicht 0777, wie man eventuell annehmen würde. Der Grund ist, dass man bei neu angelegten Dateien davon ausgehen kann, dass sie nicht ausführbar sein sollen (also keine x-Rechte haben sollen). Abzüglich des obigen Musters ergibt sich die Rechtekonstellation:

```
rw-|r–|r–
```

Das entspricht dem Wert 0644.

Zusammenfassend für die Anlage einer neuen Datei gilt also:

- Eigentümer ist der Nutzer, der sie anlegt.
- Als Gruppe wird die aktuelle Primärgruppe des Eigentümers herangezogen.
- Die Rechte ergeben sich aus 0666 abzüglich der *umask*.

Bei Verzeichnissen wird analog verfahren, nur dass die Basisrechte dort 0777 sind. Im Falle der *umask* 0022 ergibt sich für ein neu angelegtes Verzeichnis nun das Recht

```
rwx|r-x|r-x
```

Die umask lässt sich natürlich ändern, indem man dem Kommando `umask` einen neuen Wert übergibt:

```
umask 0027
```

> **HINWEIS**
>
> Bei Samba wird der Ausdruck *umask* ebenfalls verwendet. Allerdings weicht die Bedeutung, vereinfacht gesagt, von der hier genannten Bedeutung ab. Die dortige Maske stellt nicht die Rechtepositionen dar, die rückgesetzt werden, sondern repräsentiert direkt die absoluten Anfangsrechte, ist also mehr eine Rechtevorlage als eine Maske. Außerdem werden bei Samba für Verzeichnisse und Dateien separate Masken geführt.

Beispiel: Konzept für den Zugriff einzelner Mitarbeiter und Arbeitsgruppen

In der Praxis tauchen im Wesentlichen zwei Fälle auf:

- Ein Nutzer will seine Dateien vor allen anderen schützen.
- Eine Gruppe von Nutzern möchte gemeinsame Datenbestände bearbeiten, die für andere Nutzer und Gruppen nicht zugänglich sein sollen.

Der erste Fall trifft meist für die Heimatverzeichnisse der Nutzer zu. Der Schutz ist leicht zu erreichen, indem nur dem Eigentümer Zugriff auf das Heimatverzeichnis erlaubt wird. Das bedeutet, der Eigentümer darf alles, alle Gruppen und alle anderen Nutzer dürfen nichts. Diesen Zustand erreichen wir mit dem Setzen der Rechte auf 0700. Der Beispiel-Befehl:

```
cd

chmod 700 .
```

Mit `cd` ohne Argumente wird in das Heimatverzeichnis gewechselt. Der Punkt ist der Bezug auf das aktuelle Verzeichnis, für das ja hier die Rechte eingestellt werden sollen.

Nach der Maßnahme kann niemand, außer der Eigentümer (und root), das Verzeichnis einsehen oder dorthin wechseln. Ergo, der Zugriff aller anderen Nutzer ist vollständig gesperrt, selbst wenn dort Dateien von ihnen liegen würden.

Zugehörige Kommandos

Dateisystem	Beschreibung
`chmod`	Die Rechte eines Dateisystem-Objektes ändern. Die Änderung darf aber nur der Eigentümer und der Superuser *root* vornehmen!
`cd`	Verzeichnis wechseln. Ohne Argument: in das Heimatverzeichnis wechseln.
`ls`	Auflistung von Dateisystemobjekten (analog zu dem MS-DOS-Kommando *dir*) Die Optionen `-al` sorgen für die Listung aller Verzeichniseinträge im Langformat (Angaben zu Eigentümer, Gruppe, Rechten, Erzeugungszeit, Name)
`umask`	Anzeige und Änderung der Maske zum Anlegen von Dateisystemobjekten

Tab. 4.7: Kommandos

4.4 Prozesssystem

UNIX ist ein Multitasking-System. Das bedeutet, es werden mehrere Programme (Tasks) quasiparallel ausgeführt. Beim Vorhandensein mehrerer Prozessoren und den nötigen Betriebssystemerweiterungen ist auch eine echte Parallelarbeit möglich. Bei nur einem Prozessor müssen sich die rechenbereiten Tasks den Prozessor teilen.

Jeder Task ist als Prozess in einer Liste aufgeführt und hat eine eindeutige Prozessnummer *pid*.

Die Verteilung der Rechenzeit realisiert ein Scheduler. Dabei entscheiden nicht die Tasks über die Zeitverteilung, wie es unter einigen bekannten Betriebssystemen üblich ist, sondern der Scheduler.

Es gibt ein einfaches Prioritätensystem, das in der Praxis voll ausreicht. (Das gilt allerdings meist nicht für Echtzeitaufgaben, aber das ist eine andere Geschichte ...) Tasks, die sehr viel Rechenzeit konsumieren, werden von der Priorität schlechter gestellt. Das führt dazu, dass Tasks mit wenig Prozessoranforderungen, wie Terminaleingaben etc., schnelle Reaktionszeiten erzielen.

Alles in allem wird durch das Scheduling-Konzept ein überdurchschnittlich stabiles System realisiert, das auch unter mehrfacher Überlastung des Prozessors noch gute Reaktionszeiten auf Kommandos erbringt.

Anzeige von Prozessen

Alle Prozesse lassen sich natürlich ansehen und bezüglich ihrer Charakteristika inspizieren. Insbesondere bekommt man Angaben über:

- Eigentümer
- Prozessname (Programmname und Parameter)
- Prozessnummer

- Nummer des Vaterprozesses
- Startzeit
- konsumierte Prozessorzeit
- Priorität
- Speicherbelegung

Es gibt noch weitere Merkmale, die aber in der Praxis eher unwichtig sind.

Wie kann man sich die Prozesse (Prozessliste) nun anzeigen lassen? Dazu ist das Kommando `ps` vorgesehen. Leider sind die (vielen) Optionen bei den einzelnen UNIX-Dialekten nicht sehr einheitlich. Die meisten UNIX-Versionen unterstützen als Standardausgabe den Aufruf

```
ps –ef
```

Unter LINUX werden diese Optionen auch noch nicht sehr lange unterstützt. Wenn Sie ein älteres LINUX oder BSD-UNIX benutzen, versuchen Sie den Aufruf

`ps ax` oder `ps -ax`

Er liefert aber nicht die gleiche Ausgabe.

Nun lassen Sie sich die Prozesse auf Ihrem System einmal auflisten. Auf meinem LINUX sieht die (gekürzte) Liste etwa so aus:

```
ruegen:~ #  ps -ef|more

UID      PID  PPID  C STIME TTY          TIME CMD

root       1     0  0 14:35 ?        00:00:04 init

root       2     1  0 14:35 ?        00:00:00 [kflushd]

root       3     1  0 14:35 ?        00:00:00 [kupdate]

root       4     1  0 14:35 ?        00:00:00 [kpiod]
```

```
root       5     1  0 14:35 ?        00:00:00 [kswapd]
root       6     1  0 14:36 ?        00:00:00 [md_thread]
bin       68     1  0 14:36 ?        00:00:00 /sbin/portmap
root      77     1  0 14:36 ?        00:00:00 /usr/sbin/syslogd
root     106     1  0 14:36 ?        00:00:00 /usr/sbin/inetd
root     165     1  0 14:36 ?        00:00:00 /usr/sbin/nmbd -D
root     170     1  0 14:36 ?        00:00:00 /usr/sbin/smbd -D
```

Mit dem Kommando `ps ax` sieht es so aus:

```
ruegen:~ # ps ax|more
  PID TTY      STAT   TIME COMMAND
    1 ?        S      0:04 init
    2 ?        SW     0:00 [kflushd]
    3 ?        SW     0:00 [kupdate]
    4 ?        SW     0:00 [kpiod]
    5 ?        SW     0:00 [kswapd]
    6 ?        SW     0:00 [md_thread]
   68 ?        S      0:00 /sbin/portmap
   77 ?        S      0:00 /usr/sbin/syslogd
  106 ?        S      0:00 /usr/sbin/inetd
  162 ?        S      0:00 /usr/sbin/cron
  165 ?        S      0:00 /usr/sbin/nmbd -D
  170 ?        S      0:00 /usr/sbin/smbd -D
```

Orientieren wir uns mal an der ersten Liste, weil sie etwas ausführlicher ist. Sie sehen die Eigentümer der Prozesse in der Spalte *UID*. Viele Systemprozesse laufen als *root*. Sie werden Ihren Anmeldenamen auch in Ihrer Liste finden, denn Sie sind angemeldet und führen eine Shell aus.

In der zweiten Spalte steht die Prozessnummer *pid*. Sie ist zur Identifizierung des Prozesses wichtig, da einzelne Programme durchaus mehrfach gestartet werden können und sich dann nur noch über die Prozessnummer unterscheiden. Das kann man leicht mit der folgenden Sequenz ausprobieren:

```
sleep 1000 &

sleep 1000 &

ps -ef | grep sleep
```

Die beiden ersten Zeilen starten das Programm `sleep`, welches hier 1000 Sekunden pausiert und dann beendet. Die dritte Zeile sorgt für das Herausfiltern aller Zeilen der Prozessliste, die das Wort »sleep« enthalten. Das `grep`-Kommando wird vermutlich auch in der Auflistung erscheinen.

```
root    679    586   0 16:42 pts/0     00:00:00 sleep 1000

root    680    586   0 16:42 pts/0     00:00:00 sleep 1000

root    682    586   0 16:42 pts/0     00:00:00 grep sleep
```

Wie nun leicht zu sehen ist, wurden bei mir für ein identisches Kommando die Prozessnummern 679 und 680 vergeben.

Widmen wir uns nun der dritten Spalte, die mit *PPID* überschrieben ist. Sie listet die Nummer des Vaterprozesses, der den Prozess gestartet hat. Oft ist als Vaterprozess die Prozessnummer 1 eingetragen, die dem Prozess *init* gehört. Er ist der Ursprungsprozess, der das System hochgefahren hat. Prozesse, deren Vater »gestorben« ist, also nicht mehr läuft, bekommen als PPID auch die Nummer 1 zugeordnet.

Die vierte Spalte wird hier übergangen und die fünfte Spalte *STIME* stellt die Startzeit des Prozesses dar. Wenn wir uns noch einmal die Liste ansehen, dann wurde der Samba-Prozess *nmbd* mit der Prozessnummer 165 um 14:36 Uhr gestartet.

In der sechsten Spalte (*TTY*) wird die Verbindung mit einem Ein-/Ausgabekanal (z.B. Terminal oder MODEM) dokumentiert. Prozesse, die keinen Ein-/Ausgabekanal benutzen, haben dort ein Fragezeichen stehen.

Spalte sieben (*TIME*) liefert die verbrauchte Prozessorzeit. Sie ist (nur) sekundengenau und deshalb ist bei vielen Prozessen, insbesondere wenn das System noch nicht lange läuft, weniger als eine Sekunde aufgelaufen.

Mit Startzeit und Prozessorzeit kann man sich schnell ein Bild davon machen, ob ein Prozess nennenswerte Systemlast verursacht hat.

Die letzte Spalte liefert das Kommando selbst. Einige UNIX-Versionen schneiden die Angabe einfach ab, wenn der Platz nach rechts nicht reicht, so dass man sich nicht darauf verlassen kann, dass alle Argumente angezeigt werden.

Für die interessierten LINUX-Nutzer möchte ich noch das Kommando `top` ins Gespräch bringen. Damit lassen sich die Prozesse zyklisch aktualisiert nach Kriterien, wie relative CPU-Auslastung oder Speicherverbrauch, auflisten.

Signale an Prozesse

Es gibt praktische Gründe, warum man einem Prozess Informationen von außen zustellen möchte. Ein Grund ist oft, dass der Prozess aufgefordert werden soll, zu beenden. Das ist zum Beispiel beim Herunterfahren des Systems der Fall.

Eine weitere Notwendigkeit taucht auf, wenn sich die Konfigurationsdatei eines Dienstes geändert hat. Die meisten Dienste sind nicht Willens, das selbst zyklisch zu kontrollieren. Deshalb hat sich das Verfahren eingebürgert, den Prozess manuell davon in Kenntnis zu setzen.

Dieses Zustellen von Informationen geschieht durch das Senden eines Signals an den Prozess. Vermutlich, weil das Beenden von Prozessen mal der Hauptzweck der Signale war, heißt das Kommando `kill`.

`kill` wird über eine Option mitgeteilt, welches Signal versendet werden soll. Ohne Option wird das Signal `SIGTERM` versendet. Nehmen wir mal an, wir wollten unseren *nmbd*-Prozess aus der ersten Prozessliste auffordern, seine Konfiguration neu einzulesen. Dazu ist das Signal `SIGHUP` vorgesehen. Der Aufruf würde folgendermaßen aussehen:

```
kill -SIGHUP 165
```

Da die UNIX-Verwalter immer kurz angebunden sind, ist auch die Schreibweise mit den Signalnummern erlaubt (und üblich):

```
kill -1 165
```

Es gibt eine Reihe von vordefinierten Signalen. Für den normalen Systemumgang sind aber nur einige wichtig:

Signal	Signalnummer	Bedeutung
`SIGTERM`	15	Prozess soll beenden. Der Prozess kann dieses Signal abfangen und selbst entscheiden, ob und wann er ihm nachkommt. So wird jeder Prozess in die Lage versetzt, noch Daten zu retten und dann zu beenden.
`SIGHUP`	1	Prozess soll praktisch ein Restart durchführen
`SIGKILL`	9	Prozess wird vom System beendet. Dieses Signal lässt sich nicht abfangen und ignorieren.

Tab. 4.8: Bedeutende Signale in der Praxis

HINWEISE

Ein Signal an einen Prozess kann nur der Eigentümer des Prozesses versenden. Der Superuser *root* darf an alle Prozesse Signale senden.

Es gibt Prozesszustände, bei denen der Prozess das Signal nicht verarbeiten kann. Typischer Fall ist das Warten auf ein Bandlaufwerk (bei der Datensicherung z.B. mit `tar`). Solange auf die Peripherie gewartet wird, schläft der Prozess. Das Verhalten ist allerdings von UNIX zu UNIX verschieden. Unter LINUX z.B. lässt sich ein hängender `tar`-Befehl oft noch *killen*.

4.5 Speichersystem

Das UNIX-Speichersystem ist im Detail sicherlich kompliziert und interessiert nur die Programmierer wirklich. Für die Praxis sollte man jedoch wissen, dass aus dem vorhandenen physischen Speicher in Form von Speicherschaltkreisen (RAM) und einem oder mehreren Festplattenbereichen (swap) ein virtueller Speicher aufgebaut wird. Im Rahmen der gemeinsamen Größe können die Anwendungen Speicher anfordern. Allerdings benötigt das System noch einen Teil des Speichers, der nicht ausgelagert werden kann, und ein nicht gerade kleiner, aber in gewissen Grenzen variabler Teil wird zum Cachen des Dateisystems eingesetzt.

Das System versucht, wenn der physische Speicher knapp wird, Speicher von gerade nicht aktiven Prozessen zu gewinnen, indem es diese in den Swap-Bereich auslagert. Der ehemals belegte Speicherbereich wird dadurch frei und kann von neuen Prozessen genutzt werden.

So schön das Prinzip für den Start vieler Anwendungen ist, so hinderlich ist es für die Performance des Systems. Werden nämlich nun die ausgelagerten Prozesse aufgeweckt, weil sie wieder arbeiten müssen, muss das UNIX einen anderen Prozess auslagern, um den nötigen Speicher frei zu bekommen. Da es sich hier vor allem um Festplattenarbeit handelt, gehen etliche Millisekunden verloren, ehe der geweckte Prozess wieder arbeiten kann.

Für einen Dateiserver unter Samba sollte man deshalb gelegentlich die Speicherbelegung kontrollieren, insbesondere, wenn man mit der Performance nicht zufrieden ist. Unter LINUX gibt das Kommando `free` bestens Auskunft. Bei anderen Systemen gibt es leider oft keine so effektiven Kommandos.

4.6 Hilfesystem

Bisher hat sich fast bei allen bekannten UNIX-Systemen das ursprüngliche Hilfesystem (manuals) mit dem Kommando `man` über die Zeit gerettet. Es hat den Vorteil, dass es keine Grafikausgabe benötigt und damit im Prinzip unter fast allen Umständen benutzbar ist.

Die *man pages* sind in mehrere Sektionen geteilt. Die genaue Teilung ist bei den einzelnen Systemen unterschiedlich. Gemeinsam scheint aber zu gelten, dass Sektion 1 die Nutzerkommandos sind.

Meist ist die Sektion auch nicht so wichtig. Entscheidend ist, den Anfang der Hilfe zu finden. Entweder man kennt das Kommando, zu dem man Hilfe benötigt, oder ein Kommando, das damit in Zusammenhang steht. Das führt deshalb zum Erfolg, weil in jeder Hilfedatei ein Abschnitt *SEE ALSO* vorhanden ist, in dem auf zugehörige Hilfeseiten verwiesen wird.

Führt auch das nicht zum Erfolg, hilft eventuell das Kommando `apropos`, das nach Textstellen in den Hilfeseiten sucht und alle Seiten liefert, die die Textstelle enthalten.

Unterschiedlich bei den einzelnen UNIX-Versionen ist auch das Verhalten bei der Anzeige eines Ausdrucks, für den mehrere Hilfeseiten existieren. Einige Systeme zeigen die Seiten nacheinander an, bei anderen wird nur die erste gefundene Seite geliefert.

Dateisystem	Beschreibung
`apropos <ausdruck>`	Namen der Hilfeseiten anzeigen, in denen `<ausdruck>` vorhanden ist. Hinweis: `apropos` funktioniert nur, wenn der Hilfeindex angelegt ist.
`man [sektion] <ausdruck>`	Zeigt die Hilfeseite zu `<ausdruck>` an. Ist `sektion` angegeben, wird gleich in der entsprechenden Sektion gesucht. Beispiel: `man 5 passwd` liefert unter LINUX den Aufbau der Datei */etc/passwd*. Das Kommando `passwd` existiert in der Sektion 1.

Tab. 4.9: Kommandos, die Unterstützung liefern

Zur Zeit gibt es kein einheitliches grafisches Hilfesystem. Auf den meisten Systemen ist immerhin noch die X11-Variante von `man`, das `xman`, verfügbar. Einige Hersteller, wie z.B. Sun Microsystems, haben mittlerweile HTML-basierende Lösungen (`answerbook2`), aber es zeichnet sich keine Standardisierung ab.

4.7 Drucker unter UNIX

Das Drucken unter UNIX ist etwas komplizierter, als man es von Windows gewöhnt ist. Das liegt daran, dass der Ansatz viel breiter gewählt wurde. Es werden von Hause aus mehrere Warteschlangen und mehrere Drucker pro Warteschlange unterstützt. Letzteres Feature hat für kleine und mittlere Lösungen allerdings keine Bedeutung und verkompliziert die Sache unnötig.

In der Praxis haben sich zwei wesentliche Prinzipien der Druckdatenstrombehandlung durchgesetzt. Das ist das Verfahren, wie es unter BSD-UNIX (SunOS, auch LINUX) eingeführt wurde und auf der anderen Seite das unter System-V-UNIX-Versionen (Solaris, SCO-UNIX) übliche. Einige Hersteller haben das Fahrrad fast noch mal erfunden und stark abweichende Spoolsysteme implementiert, wie AIX oder SINIX (zumindest zum Teil).

Unter UNIX ist es üblich, dass Druckdaten immer von der Applikation aufzubereiten sind und dass der Druckdatenstrom nie direkt zum Drucker gesendet, sondern immer zwischengespeichert (neudeutsch: gespoolt) und aus einer Warteschlange heraus dem Drucker übergeben wird. Die Einreihung der Druckdaten in die Warteschlange geschieht über ein Kommando.

Beide UNIX-Varianten erlauben das Behandeln der Druckdaten auf dem Weg zum Drucker. Das ist an sich eine gute Sache, aber in der Praxis hatte ich ziemlich häufig Probleme damit, den Systemen die »Kreativität« abzugewöhnen, mit der sie meinten, Drucker initialisieren oder auf andere Art in die Druckdaten eingreifen zu müssen.

Für den Druck unter Samba ist es eine Grundvoraussetzung, dass die normalerweise von einem Windows-Druckertreiber komplett aufbereiteten Druckdaten unverändert bis zum Drucker gelangen. Druckt man von Windows aus über Samba, dann sorgt der Windows-Druckertreiber schon für die richtige Initialisierung des Druckers.

Unter LINUX ist es weit verbreitete Praxis, den PostScript-Datenstrom von UNIX-Applikationen in ein »preiswerteres« Format, passend zum meist vorhandenen Tintenstrahldrucker, umzuwandeln. Aber Achtung! Für Samba sollte man solche Transformationen vermeiden, denn die Fehlersuche verkompliziert sich drastisch.

Wir beleuchten beide Spool-Versionen nun einmal kurz, um einen Überblick zu bekommen.

System-V-Spoolsystem

Unter System V heißt das Druckkommando `lp`. Über `lpstat` bekommt man Informationen zum aktuellen Zustand der Warteschlangen.

Warteschlangen können zur Ausgabe und auch zur Annahme von Druckaufträgen gesperrt werden.

Das unhandliche am System-V-Spoolsystem ist das Fehlen einer zentralen Konfigurationsdatei. Alle Anlagen, Löschungen und Änderungen von Druckern sind nur mit Kommandos realisierbar.

Für die Einrichtung von Warteschlangen empfiehlt es sich, die mit den Systemen gelieferten Tools zu benutzen (Solaris: `admintool`, SCO: `sysadmsh` usw.).

BSD-Spoolsystem

Unter dem BSD-Spoolsystem heißt das Druckkommando `lpr`. Die Zustandsinformationen und Möglichkeiten, in das Spooling einzugreifen, bietet das Kommando `lpc`.

Das BSD-Verfahren beruht auf der zentralen Konfigurationsdatei */etc/printcap*. Hier werden alle notwendigen Parameter für das Spoolsystem eingetragen, um einen Drucker ansteuern zu können. Die Weiterleitung der Druckdaten an andere UNIX-Systeme respektive Printboxen, die das *lpd*-Protokoll über Port 515 benutzen, ist ebenfalls implementiert.

Beispieleinrichtung eines neuen Druckers im BSD-Spoolsystem

Wir wollen einen Laserdrucker mit dem Druckernamen »laser« zur Verfügung stellen. Es wird davon ausgegangen, dass er an der parallelen Schnittstelle eines LINUX-PCs angeschlossen ist.

Für die Einrichtung existiert hierzu bei den einzelnen UNIX-Versionen oft kein einheitliches Kommando. Ich will mich deshalb auf das LINUX-Beispiel beschränken, in dem eigentlich nur ein Eintrag in die

Konfigurationsdatei */etc/printcap* gemacht werden muss. Der Eintrag sieht z.B. so aus:

```
# Laserdrucker an LPT1

laser:lp=/dev/lp0:sd=/var/spool/laser:sh
```

Im ersten Feld steht der Druckername für das Spoolsystem. Die nachfolgenden Felder bestehen meist aus einem Feldnamen gefolgt von einem Gleichheitszeichen oder bei booleschen Werten nur aus dem Feldnamen. Die Tabelle erklärt den Eintrag:

Feldname	Beschreibung
`lp`	Gerätename, der für die Ausgabe geöffnet werden soll. Das ist hier der Name des Gerätetreibers für den Parallelport */dev/lp0*. Die konkrete Angabe ist sehr von dem verwendeten Betriebssystem abhängig!
`sd`	Spool Directory: Das Verzeichnis, in dem die Druckdaten bis zum Ausdruck zwischengespeichert werden sollen. Achtung! Dieses Verzeichnis muss existieren, sonst kann nichts gedruckt werden! Außerdem müssen Schreibrechte für den Pseudonutzer *lp* vorhanden sein.
`sh`	Wenn dieser Feldname vorhanden ist, werden keine Trennblätter gedruckt.

Tab. 4.10: Beschreibung der verwendeten *printcap*-Felder

Damit ist der Drucker bereits eingerichtet. Man kann ihn sicherheitshalber unter LINUX noch mit dem Kommando `lpc status` abfragen.

4.8 Zusammenfassung, Fragen und Übungen

Zusammenfassung

- UNIX-Nutzer sind durch ihren Namen (username), ihre Nutzernummer (uid) und mindestens durch eine zugeordnete Primärgruppe (gid) gekennzeichnet.
- Für jeden Nutzer wird normalerweise eine Shell und ein Homedirectory (Heimatverzeichnis) zugewiesen.
- Es gibt im hierarchischen UNIX-Dateisystem keine Laufwerke. Alle Ressourcen werden an Verzeichnisse angehängt (gemountet).
- Von den Elementen im Dateisystem sind Verzeichnisse und Dateien von grundsätzlicher Bedeutung. Es gibt aber noch weitere Typen.
- Das UNIX-Rechtekonzept regelt den Zugriff auf alle Elemente des Dateisystems über Nutzerrechte, Gruppenrechte und Rechte für alle anderen Nutzer (»Welt«-Rechte).
- Jede Aufgabe im UNIX wird durch laufende Programme, die als Prozesse erscheinen, abgebildet. Jeder Prozess hat eine eindeutige Prozessnummer (pid). Prozesse kann man über ihre *pid* durch Signale über besondere Ereignisse informieren. Das Verfahren wird auch zum kontrollierten und zwangsweisen (unkontrollierten) Abbruch von Prozessen benutzt.
- UNIX hat ein integriertes Hilfesystem, das mit dem Kommando `man` aufgerufen wird.

Fragen und Übungen

1. Versuchen Sie Ihre Shell, in der Sie gerade arbeiten, zu killen.
2. Richten Sie einen weiteren Drucker mit dem Namen *tinte* in der */etc/printcap* ein. Er soll seine Druckdaten an den Server *pserver* weitersenden.

5 Grundlagen zu TCP/IP

5 Grundlagen zu TCP/IP

Dieses Kapitel soll die nötigsten Grundlagen für die Benutzung von TCP/IP vermitteln. Das Thema ist allerdings sehr komplex und allein dazu gibt es meterweise Bücher. Deshalb ist es meine Intention, das zu vermitteln, was man zur Vermeidung von Fehlern wissen sollte. Die Überschrift ist eigentlich nicht ganz korrekt, da im Wesentlichen nur Aspekte zum Internet Protokoll (IP) angesprochen werden. Sie ist also ein Zugeständnis an Schlagworte ...

5.1 Allgemeines

TCP und IP werden oft zusammen genannt. Die ganze Adressierung und das Routen ist aber Sache von nur IP. TCP setzt auf IP auf und realisiert die höheren Aufgaben. IP ist nach dem ISO/OSI-7-Schichten-Referenzmodell ein Layer-3-Dienst. IP hat nicht direkt etwas mit dem physischen Transport der Daten zu tun, sondern nutzt dazu die unterliegenden Schichten (Layer2 , Layer1).

Wovon hier die Rede sein wird, ist das so genannte IP v4. In Vorbereitung ist bereits ein IP v6, welches vor allem einen deutlich größeren Adressraum hat.

5.2 IP-Adresse

Jede IP-Adresse besteht aus insgesamt vier Byte an Informationen, die in dezimaler Schreibweise dargestellt werden:

```
192.168.10.240
```

Die einzelnen Bytes werden durch einen Punkt voneinander getrennt. Logischerweise kann jedes Byte nur einen Wertebereich von 0 bis 255 überstreichen. Die beiden Eckwerte (0, 255) darf man je nach Kontext nicht verwenden. Da ich hier nicht sehr ins Detail gehen werde, einfach der Hinweis: Verwenden Sie die Eckwerte nicht.

HINWEIS

Und ebenso wichtig: Innerhalb eines IP-Adresssegments dürfen Adressen nicht doppelt auftreten!

Wodurch ein solches Segment bestimmt wird, sehen wir später noch.

5.3 Klassifizierung

Es müssen (Teil-)Netze und Hosts (Endgeräte) unterschieden werden. Deshalb wird eine (unsichtbare) Trennlinie durch die Adresse gezogen, die den Adressteil des Netzes vom Host-Teil trennt. Wo die Trennlinie gezogen wird, entscheidet die Klassifizierung. Die Klassifizierung wiederum wird am Wert des ersten Bytes (eigentlich der führenden Bits) entschieden. Die meist verwendeten Klassen sind:

Klasse 1. Byte	Teilung (Bits: Netz/Host)	Beispiel	Bemerkung (n = Klasse und Netz, h = Host)
A 0–127	7/24	10.20.4.200	Netz: 10.0.0.0 3 Bytes für Hostadressierung reserviert (nnn.hhh.hhh.hhh)
B 128–191	14/16	172.16.10.12	Netz: 172.16.0.0 2 Bytes für Hostadressierung reserviert (nnn.nnn.hhh.hhh)
C 192–223	21/8	192.168.10.1	Netz: 192.168.10.0 1 Byte für Hostadressierung reserviert (nnn.nnn.nnn.hhh)

Tab. 5.1: Klassifizierung von IP-Adressen

Mit Class-C ist noch nicht Schluss, aber die Class-D- und Class-E-Netze spielen hier keine Rolle.

Es leuchtet ein, dass man in Class-A-Netzen wenige Netze (128) mit vielen Endgeräten (rund 256^3) verteilen kann. Solche Adressen sind an große Firmen wie Sun und IBM vergeben.

In Class-C-Netzen ist es umgekehrt: Es gibt viele Netze mit (relativ) wenigen Hostadressen (254). Normale (kleinere) Firmen bekommen, wenn es wegen der Adressenknappheit überhaupt noch geht, ein Class-C-Netz.

Sonderadressen

Es gibt wenigstens eine wichtige Sonderadresse, und das ist die des lokalen Rechners. Unabhängig vom realen Netzwerk wird die Adresse

```
127.0.0.1
```

vergeben und meist mit dem Namen `localhost` gehandelt.

5.4 Subnetzmaske

Wie wir später noch sehen werden, kann man Netze mit Routern verbinden oder trennen. Beides hat seine Berechtigung. Voraussetzung ist jedoch, dass beide Teilnetze nicht im gleichen Adresssegment sind, d.h. vereinfacht, dass beide nicht den gleichen Netzanteil der Adresse haben.

Da man im Allgemeinen nur eine Netzadresse bekommt, muss man in der Lage sein, selbst Teilnetze zu bilden. Und das kann man tatsächlich, nämlich mit der Subnetzmaske (auch Teilnetzmaske genannt).

Diese Bitmaske wird über die Adresse gelegt, und alle Bitpositionen, die eine 1 haben, zählen zum Netz-Teil der Adresse, alle mit 0 zum Host-Teil. Wichtig: Von links nach rechts kommen erst ein Paket zusammenhängender Einsen und dann der Rest Nullen. Mischungen gibt es nicht!

Da die Binärschreibweise (11...111000...) zu lang ist, wird auch mit Dezimalzahlen gearbeitet, z.B. die Maske `255.255.255.0`.

Selbst wenn eine weitere Unterteilung des zugewiesenen Netzes nicht nötig ist, muss die Netzmaske immer richtig angegeben werden. Folgende Standardwerte sind dann einzutragen:

- Class-A: 255.0.0.0
- Class-B: 255.255.0.0
- Class-C: 255.255.255.0

5.5 Broadcast-Adresse

Die Broadcast-Adressen dienen der Verteilung von Datenpaketen für alle Teilnehmer (Hosts) eines Teilnetzes. Dazu werden die Pakete so adressiert, dass der Host-Teil komplett mit Einsen aufgefüllt wird (und damit kein konkreter Host mehr adressiert wird, sondern alle).

Beispiel:

Unsere IP-Adresse ist 192.168.10.10. Die Subnetzmaske (Standard) ist dann 255.255.255.0. Damit verwenden wir das Netz 192.168.10.0 (man beachte die letzte 0 für die Angabe des Netzes). Die Broadcast-Adresse entspricht nun der Netzadresse, wobei zusätzlich der Host-Teil mit binären Einsen aufgefüllt wird, also

```
192.168.10.255
```

Broadcasts werden normalerweise von Routern nicht weitergeleitet, da sie nur für das lokale Adresssegment bestimmt sind.

5.6 Default Gateway und Routing

Anhand der diskutierten Merkmale kann nun ein Netzwerk-Interface (eine Netzwerkkarte + Treiber) leicht feststellen, ob ein Paket für das lokale Netz (dieses Teilnetz) oder ein anderes Netz bestimmt ist. Stellt sich heraus, dass der Partner außerhalb dieses Teilnetzes liegt, kann und soll das Interface nicht wissen, wie das Paket zum Empfänger gelangen soll. Der vorgesehene Weg ist, das Paket an den *Default Gateway* zu senden. Dieser ist im Allgemeinen die Adresse eines Routers, der das Paket dann weiterleitet.

5.7 Hardware-Adressen

Eine Frage bleibt noch: Wie gelangt ein Paket von meinem Rechner zu einem anderen Rechner in meinem Teilnetz? Wie bei der gelben Post, muss auch im Netzwerk die Zieladresse bekannt sein. Die IP-Adresse ist bekannt, aber welcher Rechner verbirgt sich dahinter?

Die Erklärung liegt darin, dass jede (Ethernet-)Netzwerkkarte eine eindeutige Hardware-Adresse hat. Wenn mein PC diese Adresse meines (lokalen) Empfängers kennen würde, wäre die Versendung kein Problem. Und natürlich gibt es eine Lösung für diesen Standardfall. Das ist das *Adress Resolution Protocol* (ARP). Dieses Protokoll sorgt dafür, dass, wenn eine Hardware-Adresse nicht bekannt ist, sie beschafft wird. Dazu lässt es die Ethernetkarte einen Ethernet-Broadcast aussenden, der eine Aufforderung an alle Karten sendet, sich zu melden, wenn die zu adressierende IP-Adresse an die Karte gebunden ist. Die betreffende Karte sendet ihre Ethernet-Adresse zurück und diese wird in einen Cache eingetragen, um nicht bei jedem Paket nachfragen zu müssen. Das zu versendende Paket wird nun an diese Ethernet-Adresse gesendet.

5.8 Private Netze

Es gibt einige IP-Adressen, die standardmäßig nicht geroutet werden. Diese nennt man Adressen für *Private Netze*. Typisch ist, dass diese Netze hinter Firewalls benutzt werden, um Intranet und Internet zu trennen.

Ein gewünschter Nebeneffekt des fehlenden Routings ist, dass diese Adressen mehrfach verwendet werden können. Also, Firma A, B und C können (intern) durchaus die gleichen Adresssegmente verwenden.

Folgende Netz-Adressen sind für Private Netze vorgesehen:

Class-A: 10.0.0.0

Class-B: 172.16.0.0 ... 172.31.0.0

Class-C: 192.168.0.0 ... 192.168.255.0

5.9 Zusammenfassung, Fragen und Übungen

Zusammenfassung

- Für die Netzkarteneinrichtung sind Parameter wie IP-Adresse, Subnetzmaske, Default Gateway und Broadcast-Adresse von Bedeutung.
- Es gibt für IP-Adressen verschiedene Klassen. Von größerer Bedeutung sind die Klassen A, B und C. Die Zuordnung zur Klasse ergibt sich aus dem Wert des ersten Bytes.
- Intern sollte man immer Adressen von *Privaten Netzen* verwenden. Diese werden normalerweise nicht geroutet.

Fragen und Übungen

1. Gegeben ist die IP-Adresse 194.199.20.6. Wie lautet die Netzklasse, die Netzadresse, die Broadcast-Adresse und die Subnetzmaske (Standard)?
2. Zwei Rechner mit den IP-Adressen 192.168.1.20 und 192.168.2.10 sind physisch in einem Netz. Können sie sich Pakete zusenden?

G A L 12 11 10 9 8 7 **6** 5 4 3 2 1 »

6 Grundlagen des Windows-Netzwerkes

6 Grundlagen des Windows-Netzwerkes

Vor der Klärung der Details zu Samba ist es nötig, die Grundlagen eines Windows-Netzwerkes kennen zu lernen. Im folgenden Kapitel werden die grundsätzlichen Konzepte und Ideen der Netzwerkschichten von ***W**indows **f**or **W**orkgroups* (WfW) bis zu *Windows NT* angesprochen. Die Betrachtung ist sicher nur eine grobe Sicht auf die verwendeten Protokolle, aber eine ausreichende Grundlage für die spätere Konfiguration Ihres Samba-Servers.

6.1 Ein Überblick über NetBIOS

All diejenigen, die schon länger mit Intel-basierenden Rechnern zu tun haben, werden den Begriff BIOS einigermaßen kennen. Dort steht er für ***B**asic **I**nput/**O**utput **S**ystem* und stellt Software dar, die eine definierte Schnittstelle zur Hardware schafft. Alle Betriebssysteme, z.B. Windows und MS-DOS, bauen auf diese BIOS-Schnittstelle auf.

Mitte der Achtziger Jahre wurde das BIOS-Konzept »aufgebohrt«, um die allernötigsten Netzwerkfunktionen mit einzubetten. Ergebnis war nun eine Schnittstelle mit dem Namen ***Net**work **B**asic **I**nput/**O**utput **S**ystem*, kurz *NetBIOS*. Dies ist eine Programmierschnittstelle, die die Programmierer üblicherweise ***A**pplication **P**rogramming **I**nterface* nennen und die mit API abgekürzt wird.

Die erste verwendbare Definition stammt von IBM und war das *IBM PC Network Technical Reference Manual* vom September 1984. Schon kurz darauf, im Jahre 1985, schuf IBM ein Netzwerkprotokoll, das diese NetBIOS-API verwendete und auch erweiterte. Es war das NetBEUI-Protokoll (***NetB**IOS **E**xtended **U**ser **I**nterface*).

NetBEUI ist gut für kleine Netzwerke geeignet, kann aber nicht geroutet werden. D.h., in größeren Netzwerken, die meist durch Router in Teilnetze gegliedert sind, ist es nicht einsetzbar. Routen bedeutet, die Daten eines Teilnetzes in ein anderes Teilnetz zu transportieren. Diese Aufgabe übernimmt ein Router. Sinn der Sache ist die Aufteilung des Netzwerkverkehrs. In einem Teilnetz gibt es üblicherweise viel lokalen Datenverkehr, der nur für dieses Teilnetz von Bedeutung ist. Der Router sorgt dafür, dass nur die für andere Netze bestimmten Datenpakete ausgetauscht werden.

Neben NetBEUI kann NetBIOS auch über IPX transportiert werden. (IPX ist das bekannteste Netzwerkprotokoll für und von Novell-Netzwerken.) Das erlaubte nun ein friedliches Nebeneinander von Novell- und Microsoft-Netzwerken.

Zwei Jahre später, also 1987, standardisierte die Internet Engineering Task Force (IETF) die Schnittstelle über TCP und UDP in den RFCs 1001 und 1002. Das so entstandene *NetBIOS over TCP/IP* wird häufiger auch mit NBT bezeichnet.

In den genannten RFCs 1001 und 1002 sind drei Dienste beschrieben, die von *NetBIOS over TCP/IP* erbracht werden müssen:

- name service
- session service
- datagram service

Die RFCs legen auch die verwendeten UDP- und TCP-Ports für die Dienste fest:

Dienst	Port	Typ
name service	137	UDP
session service	139	TCP
datagram service	138	UDP

Tab 6.1: Dienste und Ports

name service

Computerbenutzer merken sich Namen viel besser als Zahlen. Computer dagegen hantieren zur Adressierung anderer Computer besser mit Zahlen bzw. Nummern, weil Zahlen weniger Speicher belegen und demnach auch für den Netztransport effizienter sind. Zur Überwindung dieser Diskrepanz ist also ein Mechanismus nötig, der die Verbindung zwischen Namen und Nummern herstellt.

Genau das realisiert nun der *name service*. Wer sich mit TCP/IP auskennt, weiß um die Verwendung von so genannten Hostnamen, die synonym für die vom Computer verwendeten IP-Adressen sind. Nehmen wir mal an, unser Dateiserver heißt *ruegen* und hat die IP-Adresse 192.168.1.2. Wenn die Namensauflösung richtig eingerichtet ist, kann man die Maschine über ihren Namen erreichen. Die Namensauflösung von TCP/IP erfordert entweder die Pflege der Hosttabelle */etc/hosts* oder die Verwendung von DNS (***D**omain **N**ame **S**ervice*). Bei Letzterem ist insbesondere die Konfigurationsdatei */etc/resolv.conf* einzurichten, ggf. auch noch weitere Dateien.

Die Erreichbarkeit testet man, indem man sich über das Kommando

```
telnet ruegen
```

am Rechner *ruegen* anzumelden versucht. Implizit kann `telnet` mit dem Namen *ruegen* nichts anfangen, sondern ruft eine Funktion des Betriebssystems auf, die aus dem Namen nun die IP-Adresse 192.168.1.2 macht. Die Auflösung erfolgt über eine Tabelle (*/etc/hosts*) oder den Dienst DNS. Selbst kann man natürlich auch `telnet 192.168.1.2` eingeben. Aber das ist doch nicht besser, oder?

Gut, so funktioniert die Namensauflösung bei TCP/IP. Der *NetBIOS name service* arbeitet nun ganz ähnlich wie DNS und sorgt für die Umwandlung von Namen in Adressen, wie in RFC 1001 und 1002 beschrieben. Zwischen beiden Diensten gibt es aber Unterschiede, die nun zur Sprache kommen.

Namensaufbau

Die NetBIOS-Namen bestehen aus 16 alphanumerischen Zeichen (0...9, A...z). Neben diesen »normalen« Zeichen sind auch folgende Sonderzeichen erlaubt:

```
@ ! # $ % ^ & ( ) - ' { } . ~
```

Zu beachten ist, dass nur 15 der 16 reservierten Zeichen für den Namen eines Rechners benutzt werden können. Das sechzehnte Byte ist ein Wert im Bereich 0x00 bis 0xFF und stellt den *resource type* des Namens dar.

Nachfolgend wird dieses Byte hexadezimal in spitzen Klammern dargestellt, z.B. <1e>. Die Angabe ist immer eine Hexadezimalzahl. Nicht alle gelisteten Bytes können im Rahmen dieses Buches näher behandelt werden. Die englischen Bezeichnungen werden primär beibehalten, da sie sich gelegentlich nur sehr holprig ins Deutsche übersetzen lassen. (Meine Bemühungen stehen in Klammern).

Resource Byte	**Beschreibung**
<00>	Der eigentliche NetBIOS-Name. Das Byte bezeichnet den *Workstation service name* (Namen des Arbeitsstationsdienstes).
<03>	Der *Messenger service name* (Mitteilungsdienstname). Der *Messenger service* dient dem Empfang und Versenden von Nachrichten.
<06>	RAS server service
<1b>	*Domain master browser name*. Er wird von Maschinen benutzt, um den *Primary Domain Controller* anzusprechen.
<1f>	*NetDDE service*
<20>	*Server service name* (Serverdienstname), um Punkte für den Zugang zu verteilten Dateisystemen zu schaffen.
<21>	*RAS client*

Resource Byte	Beschreibung
<be>	*Network monitor agent*
<bf>	*Network monitor utility*

Tab 6.2: NetBIOS-Resource-Typen von Hosts

Resource Byte	Beschreibung
<1c>	Gruppenname einer Domaine, der beim Domaincontroller eingetragen ist. Der Domaincontroller hält eine Liste von Computern, die diesem Namen zugehörig sind.
<1d>	Master Browser Name. Wird von den Clients benutzt, um auf den Master Browser zuzugreifen. Dieser kann auch ein lokaler Master Browser sein.
<1e>	Normaler Gruppenname
<20>	Internet Group. Wird zur Identifikation einer Gruppe von Computern für administrative Zwecke benutzt.
MSBROWSE	Anhängsel am Domainnamen oder an Broadcasts, um die Domain anderen Masterbrowsern mitzuteilen.

Tab 6.3: Group NetBIOS Resource Names

Die Tabellen sind nun ziemlich theoretisch. Den praktischen Einsatz kann man durch den Aufruf des Kommandos `nbtstat.exe` unter Windows sehen. Mit dem Kommando kann zum Beispiel der Server mit dem Namen *ruegen* abgefragt werden:

```
nbtstat -a ruegen

C:\WINDOWS>nbtstat -a ruegen
```

```
        NetBIOS Remote Machine Name Table

    Name               Type         Status
---------------------------------------------
RUEGEN         <00>  UNIQUE      Registered
RUEGEN         <03>  UNIQUE      Registered
RUEGEN         <20>  UNIQUE      Registered
..__MSBROWSE__.<01>  GROUP       Registered
OSTSEE         <00>  GROUP       Registered
OSTSEE         <1B>  UNIQUE      Registered
OSTSEE         <1D>  UNIQUE      Registered
OSTSEE         <1E>  GROUP       Registered

MAC Address = 00-00-00-00-00-00
```

Das Kommando funktioniert natürlich nur so, wenn Sie auch mit einem Server verbunden sind.

Die Spalte *Type* sorgt dafür, dass man sofort sieht, um was für einen Namen es sich handelt.

Zur Erläuterung:

Der Name RUEGEN ist als Gerät registriert (UNIQUE <00>). Weiterhin ist RUEGEN für das Senden und Empfangen von Mitteilungen eingetragen (UNIQUE <03>). Sein Serverdienst ist ebenfalls unter dem Namen RUEGEN eingetragen (UNIQUE <20>). Außerdem ist er Masterbrowser (__MSBROWSE__) für die Arbeitsgruppe.

Der (Arbeits-)Gruppenname ist OSTSEE (GROUP <00>). RUEGEN ist für die Gruppe OSTSEE der Domain Master Browser (UNIQUE <1b>).

RUEGEN ist auch der Master-Browser-Name für den lokalen Master (UNIQUE <1d>). Der Gruppenname ist OSTSEE (GROUP <1e>).

NetBIOS-Bereiche (scopes)

Bisher haben wir nun gesehen, dass ein flacher Namensraum existiert. Das bedeutet, innerhalb eines logischen Teilnetzes (z.B. einer Arbeitsgruppe) gibt es nur unstrukturierte Namen. Das stimmt zwar so, aber man kann mit Hilfe der *NetBIOS scope*s (NetBIOS-Bereiche) dieses Verhalten modifizieren, um einen Namensraum von anderen zu isolieren.

Ein *NetBIOS scope* ist eine Zeichenkette, deren Länge inklusive des NetBIOS-Namens kleiner als 256 Zeichen bleiben muss. Diese *scopes* stellen keine hierarchische Struktur dar, sondern sorgen lediglich für eine Isolierung der Namen der einzelnen Maschinen. Wenn es keine gewichtigen Gründe für solche Isolierung von Namen gibt, braucht man keine Bereiche zu definieren und die entsprechende Einstellung bleibt frei.

Unter Windows 95 findet man diese Einstellmöglichkeit bei den Netzwerkeinstellungen unter TCP/IP auf der WINS-Seite.

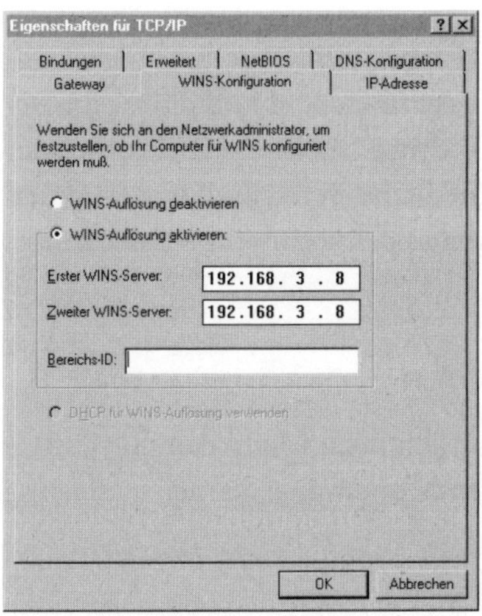

Abb. 6.1: Im Feld *Bereichs-ID* kann ein NetBIOS-Scope eingetragen werden

Zur praktischen Nutzung ein Beispiel:

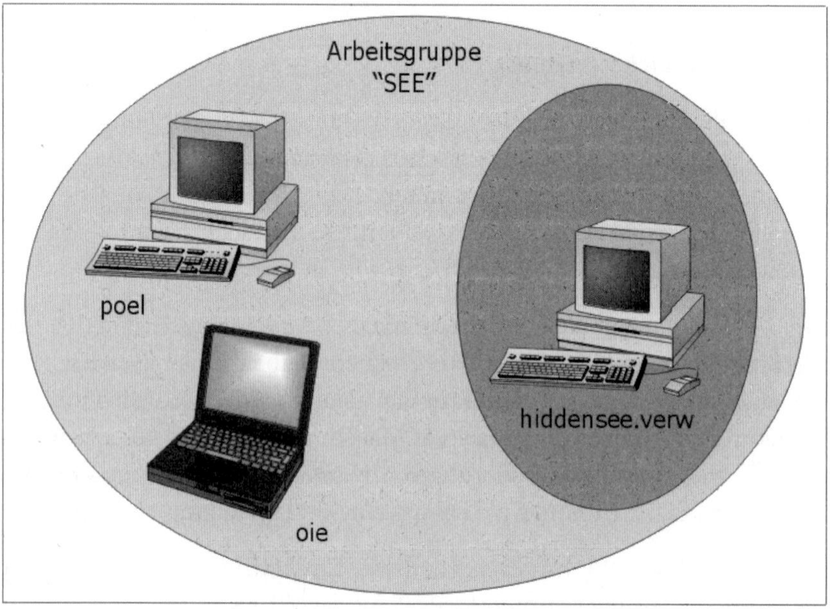

Abb. 6.2: Verwendung der Bereichs-ID zur Trennung von Clients

Alle Maschinen gehören einer Arbeitsgruppe (»SEE«) an, haben aber unterschiedliche Bereichs-IDs. Bei den Maschinen *poel* und *oie* ist die Bereichs-ID leer, existiert also nicht. Die dritte Maschine läuft unter der Bereichs-ID »verw«. Solange unterschiedliche Bereichs-IDs vorhanden sind, können die Maschinen nicht miteinander kommunizieren, zumindest nicht auf NetBIOS-Niveau.

Registrierung und Auflösung von Namen

Der *NetBIOS name service* liefert natürlich auch Methoden zur Eintragung (Registrierung) und Auflösung von Namen. Die Namensauflösung wird üblicherweise mit dem Begriff *resolving* versehen.

Bei der Registrierung lässt sich der Client namentlich eintragen, so dass alle nachfolgenden Anforderungen an diesen Namen zu ihm geleitet werden. Dies geschieht beim Hochfahren der Netzwerkschichten des Client, indem er entsprechende Pakete zum *name service* sendet.

Die Voreinstellung des Namens wird in der Netzwerkeinrichtung von Windows vorgenommen und ist eine allgemeine Eigenschaft des Computers.

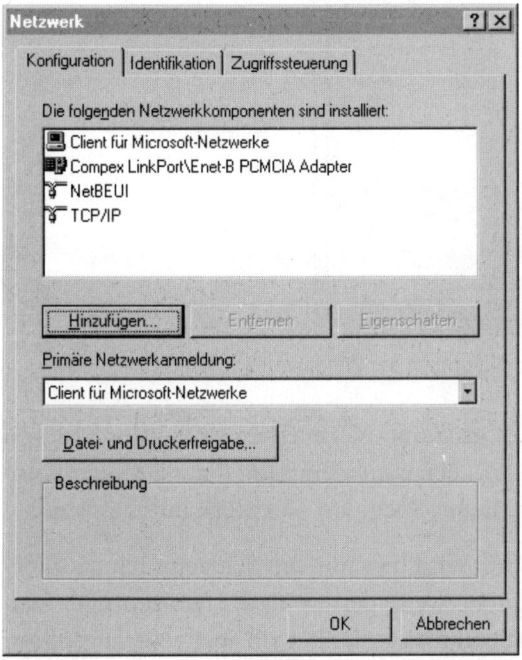

Abb. 6.3: Die Netzwerkeinstellungen von Windows 95

Im Register *Identifikation* werden die Namensangaben eingetragen.

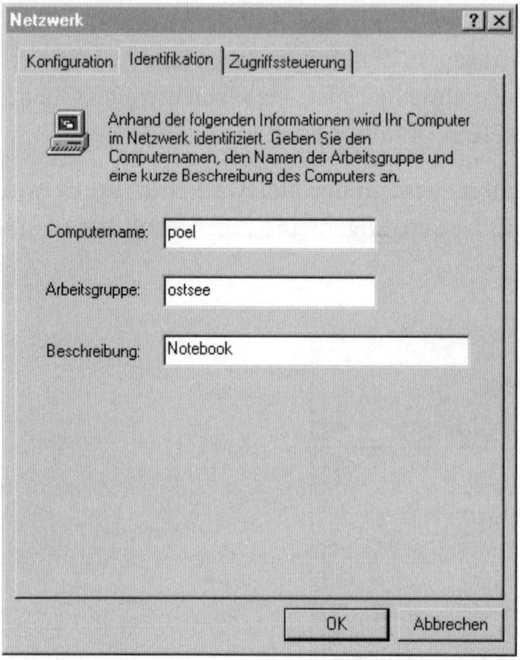

Abb. 6.4: Computername und Arbeitsgruppe bei Windows 95

Das Feld *Beschreibung* ist in größeren Netzwerken ganz hilfreich, weil man dort recht frei weitere Angaben zum Computer (oder Benutzer) hinterlegen kann, die bei der späteren Suche im Netzwerk nützlich sind.

Für die TCP/IP-kundigen Leser wird hier nun ein Widerspruch deutlich. Unter TCP/IP gibt es ja normalerweise den DNS, der von zentraler Stelle aus die Namensauflösung organisiert. DNS wird aber zentral gepflegt, also lassen sich nicht von außen, sprich von Clients, Eintragungen vornehmen.

Das NetBIOS-Konzept muss nun dafür sorgen, dass jeder Client die IP-Adresse seines gewünschten Partners über dessen Namen herausbekommt, um mit ihm kommunizieren zu können.

Es gibt nun zwei Arten der Registrierung und Auflösung der Namen:

- broadcast (Sendung an alle)
- point-to-point (gezielte Sendung an einen Partner)

Bei der Broadcast-Registrierung werden die Anforderungspakete an alle Stationen im Netzwerk gesendet (die die gleiche Bereichs-ID haben). Das hat jedoch seine Grenzen und die sind meist die Router zwischen den Teilnetzen. Üblicherweise leiten Router die Broadcast-Pakete nicht weiter, weil sich dadurch der Netzwerkverkehr deutlich erhöht. Man muss sich das so vorstellen, als ob ein Absender eines Briefes an alle von ihm Erreichbaren schreibt. Wenn auch an der Landesgrenze (dem Router) der Brief für das Ausland dupliziert würde, müsste ihn die ganze Welt bekommen. Das Problem entstünde, wenn alle potenziellen Briefeschreiber (die Computer) nun einen Brief absenden wollten oder müssten. Der Briefstau wäre sicher!

Analog ist es auch mit den Broadcasts. Sie werden üblicherweise gefiltert, weil sie keine genaue Zieladresse haben und somit an alle Teilnetze verteilt werden müssten.

Alternativ kann von einem *NetBIOS Name Server* (NBNS) auch eine Punkt-zu-Punkt-Namensregistrierung oder -auflösung realisiert werden. Die Microsoft-Implementation eines NBNS heißt ***W**indows **I**nternet **N**ame **S**ervice* (WINS).

Eine Beschreibung zum NBNS ist ebenfalls in den RFCs 1001 und 1002 vorhanden.

WINS arbeitet als ein *agent*, der Clients die Registrierung ihres Namens gestattet, genauso, wie er die Auflösung von Namen zu IP-Adressen realisiert. Auch Samba ist in der Lage, diese WINS-Funktionalität zu erbringen und kann somit auch als WINS-Server eingesetzt werden.

Es gibt nun für die im Netz befindlichen Computer verschiedene Formen der Registrierung und Auflösung. Man spricht hier von Knotentypen (nodes).

node-Typ	Erläuterung
b-node	b-nodes verwenden nur Broadcasts für die Registrierung und Auflösung von Namen.
p-node	p-nodes senden Registrierungs- und Auflösungspakete nur an den *NetBIOS Name Server* (NBNS).
m-node	m-nodes senden Broadcasts für die Namensregistrierung. Wenn das zum Erfolg geführt hat, wird der NBNS nachfolgend direkt informiert. Bei den Namensauflösungspaketen läuft es ähnlich. Erst wird versucht, die Auflösung über Broadcast-Pakete zu realisieren. Führt das nicht zum Erfolg, wird der NBNS zur Auflösung der Namen herangezogen.
h-node	h-nodes kamen erst nach Abschluss der RFCs 1001 und 1002 hinzu und wurden von Microsoft eingeführt. Sie sind passend zum Buchstaben »Hybridknoten«. Bei diesem Typ läuft es genau umgekehrt zu den m-Typen: Anforderungen von Namensregistrierungen und -auflösungen werden zuerst den NBNS zur Bearbeitung zugeleitet. Erst wenn das nicht funktioniert, werden als Notvariante Broadcasts versandt.

Tab 6.4: Knotentypen

Wie man sich leicht vorstellen kann, sind die Microsoft-Clients als *h-node* ausgelegt, wovon man sich mit dem Kommando `winipcfg.exe` unter Windows 95 leicht überzeugen kann (siehe Abbildung 6.5).

Um noch mal auf den Punkt Broadcast vs. Punkt-zu-Punkt zu kommen: In größeren Netzwerken mit Routern werden Broadcast-Pakete meist nicht verteilt. Das führt zwangsläufig zu Problemen, wenn kein NBNS vorhanden ist. Mit dem Einsatz von Samba als NBNS bzw. WINS-Server lässt sich die NetBIOS-Namensauflösung auch in größeren Netzwerken realisieren, da nun ein konkreter Ansprechpartner für den Auflösungswunsch zur Verfügung steht.

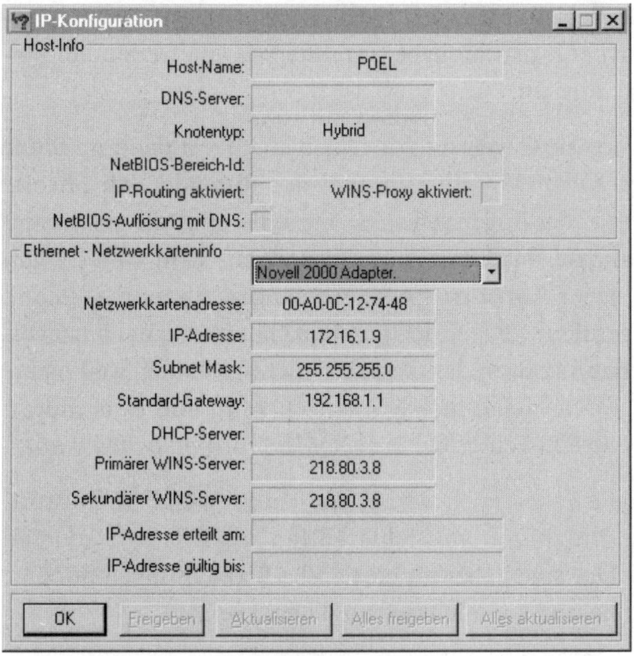

Abb. 6.5: Ausgabe des winipcfg-Kommandos

session service

Der *NetBIOS Session Service* bringt die notwendigen Funktionen mit, um gesicherte Verbindungen und einen stabilen Datenaustausch zwischen zwei Partnern herzustellen. Bei jeder Verbindung trägt der Sender einen »Rufer-Namen« (calling name) und der Empfänger einen »gerufenen Namen« (called name). Diese (englischen) Bezeichnungen können bei Fehlermeldungen, bei Windows-Clients oder auch bei Samba schon einmal auftauchen.

Für das Verständnis der Zusammenhänge von *name service* und *session service* kann man sich eine Telefonverbindung vorstellen. Bevor man überhaupt einen Anruf erhalten kann, braucht man eine Telefonnummer.

Das entspricht der Registrierung des NetBIOS-Namens. Wenn sich beide potenziellen Partner registriert haben, könnten sie eine Verbindung anstreben – sich also anrufen.

Nehmen wir mal an, die Gegenseite ruft mich an. Sie ist dann im Sinne des NetBIOS der *NetBIOS calling name*, der Rufende. Ich bin der *NetBIOS called name*, der Angerufene. Die Telefonleitung, die uns verbindet und die Daten bzw. das Gespräch transportiert, wird vom *session service* realisiert. Jeder Anruf ist eine eigenständige Sitzung (session). Wenn ich nun angerufen werde, jedoch nicht da bin und jemand anderes geht ans Telefon, dann kommt das Gespräch nicht zustande, weil meine Vertretung mit dem Gespräch nichts anfangen kann und es beendet – analog dazu die NetBIOS-Fehlermelung *»Not listening on called name«*.

Der *session service* ist auch noch für weitere Funktionalität verantwortlich, wie z.B. das Aufspüren von fehlerhaften *sessions* mit anderen NetBIOS-Clients. Das spielt aber für die Samba-Betrachtungen nur eine untergeordnete Rolle und soll nicht weiter Thema sein.

datagram service

Nun zum letzten Dienst, dem *datagram service*. Er ist im Grunde das Gegenteil zum *session service*. Der *datagram service* ist ein *verbindungsloser* Dienst zur Versendung von Paketen (natürlich Datenpaketen) zu einem bestimmten Computer oder einer Gruppe von Computern. Man spricht dann von Unicast- und Multicast-Paketen. Sendungen an alle Teilnehmer eines logischen Teilnetzes sind auch möglich, was dann zu den bekannten Broadcast-Paketen führt.

Benutzt wird der *datagram service* z.B. für das Finden des aktuellen *browse masters* einer Arbeitsgruppe oder Domäne durch das Versenden von Multicast-Paketen an den Arbeitsgruppennamen. (Der *browse master* führt eine Liste der Computer und Ressourcen für die Arbeitsgruppe bzw. Domäne. Deshalb ist er für die Clients von großer Bedeutung für das Finden von Dateisystemen und Druckern.)

Äquivalent zum *datagram service* ist das Versenden von Briefen auf dem Postwege. Sie schicken einen Brief an einen Bekannten, er antwortet Ihnen. Manchmal sind auch mehrere Briefe gleichzeitig unterwegs. Ein Brief ist unabhängig von anderen und manchmal kommt ein Brief auch gar nicht an. So ist auch der *datagram service* ein nicht gesicherter Dienst. Es kann zu Paketverlusten kommen. Wie bei der Post, ist auch hierbei eine Adresse nötig, um den Empfänger festzulegen: ein NetBIOS-Name.

Um das Beispiel noch weiter zu führen: Nehmen wir mal an, ich möchte 20 Geburtstagseinladungen verschicken. Alle kommen auch sicher an, aber in welcher Reihenfolge? Das ist für mich eigentlich nicht kontrollierbar. So ist es auch beim *datagram service*.

6.2 Ein Überblick über CIFS

CIFS steht für ***C**ommon **I**nternet **F**ile **S**ystem* (allgemeines Internet-Dateisystem). Der Begriff wird auch oft im Austausch mit dem Kürzel SMB (***S**erver **M**essage **B**lock*) benutzt. Im Prinzip ist CIFS die Fortsetzung des SMB-Protokolls.

Anfänglich (im Jahr 1997) war SMB in einem gemeinsamen Dokument von Microsoft und Intel definiert worden. Es trug den Titel »*Microsoft Network/OpenNet-File sharing Protokol*«. Danach durchlief das Protokoll noch so manche Änderung. Die letzte Änderung wurde in »CIFS 1.0 specification draft« niedergeschrieben, war also nur ein Entwurf. Wegen des Entwurfscharakters der Spezifikation ist die »gültige« Version des Protokolls nun das Verfahren, wie es bei Windows NT benutzt wird.

SMB über NBT

Das Server-Message-Block-Protokoll ist unmittelbar auf das NetBIOS aufgesetzt. NetBIOS wiederum kann auf verschiedene Transportprotokolle, wie TCP/IP, IPX oder NetBEUI, aufsetzen.

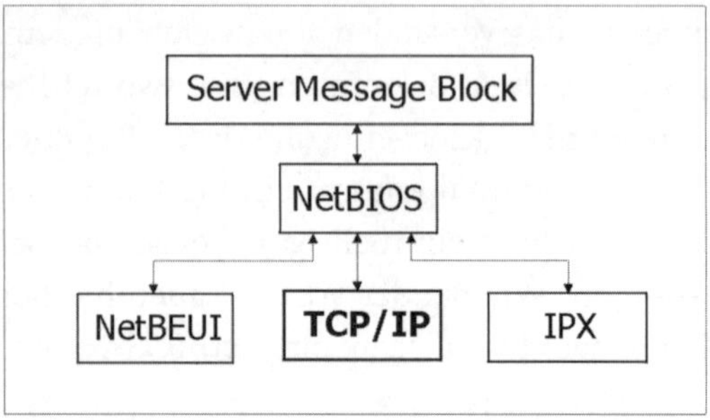

Abb. 6.6: SMB kann über NetBIOS mehrere Protokolle nutzen

Samba implementiert allerdings nur die Variante SMB über TCP/IP.

Verbindungsorientierung

Das SMB-Protokoll ist verbindungsorientiert, was bedeutet, dass alle SMB-Pakete innerhalb einer »virtuellen Schaltung« (im Original: *Virtual Circuit* = VC) vom Client zum Server gelangen. Das betrifft auch die Reihenfolge: Was zuerst versendet wird, kommt auch zuerst an.

Zerreißt die »virtuelle Schaltung«, werden alle Informationen, die sich darin befinden, ungültig.

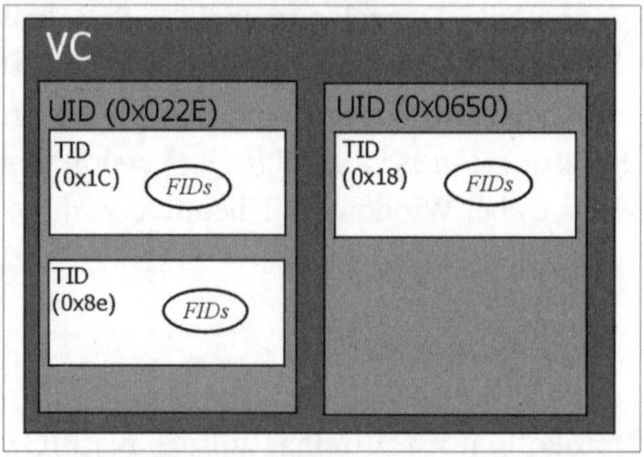

Abb. 6.7: Die SMB-Verbindungsumgebung (connection environment)

Genauer betrachtet, ergeben sich vier Dinge, die die Umgebung einer SMB-Verbindung beschreiben. Das sind

- die »virtuelle Schaltung« zwischen Server und Client,
- eine Sitzungsnummer (session uid, UID),
- eine ID für den Verbindungsbaum der Ressource (resource connection tree ID = TID) und
- ein Dateibezeichner (file identifier = FID).

Auf die UID wird weiter unten noch eingegangen. Die TID verkörpert die freigegebene und verteilt benutzbare Ressource (shared resource) und die FID repräsentiert einzelne Dateiverbindungen (file handle).

Wenn nur ein Teil dieser Verbindungsumgebung ungültig wird, dann wird auch alles andere, was darin enthalten ist, unbrauchbar. Es gibt im SMB-Protokoll keine Verwaltung von Informationen über vorherige Verbindungen. Das führt dazu, dass bei Verbindungsverlust durch irgendwelche Fehler eine ganz neue Verbindung aus dem Nichts geschaffen werden muss. Eine *session uid*, die ein Client also von der vorherigen (zusammengebrochenen) Verbindung noch hat, kann er für die neue Verbindung nicht mehr verwenden. Ebenso müssen alle *TID*s und *FID*s neu generiert werden, das heißt, alle vormals offenen Dateien müssen wieder geöffnet werden und nötige Informationen über Verzeichnisse, Rechte etc. sind anzufordern.

Aus diesem Grunde kann es auch zu Abstürzen von Anwenderprogrammen kommen, wenn die Netzwerkverbindung verloren geht. Das liegt daran, dass das Anwenderprogramm offene Dateienbezüge (file handle) über das Netzwerk benutzt, die bei dem vorherigen Verbindungsaufbau angelegt wurden. Diese sind aber durch den Verlust der Verbindung ungültig geworden. Die Clients versuchen, im Hintergrund die abgebrochene Sitzung wieder aufzubauen, so dass die Verbindung zu den Netzwerkressourcen wieder zustande kommt. Die von der Anwendung aber noch in Benutzung befindlichen Dateien können dadurch nicht wieder reaktiviert werden.

Protokoll

Den Überblick über das Protokoll verschaffen wir uns am besten am Beispiel einer Laufwerkszuweisung bei Windows 95. Zuerst würde man den gesuchten Server auswählen, indem man vom Desktop das Programm *Netzwerkumgebung* aufruft. Dort bekommt man eine Liste der Server, die via SMB Ressourcen anzubieten haben. Der nächste Schritt ist die Verbindung mit dem Server und die Anzeige seiner Ressourcen. Eine von den Gezeigten kann nun lokal mit einem Laufwerksbuchstaben verbunden werden. (Letzteres ist für den Zugriff auf Dateien aber nicht unbedingt notwendig, da man auch ohne Laufwerk über den *servernamen* an die Ressource herankommt.)

Für den konkreten Zugriff auf eine Ressource – das kann eine Datei oder ein Drucker sein – sind aus Sicht des Protokolls drei Schritte nötig.

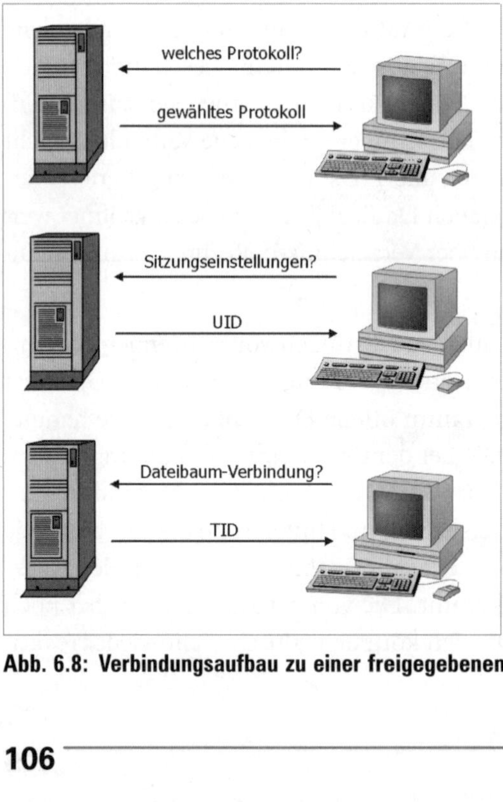

Abb. 6.8: Verbindungsaufbau zu einer freigegebenen Ressource

Aushandlung der Protokollversion (protocol negoation)

Am Anfang muss erst einmal eine gemeinsame Sprache gefunden werden. Das ist, wie wenn zwei verschiedene Modems eine Verbindung herstellen sollen. Das ältere oder schlechtere diktiert durch seine begrenzten Möglichkeiten die maximale Geschwindigkeit und die Verfahren zur Datensicherung.

Unter SMB läuft es ähnlich. Anfangs müssen sich beide Partner auf einen Dialekt einigen. Das erfolgt, indem der Client eine Liste aller Dialekte sendet, die er bedienen kann. Die Liste wird in Textform versendet. Jeder Dialekt hat seine Besonderheiten und Möglichkeiten. Die Dialekte können auch als Protokollversionen aufgefasst werden. Der Server wählt nun die höchste Protokollversion aus, die er kennt, und antwortet dem Client mit der Nummer des Listeneintrages, dem das Protokoll entspricht.

Einstellung der Sitzungsparameter (session setup)

Nachdem sich Client und Server über die Protokollversion geeinigt haben, möchten beide eine Sitzungsverbindung (session connection) aufbauen. Der Client sendet eine entsprechende Anforderung (session setup request) an den Server. Der Anforderung sind Angaben über den Nutzernamen und Belege über die Identität, z.B. das Passwort, beigefügt. Nun muss der Server versuchen, die Gültigkeit der Angaben zu überprüfen. Wenn das gelingt, sendet er eine Sitzungsnummer (session uid) an den Client zurück. Diese Nummer ist eindeutig und wird für jede Sitzung neu festgelegt. Sie hat auch nichts mit UNIX-Nutzernummern oder den bei NT verwendeten sid-Nummern (security identifier) der Nutzer zu tun.

Damit ist zum Thema Sicherheit bei weitem noch nicht alles gesagt. An dieser Stelle genügt es aber zum Verständnis des *session setup*.

Verbindung zum Ressourcen-Baum (tree connect)

Nun kommt der letzte Schritt, bevor man auf eine konkrete Ressource zugreifen kann. Gemeint ist das Zustandekommen eines *tree connect*. (Ich bleibe hier mal bei der rein englischen Bezeichnung.)

Der Client sendet dazu ein *tree connect* request, also eine Anforderung, einen *tree connect* herzustellen. Dabei wird die im *session setup* ausgehandelte *uid* übergeben, da sie für die Beurteilung der Zugriffsrechte wichtig ist. Hat der Client, respektive der angemeldete Nutzer, genügend Rechte für den Zugriff auf die Freigabe, wird dem Client eine gültige *tree connection ID* (tid) zurückgesendet. Diese *tid* wird bei allen Anforderungen des Client für den Zugriff auf Dateien des Servers verwendet, auch um die Zugriffsrechte zu kontrollieren.

Wenn die drei Schritte erfolgreich durchgeführt wurden, kann der Nutzer auf die Freigaben zugreifen und Dateien öffnen oder Daten an Drucker senden.

6.3 Netzwerkmodelle der Windows-Welt

Ein Netz gleicher Partner

Vor dem »Siegeszug« des PCs liefen viele Lösungen auf einem Server und die Bedienung erfolgte über eher weniger intelligente Terminals. Eine große Vernetzung war eigentlich nicht nötig, da die Terminals, in der Regel grafiklos, kaum Datenraten größer als 9600 Bit/s benötigten.

Die Verbreitung der PCs änderte die Lage allerdings recht zügig. Der Wunsch der Vernetzung entstand aus dem Fakt, dass nun jeder Personalcomputer eigene Speichermöglichkeiten in Form von Festplatten hatte, was zwangsläufig zum Wunsch und zur Notwendigkeit des Datenaustausches untereinander führte.

Damit war die reine Server-Client-Umgebung aufgebrochen, denn jeder PC kann einerseits Server sein, wenn er seine Ressourcen bereitstellt, und kann andererseits auch Client sein, wenn er Freigaben anderer (Server-) PCs nutzt.

Für diese Art der Vernetzung mit dem PC als Mittelpunkt hat sich der Begriff »peer networking« oder »Peer-to-Peer-Netzwerk« eingebürgert. Gemeint ist ein Netz unter Gleichen oder ein Netz gleicher Partner.

Arbeitsgruppen

Wohl zwangsläufig kam man bei den Peer-to-Peer-Netzwerken zum Zusammenschluss der Computer, deren Benutzer auch relativ lokal beieinandersaßen und ein gemeinsames Aufgabenspektrum besaßen. Eine Arbeitsgruppe (workgroup) fasst solch eine Ansammlung von PCs zusammen, um den Datenaustausch zu organisieren.

Charakteristisch für eine Arbeitsgruppe im Sinne des Peer-to-Peer-Netzwerkes ist, dass Nutzer- und Gruppendaten nicht zentral verwaltet werden. Wenn alle Partner gleichberechtigt sein sollen, ist das auch schlecht möglich. Wenn wir uns an die Vorgänge beim SMB-Protokoll erinnern, wird klar, dass jeder potenzielle Client sich bei seinem gewünschten Server, hier dann auch ein ebenbürtiger PC, anmelden muss. Das führt natürlich zu dem Problem, dass derjenige, der Ressourcen freigibt, auch die Nutzerpflege bzw. die Pflege der Zugriffsrechte realisieren muss.

Ein zweiter Aspekt bei dieser Art der Arbeitsgruppen ist die Auflistung von Ressourcen. Wenn jeder Server »spielen« kann, ist ohne Organisation im Durcheinander der Freigaben bald nicht mehr durchzusehen. Außerdem sind die Netzwerk-Partner normale PCs, die normalerweise nach Gutdünken der Betreiber abgeschaltet werden können. Das führt mit Sicherheit zu unzuverlässigen Situationen, die echte Profiarbeit unmöglich machen.

Es dürfte auch ein großer Mangel gewesen sein, dass ein Nutzer innerhalb des Netzes sich nicht einheitlich darstellte. Er hatte vielleicht noch einen einheitlichen Namen bei seinem Partner, aber spätestens bei der Vergabe von Passwörtern tritt der Mangel zu Tage, dass der Anbieter der Informationen das Passwort vergibt und nicht der Nutzer. Die Nutzer sollten aber für ihre Passwörter zuständig sein.

Eine Lösung des Problems wäre ein Server, an dem man sich anzumelden hat und der die Echtheit der Anmeldung für die Arbeitsgruppe bestätigt.

Domänen

Die logische Konsequenz war die Einführung von Domänen (domains). Eine Domäne entspricht einer Arbeitsgruppe, mit dem entscheidenden Unterschied, dass Nutzer- und Gruppeninformationen für die Authentifizierung (Beglaubigung, Echtheitsbestätigung) zentral gehalten werden.

Jeder Zugriff auf Ressourcen erfordert nun vom Client erst eine Erlaubnis vom ***D**omain **C**ontroller* (DC). Dabei spielt es auch keine Rolle, welcher Server die Ressource zur Verfügung stellt.

All die notwendigen Nutzer- und Gruppeninformationen werden auf dem Domain Controller gespeichert und verwaltet. Der DC hat im besonderen Falle nicht einmal eigene Freigaben, sondern ist nur für die Nutzerbeglaubigung zuständig.

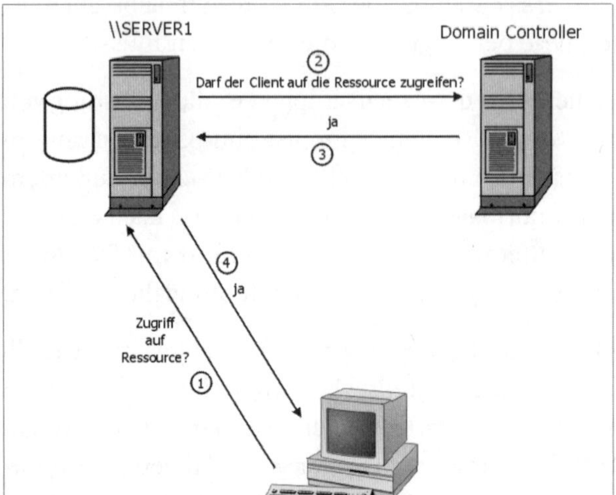

Abb. 6.9: Abläufe in einer Domain

Die Erlaubniserteilung für den Zugriff auf Ressourcen läuft nun etwas anders: Der Client kontaktiert den Datenserver und möchte auf eine Ressource zugreifen ①. Dabei sendet er seine Nutzerangaben, wie im SMB-Protokoll vereinbart, an den Datenserver. Der Datenserver, der nun keine eigene Nutzerverwaltung mehr betreibt, sendet diese Nutzerinformation unverändert an seinen Domain Controller weiter ②. Wenn der DC die Nutzerangaben für gültig befindet, sendet er eine positive Quittierung an den Datenserver ③. Der wiederum erlaubt ④ dem Client den Zugriff oder verbietet ihn, je nachdem, wie der DC entschieden hat. Ergebnis des Konzeptes ist nun, dass unabhängig davon, wessen Ressourcen ein Client benutzen will, immer die gleiche Nutzerdatenbank zur Überprüfung der Nutzergültigkeit und deren Rechte (z.B. in Form der Gruppenzugehörigkeit) herangezogen wird.

6.4 Zusammenfassung, Fragen und Übungen

Zusammenfassung

- Vom NetBIOS werden drei Dienste erbracht: der Namensdienst (name service), der Sitzungsdienst (session service) und der Datendienst (datagram service).
- SMB ist verbindungsorientiert. Die notwendigen Informationen zu einer Verbindung bzw. Sitzung werden als *session* vom *NetBIOS session service* verwaltet.
- Der Aufbau einer SMB-Verbindung erfolgt in drei Stufen. Zuerst wird die Protokollversion ausgehandelt (protocol negoation), dann wird die Sitzung aufgebaut (session connection) und zum Schluss erfolgt die Verbindung mit der gewünschten Freigabe (share connection).

Zusammenfassung

- Zur Steuerung der Nutzerzugänge gibt es Arbeitsgruppen und Domänen. Diese beiden Konzepte unterscheiden sich bezüglich der Beglaubigung der Nutzer, aber unterscheiden sich nicht bezüglich des Aufbaus von so genannten Browsing-Listen, die Informationen über die verfügbaren Freigaben enthalten.

Fragen und Übungen

1. Auf welche Ports muss man achten, wenn man SMB-Dienste auf TCP/IP benutzen will?
2. Welche Dienste sind Bestandteil des SMB-Protokolls und was sind deren Aufgaben?

Installation von Samba

7 Installation von Samba

Je nach Distribution erfolgt eine Installation über *rpm*, *pkgadd* oder *tar*. Dieses Buch kann jedoch die Einzelheiten der Systeme nicht im Detail behandeln.

Voraussetzung für eine erfolgreiche Installation ist, dass das vorhandene System stabil läuft und das Netzwerk funktioniert. Sie benötigen Superuser-Rechte, müssen also als Nutzer *root* angemeldet sein.

7.1 Installation von Samba unter SuSE LINUX

SuSE LINUX soll hier stellvertretend für die existierenden LINUX-Versionen stehen.

Das Samba-Paket kann nun am elegantesten über das Verwaltungsprogramm *yast* installiert werden. Näheres zu *yast* finden Sie im SuSE-Handbuch.

Alternativ können Sie auch das Kommando `rpm -i <paketname>` benutzen. Dazu muss dann natürlich der Pfad zum Paket bekannt sein.

7.2 Installation unter anderen UNIX-Versionen

Der allgemeinste Weg, der in der Regel auch für jedes UNIX funktioniert, ist die Verarbeitung eines TAR-Archives, welches man aus dem Internet heruntergeladen oder einer CD-ROM entnommen hat.

Zu unterscheiden ist auf jeden Fall, ob es sich um ein Quell-Paket oder um ein Binär-Paket handelt.

Ein Quell-Paket muss erst mit einem C-Compiler (cc, make u.a.) übersetzt werden. Vorher sind häufig noch Parameter in einigen Dateien anzupassen. Dieses Verfahren ist recht kompliziert und fehlerträchtig. Deshalb sollte sich ein Newcomer dieses Experiment erst einmal ersparen.

Günstiger ist die Verwendung eines Binär-Paketes (binary package). Leider kann es vorkommen, dass für einige Systeme keine Binär-Pakete aufzutreiben sind. Dann bleibt leider nur, obige Methode durchzuführen, nämlich das Übersetzen (Kompilieren) des Paketes.

Für die Systeme LINUX, FreeBSD, Solaris, HPUX, SCO UNIX und AIX dürfte man aber Binär-Distributionen finden. Es gibt keine Instanz, die diese Pakete zusammenstellt, weshalb man sie meist auch nicht zentral findet. Am zweckmäßigsten suchen Sie nach Informationen auf dem Samba-Server *www.samba.org*.

Dekomprimieren und Auspacken

Der Name des Paketes sagt schon aus, ob es komprimiert ist und wie:

Endung des Dateinamens	Typ
.tar	unkomprimiertes Tape-Archiv Format (tar)
.tgz oder *.tar.gz*	mit `gzip` komprimiertes TAR-Format
.tgZ oder *.tar.Z*	mit `compress` komprimiertes TAR-Format
.tar.bz	mit `bzip` komprimiertes TAR-Format

Tab. 7.1: Endungen von komprimierten Dateien

Es gibt nun einige UNIX-Versionen, die die Dekomprimierung und Dearchivierung mit nur einem Kommando realisieren können. Das gilt aber leider nicht für alle und deshalb werden daraus nun zwei allgemein gültige Schritte gemacht.

Ein Problem ist auch, dass häufig *gzip* zum Komprimieren genutzt wird, dieses Kommando aber gerade bei den kommerziellen UNIX-Versionen meist nicht vorhanden ist. *gzip* ist als Quelle frei erhältlich und meist auch als übersetztes Programm im Internet zu finden.

Sollte das nicht gelingen, empfiehlt sich die Dekomprimierung auf einem LINUX-PC.

Dekomprimierung

Die Dekomprimierung ist nur notwendig, wenn die Endung des Archivs *.tgz*, *.tar.gz*, *.tgZ*, *.tar.Z* oder *.tar.bz* ist. Die verwendeten Kompressionsprogramme können Sie der vorherigen Tabelle entnehmen. Entsprechend muss nach dem gleichen Verfahren dekomprimiert werden.

Endung des Dateinamens	Dekomprimierungskommando
.tar	- (ist nicht komprimiert)
.tgz oder *.tar.gz*	`gunzip` <datei>
.tgZ oder *.tar.Z*	`uncompress` <datei>
.tar.bz	bitte `bzip`-Hilfeseite konsultieren

Tab. 7.2: Dateitypen und Dekomprimierungskommandos

HINWEIS

Für <datei> ist der entsprechend vorhandene Dateiname einzusetzen.

HINWEIS

Die Dekomprimierung benötigt Festplattenplatz!

Nach der Dekomprimierung sollte das Paket (die Datei) nur noch die Endung *.tar* haben.

Auspacken des Archivs

Zunächst muss man sich Gedanken über das Installationsverzeichnis machen. Zweckmäßig, und meist auch notwendig, ist die Ablage der Dateien unter */usr/local*. Das hängt damit zusammen, dass beim Kompilieren des Paketes schon einige Pfade, z.B. der der Konfigurationsdatei *smb.conf*, voreingestellt wurden.

> **HINWEIS**
>
> Hier unterscheiden sich SuSE-LINUX und die Standard-Pakete! Bei SuSE-LINUX liegen viele Dateien an anderen Stellen!

Zum Archivtest und zum Überblick über die im Archiv enthaltenen Dateien ruft man nun das `tar`-Kommando auf und lässt sich den Inhalt des Archivs anzeigen:

```
tar tvf <datei>
```

Beginnen die Zeilen mit `samba` oder `./samba`, dann ist das günstig für die folgenden Schritte. Ist das nicht der Fall, dann beachten Sie folgende Hinweise:

> **HINWEISE**
>
> Der komplette Pfad für die Konfigurationsdatei *smb.conf* ist normalerweise */usr/local/samba/lib/smb.conf*.
>
> Das Archiv muss später so ausgepackt werden, dass dieser Pfad entsteht. Beim Auspacken wird der Pfad der Archivdateien an den aktuellen Pfad angehängt (außer wenn der Pfad im Archiv mit / beginnt). Man muss deshalb vor dem Auspacken in das Verzeichnis wechseln, von dem aus gesehen die Archivdateien und -verzeichnisse angelegt werden müssen.

Normalerweise wechselt man also in das Verzeichnis */usr/local*:

```
cd /usr/local
```

> **HINWEIS**
>
> Unter Umständen existiert das Verzeichnis noch nicht. Legen Sie es dann bitte an mit `mkdir /usr/local`.

Als Nächstes wird das Archiv ausgepackt:

```
tar xvf <archivdatei>
```

Die Option `v` sorgt dafür, dass man eine ausführliche Liste zu sehen bekommt.

7.3 Einrichtung der Netzwerkkonfiguration

Für den Betrieb von Samba, respektive der beiden Serverprogramme *smbd* und *nmbd*, sind einige Dateien zu kontrollieren bzw. anzupassen:

Datei	Zweck
/etc/services	Konfiguration des Netzwerkdienstes
/etc/inetd.conf	*Inetd*-Konfiguration zum Start der Dienste

Tab. 7.3: Zu überprüfende Konfigurationsdateien

Die Datei /etc/services

Folgende Einträge müssen vorhanden sein. Es ist üblich, Zeilen durch das Voranstellen eines Doppelkreuzes (#) auszukommentieren. Gültige Zeilen haben deshalb an erster Position kein #!

```
...
netbios-ns   137/udp
netbios-dgm  138/tcp              # NETBIOS Datagram Service
netbios-dgm  138/udp
netbios-ssn  139/tcp              # NETBIOS session service
netbios-ssn  139/udp
...
```

Für die Verwendung von *swat* ist ein weiterer Eintrag notwendig:

```
...
# swat is the Samba Web Administration Tool
swat  901/tcp
...
```

Die Datei /etc/inetd.conf

Der Dienst *inetd* sorgt für den Start weiterer Netzwerkdienste auf Anforderung, damit nicht unnötig viele Prozesse laufen müssen. *inetd* kann auch zum Start von *smbd*, *nmbd* und *swat* benutzt werden.

In der Praxis wird der Start von *smbd* und *nmbd* normalerweise aber nicht über *inetd* vorgenommen, weil das die Fehlersuche erschwert und die Antwortzeiten bei Neuanmeldungen von PCs aus dem Netz verlängern kann. Deshalb wird nur *swat* über *inetd* gestartet. Zu dieser Konstellation nun ein Auszug aus der Konfigurationsdatei */etc/inetd.conf*:

```
# These are to start Samba, an smb server that can
# export filesystems to Pathworks, Lanmanager for
```

```
# DOS, Windows for Workgroups, Windows95, Lanmanager
# for Windows, Lanmanager for OS/2, Windows NT, etc.
# Lanmanager for dos is available via ftp from
# ftp.microsoft.com in bussys/MSclient/dos/. Please
# read the licensing stuff before downloading. Use
# the TCP/IP option in the client. Add your server to
# the \etc\lmhosts (or equivalent) file on the
# client.
#
# IMPORTANT: In S.u.S.E. Linux 5.0 samba is started
# by the init skript /sbin/init.d/smb. The following
# entries should stay disabled
#
# netbios-ssn   stream  tcp   nowait    root   /usr/sbin/smbd  smbd -l
/var/log/samba -s /etc/smb.conf
# netbios-ns   dgram    udp   wait      root   /usr/sbin/nmbd   nmbd
#
# swat is the Samba Web Administration Tool
swat           stream   tcp  nowait.400 root   /usr/sbin/swat   swat
```

ACHTUNG

Die unterstrichenen Zeilen sind die wichtigen; sie sind hier teilweise wegen der begrenzten Breite umbrochen, müssen in der Konfigurationsdatei aber einzeilig stehen!

HINWEIS

Wenn *smbd* und *nmbd* nicht über *inetd* gestartet werden, ist anderweitig für den Start zu sorgen!

Nach Änderungen an der Datei */etc/inetd.conf* ist der *inetd*-Prozess zu veranlassen, seine Konfiguration neu einzulesen. Im schlimmsten Fall kann man das System neu starten und im einfachsten Fall sendet man dem Prozess das Signal *SIGHUP*. Vorher muss man sich die Prozessnummer (PID) von *inetd* aus der Prozessliste heraussuchen.

LINUX (älter), BSD:	`ps ax	grep inetd`
andere UNIX-Versionen:	`ps -ef	grep inetd`

Aus dem Ergebnis des Aufrufs ist die Zeile zu nehmen, die als Kommando *inetd* enthält. Die gesuchte Prozessnummer *PID* steht in der ersten Spalte.

Diese Prozessnummer benutzt man nun, um dem Prozess das Signal zuzustellen:

```
kill -1 <PID>
```

HINWEIS

Für <PID> ist die gefundene Prozessnummer einzutragen.

7.4 Start der Daemon-Prozesse smbd und nmbd

Dieser Schritt kann bei SuSE-LINUX entfallen, da die Paketinstallation schon dafür sorgt. Nach der Installation ist allerdings ein Neustart notwendig.

Bei anderen UNIX-Systemen muss man über ein Startscript dafür sorgen, dass die Programme *nmbd* und *smbd* gestartet werden. Da das bei den einzelnen UNIX-Systemen unterschiedlich ist, kann hier darauf nicht konkret eingegangen werden.

Für die ersten Versuche genügt auch der Start aus einer Kommandozeile (shell) heraus:

```
/usr/local/samba/bin/nmbd

/usr/local/samba/bin/smbd
```

Zur Kontrolle sollte man sich die Prozessliste ansehen. Dort müssen beide Prozesse laufen. Je nach Konstellation müssen eventuell noch Parameter, z.B. der Pfad zur Konfigurationsdatei, angegeben werden.

```
ps ax
```

Das führt zu etwa folgender Ausgabe (gekürzt):

```
PID TTY STAT TIME COMMAND

    1  ?  S    0:12 init

    2  ?  SW   0:00 (kflushd)

    3  ?  SW   0:00 (kupdate)

    4  ?  SW   0:00 (kpiod)

    5  ?  SW   0:00 (kswapd)

    6  ?  SW   0:00 (md_thread)

  108  ?  S    0:00 /usr/sbin/inetd

  123  ?  S    0:00 /usr/sbin/lpd

  146  ?  S    0:00 /usr/sbin/nmbd

  147  ?  S    0:00 /usr/sbin/cron
```

```
152  ? S    0:00 /usr/sbin/smbd
162   1 S    0:00 -bash
170   1 R    0:00 ps ax
```

HINWEIS

Diese Liste stammt von SuSE LINUX, wo *nmbd* und *smbd* im Verzeichnis */usr/sbin* liegen.

HINWEIS

Die wichtigen Zeilen sind zur Hervorhebung unterstrichen.

7.5 Kontrolle des aktuellen Samba-Status

Da an dieser Stelle noch nicht klar ist, ob die Samba-Konfigurationsdatei *smb.conf* sinnvoll eingerichtet ist, kann eine zuverlässige Kontrolle nicht erfolgen. Jedoch sollte man einen Versuch wagen. Es bieten sich zwei Kommandos an: `smbclient` und `smbstatus`. Mit beiden Programmen sind Fehlinterpretationen möglich, wenn die *smb.conf* nicht Minimalforderungen genügt.

Bei `smbclient` muss der Samba-Server hinter dem `-L` angegeben werden:

```
> smbclient -L ruegen -N
added interface ip=192.168.1.2 bcast=192.168.1.255 nmask=255.255.255.0
Domain=[OSTSEE] OS=[Unix] Server=[Samba 2.0.6]
        Sharename      Type      Comment
        ---------      ----      -------
```

```
IPC$          IPC       IPC Service (Samba 2.0.6 on ruegen)
lp            Printer

Server              Comment
------              -------
RUEGEN              Samba 2.0.6 on ruegen

Workgroup           Master
----             ---
OSTSEE              RUEGEN
```

Bei smbstatus sorgt die Option -d für eine etwas erweiterte Ausgabe. Es können Fehler ausgegeben werden, wenn die Status-Datei noch nicht angelegt wurde. (Die Anlage erfolgt aber automatisch beim ersten Zugriff auf Samba.)

```
# smbstatus -d
using configfile = /etc/smb.conf
lockdir = /var/lock/samba
Opened status file /var/lock/samba/STATUS..LCK

Samba version 2.0.5a
Service      uid      gid      pid     machine
----------------------------------------------
No locked files

Share mode memory usage (bytes):
   1048464(99%) free + 56(0%) used + 56(0%) overhead = 1048576(100%)
   total
```

7.6 Zusammenfassung, Fragen und Übungen

Zusammenfassung

- Achtung! Die Installationsverzeichnisse, und damit auch die Lage der Samba-Kommandos, differieren von UNIX zu UNIX. Üblicherweise ist das Installationsverzeichnis unter */usr/local/samba* angesiedelt. SuSE-LINUX ist aber bspw. eine Ausnahme. Dort sind die Dateien und Kommandos im System verteilt.
- Zur Installation ist ein Software-Paket notwendig. Dies kann ein RPM-Paket (SuSE-LINUX, RedHat-LINUX), ein PKG-Paket (Sun Solaris/Solaris X86) oder ein TAR-Paket (als Quellpaket oder Binärpaket für fast alle UNIX-Versionen erhältlich) sein.
- Nach der Installation der notwendigen Dateien ist für die richtige Konfiguration zu sorgen. Hat man ein vorbereitetes Paket verwendet, wie es die meisten LINUX-Distributionen mitbringen, wird die Grundkonfiguration meist ordentlich erledigt.
- Die Installation und Einrichtung muss sicherstellen, dass die Prozesse *smbd* und *nmbd* laufen.
- Soll später *swat* verwendet werden, muss die Konfiguration dahingehend überprüft werden.

Fragen und Übungen

1. Welche Dateien sind nach einer Neuinstallation oder bei Problemen auf jeden Fall zu kontrollieren?
2. Wie kontrolliert man den Start der beiden Dienstprogramme *smbd* und *nmbd*?

G
A
L
12
11
10
9
8
7
6
5
4
3
2
1

»

Konfiguration von Samba

8 Konfiguration von Samba

Samba ist glücklicherweise so aufgebaut, dass es für den Betrieb nur eine einzige Konfigurationsdatei benötigt. Zugegeben, es gibt mittlerweile sehr viele Parameter, aber die meisten sind sinnvoll vorbelegt und müssen nicht unbedingt explizit definiert werden.

Alle Programmteile von Samba benutzen die Konfigurationsdatei *smb.conf*. Das sind natürlich als Erstes die beiden Daemon-Prozesse *smbd* und *nmbd*. Aber auch die anderen Werkzeuge der Distribution stützen sich auf diese Datei. Sie ist also die Datei, die das gesamte Verhalten von Samba steuert.

Der experimentierfreudige Leser wird nun versuchen, die Datei einmal anzusehen, um etwas Vorlauf für das Kapitel zu haben. Wo ist sie aber zu finden? Da gibt es verschiedene Ansätze. Fangen wir mit der Konfiguration der Programmierer an. Sie haben als Installationspfad für Samba das Verzeichnis */usr/local/samba* vorgesehen. Entsprechend ist die Konfigurationsdatei auch dort zu finden, nämlich als */usr/local/samba/lib/smb.conf*.

Nun kann man sich trefflich darüber streiten, ob die dortige Ablage die beste Entscheidung ist. Wie Sie vermutlich wissen, liegen die meisten UNIX-Konfigurationsdateien im Verzeichnis */etc*. Leider unterscheidet sich die Ablage solcher Konfigurationsdateien aber in den letzten Jahren immer mehr. Bei vielen UNIX-Versionen kann man sich nicht so recht entscheiden, ob die Parametrierung der einzelnen Programmteile an zentraler Stelle, also im Verzeichnis */etc*, oder in den Programmverzeichnissen erfolgen soll. So kommt es, dass die *smb.conf* auch mal im Verzeichnis */etc* zu finden ist. Dies ist speziell bei SuSE LINUX der Fall.

Die veränderte Ablage hat aber möglicherweise einige Konsequenzen. Zum einen kann man die Originaldatei mit Hilfe eines Links oder eines symbolischen Links von */usr/local/samba/lib/smb.conf* nach */etc/smb.conf*

»dupliziert« haben. Das ist noch nicht weiter tragisch und so auch ganz hilfreich, bedeutet aber, dass Samba mit Standardpfaden kompiliert wurde.

Alternativ kann man auch die Konfiguration von Samba vor dem Kompilieren verändern, so dass auch alle Programmteile einen alternativen Pfad als den Standardpfad zur *smb.conf* benutzen. Das führt meist dazu, dass auch weitere Dateien, die von Bedeutung sind, wie die Samba-Passwortdatei, an anderen Stellen zu finden sind. Das Chaos wird dann komplett, wenn man die konkreten Parameter des Kompilerlaufes nicht kennt und nun in die Hilfeseiten, z.B. von *smbd*, sieht. Die dort genannten Pfade sind vermutlich meistens nicht angepasst und entsprechen den nun nicht mehr zutreffenden Standards.

Und nicht nur wir Menschen haben das Problem des Findens, sondern die Programme natürlich auch. Bei einigen »verbogenen« Installationen werden dann zur Sicherheit (oder um noch den Überblick zu behalten?) die Pfade beim Aufruf gleich komplett mitgegeben. Das macht leider unnötige Arbeit.

Was tun, wenn man sich den Überblick über die aktuelle Installation nicht so schnell verschaffen kann?

Als Erstes und Einfachstes kann man versuchen, die Aufrufparameter des *smbd*-Prozesses zu ermitteln. Dazu filtert man solche Zeilen aus der Prozessliste heraus:

LINUX:

```
ps ax | grep smbd
```

UNIX:

```
ps -ef | grep smbd
```

Wenn man Glück hat, sind die Pfade lesbar. Alternativ kann man nach der *smb.conf* suchen. Dazu ist allgemein gültig für UNIX das *find*-Kommando verwendbar. Das sieht dann so aus:

```
find /usr -name smb.conf -type f -print
```

oder

```
find / -name smb.conf -type f -print
```

Zur Erläuterung sei gesagt, dass der zweite Parameter das Anfangsverzeichnis für die rekursive Suche ist. Das zweite Beispiel beginnt im Hauptverzeichnis, was mit Sicherheit zu einer längeren Dauer der Suche führt, aber unter Umständen die einzige Möglichkeit zum Finden der Datei ist. Für diesen Fall ist auch daran zu denken, dass alle gemounteten Verzeichnisse, wie NFS-Dateisysteme und CD-ROMs, mit durchsucht werden.

Die Parameter `-name smb.conf` definieren das Gesuchte und `-type f` schränkt die Suche auf reguläre Dateien ein. Der letzte Parameter, `-print`, sorgt dafür, dass die gefundenen Lokationen auch ausgegeben werden.

Na ja, und die LINUX-Gemeinde hat sich ein viel effizienteres Kommando ersonnen, um Dateien zu finden:

```
locate smb.conf
```

Das sucht in einer normalerweise zyklisch gepflegten Datenbank nach dem Vorkommen der Datei im Dateisystem.

8.1 Der Aufbau der Konfigurationsdatei smb.conf

Die Konfigurationsdatei *smb.conf* ist in mehrere Sektionen geteilt. Jede Sektion hat einen Namen, der in eckigen Klammern steht, zum Beispiel *[global]*. Mindestens die Sektion *[global]* muss auch vorhanden sein. Allerdings erbringt Samba mit nur den globalen Einstellungen noch keine verwendbaren Dienste für uns.

Die beiden Sektionen *[homes]* und *[printers]* haben eine Sonderbedeutung und können nicht ohne Konsequenzen umbenannt werden. Sie sollten unmittelbar nach der *[global]*-Sektion folgen.

Ich möchte anhand einer Beispieldatei den Aufbau erläutern.

```
# Samba config file created using SWAT

# from nb (192.168.1.165)

# Date: 2000/04/30 08:42:46

# Global parameters

[global]

    workgroup = OSTSEE

    netbios name = RUEGEN

    encrypt passwords = Yes

    keepalive = 0

    character set = ISO8859-1

    preferred master = Yes


[homes]

    comment = Heimatverzeichnis

    read only = No

    create mask = 0750

    browseable = No


[printers]

    comment = All Printers
```

```
   path = /tmp
   create mask = 0700
   guest ok = Yes
   print ok = Yes
   browseable = No

[daten]
   comment = Datenverzeichnis
   path = /daten
   read only = No
   create mask = 0660
   directory mask = 0770
   browseable = No

[cdrom]
   comment = CD-ROM
   path = /cdrom
   volume = NFS

[laser]
   path = /tmp
   read only = No
   create mask = 0700
```

```
    guest ok = Yes
    print ok = Yes
    printer name = laser
    oplocks = No
    share modes = No
```

Sie erkennen die Sektionen *[global]*, *[homes]*, *[printers]*, *[daten]*, *[cdrom]* und *[laser]*. Jede Sektion endet mit dem Anfang einer neuen oder mit dem Ende der Datei.

Es kommen Kommentarzeilen vor. Diese müssen mit einem »#« oder einem »;« beginnen:

```
; ein Kommentar
# diese Zeile wird auch ignoriert
```

In jeder Sektion können Variablen mit Werten belegt werden. Üblicherweise werden die Zuweisungen mit einem Tabulator eingerückt, um visuell die Sektionsköpfe besser von den Zuweisungen zu trennen.

Sowohl die Variablennamen als auch die Werte dürfen aus mehreren Wörtern bestehen, die nicht mit Anführungsstrichen oder Unterstrichen zusammengehalten werden. Auf Grund der relativen Einfachheit ist alles bis zum Gleichheitszeichen der Variablenname und alles nach dem Gleichheitszeichen der Wert für die Variable.

Die Sektionen *[global]*, *[homes]* und *[printers]* sind reservierte Namen. *[homes]* und *[printers]* müssen nicht unbedingt vorhanden sein. Wenn vorhanden, definieren sie die Einstellungen für die Nutzerverzeichnisse (Homedirectories) und für die systemweit bekannten Drucker.

Generell folgen nach der *[global]*-Sektion weitere Sektionen, die Freigaben von Verzeichnissen (shares) oder Druckern (printers) definieren. Die Sektionen *[homes]* und *[printers]* sind im Prinzip solche Freigaben, jedoch mit geringfügig geändertem Inhalt.

Die Sektion *[global]* darf nicht fehlen, denn sie definiert das Grundverhalten von Samba. Im Grundverhalten gibt es etliche Einstellungen, die in den Freigaben überdefiniert (überschrieben) werden können. Das ist nicht besonders transparent, insbesondere weil in allen Sektionen nur die Variablen festgelegt werden müssen, deren Wert sich von dem während der Übersetzung festgelegten Standardwert unterscheidet oder gegenüber der *[global]*-Einstellung ändern soll.

Leider musste ich mein Vorhaben aufgeben, alle Parameter für alle Sektionen zu erläutern. Es hat sich gezeigt, dass Samba mittlerweile so gut parametrierbar ist, dass die Beschreibung weit über 150 Seiten füllen würde – was hier den Rahmen sprengt.

Ich beschränke mich also auf die wesentlicheren Parameter und muss für die anderen auf die Dokumentation zum Samba-Paket verweisen. Eine sehr gute Hilfe ist auch das ***S**amba **W**eb **A**dministration **T**ool* (SWAT), welches in einem der Folgekapitel beschrieben wird. Dort kann man die Parameter ändern und bekommt zu jedem Parameter ausführliche Hilfe (in Englisch).

Viele der Parameter sind Schalter, die nur ein- oder ausgeschaltet werden können. Sie werden hier als boolesche Parameter bezeichnet. Für das Setzen sind die Werte `Yes`, `No`, `True` oder `False` zulässig. Ebenso können die Wörter auch komplett klein geschrieben werden.

Einige Parameter können leer sein. Da sich das schlecht darstellen lässt, schreibe ich <leer>.

Es gibt für fast alle Parameter eine Vorbelegung. Sie wird hier unter dem Begriff »Standard:« genannt.

Es sind einige Ersetzungen definiert, die in Zeichenketten verwendet werden können. Die Auflistung ist im Anhang zu finden. Wollen Sie z.B. den Namen der Client-Maschine benutzen, setzen Sie »%m« ein.

8.2 Einstellungen der [global]-Sektion

Die in diesem Abschnitt beschriebenen Parameter gehören in die *[global]*-Sektion. Einige können aber in den Folge-Sektionen der Dienste (shares bzw. printer) auch überdefiniert werden.

Basisoptionen

workgroup

Die Einstellung legt fest, in welcher Arbeitsgruppe der Server bei Client-Anfragen erscheint. Beachten Sie, dass dieser Parameter auch den Domainnamen steuert, wenn die Einstellung `security = domain` vorhanden ist.

Standard: `workgroup = WORKGROUP`
(wird bei der Kompilierung auf `WORKGROUP` gesetzt)

Beispiel: `workgroup = OSTSEE`

netbios name

Dieser Parameter setzt den NetBIOS-Namen, unter dem dieser Server läuft. Als Standardwert wird die erste Komponente des DNS-Namens (hostname) eingesetzt.

Wenn eine Maschine ein *browse server* oder ein *logon server* ist, wird dieser Name auch zur Bekanntgabe dieser Dienste herangezogen.

Siehe auch: `netbios aliases`

Standard: `netbios name =` <der DNS-Name der Maschine>

Beispiel: `netbios name = RUEGEN`

netbios aliases

Es kann eine Liste von zusätzlichen NetBIOS-Namen eingetragen werden, die *nmbd* für diesen Samba-Server propagiert. Damit kann eine Maschine mit mehreren Namen in *browse lists* erscheinen.

Agiert eine Maschine jedoch als *browse server* oder *logon server*, dann wird für diese Zwecke keiner der Einträge propagiert.

Siehe auch: `netbios name`

Standard: `netbios aliases =` <leer>
(keine zusätzlichen Namen)

Beispiel: `netbios aliases = TEST TEST2`

server string

Dieser Parameter legt fest, welche Zeichenkette zur Server-Beschreibung bei dem Client-Kommando `net view` angezeigt wird. Sie kann irgendein Text sein, der den Clients bekannt gegeben werden soll. Gleichermaßen wird damit eingestellt, was in der *browse list* neben dem Maschinennamen erscheinen soll.

Mit der Variable `%v` kann die Samba-Versionsnummer und mit `%h` der Hostname eingebettet werden.

Standard: `server string = Samba %v`

Beispiel: `server string = Samba %v on %h`

interfaces

Diese Option erlaubt, die Netzwerk-Standard-Interfaces-Liste zu überschreiben, die Samba zum Browsen, für die Namensregistrierung und für anderen NBT-Verkehr benutzt.

Standardmäßig fordert Samba vom UNIX-Kernel die Liste aller aktiven Netzwerk-Interfaces an. Außer dem localhost (127.0.0.1) werden alle aktiven und Broadcast-fähigen Interfaces auch benutzt.

Eingetragen wird eine Liste von Interface-Zeichenketten. Folgende Formen sind möglich:

- ein Netzwerk-Interface-Name, wie *eth0*, einschließlich Jokerzeichen wie Sterne, z.B. *eth**. In diesem Falle holt sich Samba die IP-Adresse und Netzmaske über den *if()*-Systemruf.
- eine IP-Adresse oder ein Hostname plus Angabe zur Netzmaske mit der Darstellung als Anzahl der gesetzten Masken-Bits (z.B. 24 für *255.255.255.0*).
- eine IP-Adresse oder ein Hostname plus Angabe der Netzmaske in üblicher Darstellung (Punktnotation, z.B. *255.255.255.0*).

Wenn ein Hostname eingetragen wird, muss er sich über den im jeweiligen Betriebssystem üblichen Weg in eine IP-Adresse auflösen lassen.

Siehe auch: `bind interfaces only`

Standard: `interfaces = <leer>`

Beispiel: `interfaces = eth0 192.168.10.1/24`

Das Beispiel verwendet die beiden Interfaces *eth0* und *192.168.10.1* mit der 24-bittigen Subnetzmaske (entspricht *255.255.255.0*).

bind interfaces only

Mit dieser Einstellung kann der Samba-Administrator festlegen, welches Netzwerk-Interface der Maschine die SMB-Anforderungen bedient. Das betrifft die Dateidienste (*smbd*) und die Namensdienste (*nmbd*) auf etwas unterschiedliche Weise.

Der Namensdienst *nmbd* wird mit den Ports 137 und 138 an die unter `interfaces` gelisteten Interfaces gebunden. Außerdem wird *nmbd* noch an das für alle Adressen zuständige Interface 0.0.0.0 auf Port 137 und 138 gebunden, damit er alle Broadcast-Mitteilungen empfangen kann.

Ist dieser Parameter nicht gesetzt, dann bedient *nmbd* Namensanforderungen (*name requests*) an allen genannten Sockets.

Ist `bind interfaces only` gesetzt, dann überprüft *nmbd* alle am Broadcast-Interface eingehenden Pakete auf ihren Ursprung und verwirft diejenigen, die nicht zu Broadcast-Adressen passen, die in der `interfaces`-Liste geführt werden. Damit kann man die Bedienung von Adressen verhindern, die nicht in der *interfaces*-Liste aufgeführt sind. Das so genannte *source address spoofing* unterläuft allerdings diese einfache Überprüfung. Deshalb kann diese Maßnahme nicht als wirkliche Sicherheitsschranke angesehen werden.

Für den Dateidienst und somit für *smbd* bedeutet diese Einstellung, dass er nur an die in der `interfaces`-Liste aufgeführten Adressen gebunden wird. Das beschränkt dahingehend, dass nur Anforderungen abgearbeitet werden, die an diesen Interfaces ankommen.

Beachten Sie, dass man diesen Parameter nicht einschalten sollte, wenn PPP vom Server bedient werden soll, weil Samba mit den nicht-statischen Interfaces dann nicht zurechtkommen kann.

Weiterhin sei darauf hingewiesen, dass aus den oben genannten Gründen die Kommandos *smbpasswd* und *swat* nicht richtig funktionieren, wenn `bind interfaces only` eingeschaltet ist, ohne dass die Netzwerkadresse *127.0.0.1* der Liste unter `interfaces` hinzugefügt wurde.

Um ein Nutzerpasswort über das Kommando *smbpasswd* zu ändern, verbindet sich *smbpasswd* normalerweise als SMB-Client mit localhost (127.0.0.1), um die Passwortänderung anzufordern. Ist `bind interfaces only` gesetzt und *127.0.0.1* fehlt bei `interfaces`, dann kann sich *smbpasswd* nicht mit dem Server verbinden. Man kann das Kommando aber mit der Option `-r <remote_host>` dazu bewegen, ein anderes Interface zu benutzen. Für `<remote_host>` setzt man dann zweckmäßigerweise die Adresse des primären Interfaces von Samba ein.

Beim Anzeigen der SWAT-Statusseite versucht *swat* ebenfalls über die Adresse 127.0.0.1 festzustellen, ob *smbd* und *nmbd* laufen. Das Fehlen dieses Eintrags in `interfaces` führt dazu, dass *smbd* und *nmbd* fälschlich als »not running« eingestuft werden, da sie offensichtlich nicht erreichbar sind. Außerdem verhindert das Problem auch das Starten und Stoppen von *nmbd* und *smbd* über SWAT.

Standard: `bind interfaces only = False`

Beispiel: `bind interfaces only = True`

Sicherheitsoptionen

security

Diese Option hat Einfluss darauf, wie die Clients auf Samba reagieren und ist eine der wichtigsten Einstellungen in der Datei *smb.conf*.

Die Option setzt das *security mode bit* während der Einigungsphase (negoation) mit *smbd*, um die *share level security* ein- oder auszuschalten. Die Clients entscheiden anhand dieses Bits, ob und wie Nutzer- und Passwortinformationen zum Server übertragen werden.

Der Standardwert ist `security = user` und wird so für die Verbindung mit Windows 98 und Windows NT benötigt. Die Alternativen sind `security = share`, `security = server` oder `security = domain`.

> **HINWEIS**
> Beachten Sie, dass sich der Standardwert von `security` in Samba 2.0 von denen in früheren Versionen unterscheidet!

In Samba-Versionen vor 2.0 war die Normaleinstellung `security = share`, da es eigentlich die einzige verfügbare Einstellung war. Es gibt jedoch einen Fehler in WfW, der relevant für diese Einstellung ist. Unter den Einstellungen `security = user` oder `= server` ignoriert der WfW-Client vollkommen das in die Dialogbox zur Laufwerksverbindung eingegebene Passwort. Das macht es ziemlich schwierig, wenn nicht sogar unmöglich, eine Verbindung mit den aktuellen Nutzerinformationen zu Samba zu erstellen.

Wenn der PC Nutzernamen verwendet, die denen auf der UNIX-Maschine entsprechen, dann können Sie `security = user` einstellen. Falls Sie aber im Wesentlichen Nutzer haben, die auf der UNIX-Seite nicht existieren, verwenden Sie besser `security = share`. Diese Einstellung ist auch günstiger, wenn Sie häufiger Gastzugriffe (ohne Passwort) erlauben wollen, wie z.B. bei Druckservern. Lesen Sie zu diesem Thema auch die Ausführungen unter `map to guest`.

Weiterhin ist es möglich, Samba in einem Hybridmodus zu betreiben, in dem beide Modi unter verschiedenen *NetBIOS aliases* betrieben werden. Informieren Sie sich bitte in der Samba-Dokumentation unter `include`.

Die einzelnen Einstellungen werden nun erklärt:

security = share

Wenn Clients sich mit einem *share level security*-Server verbinden, dann brauchen sie sich nicht am Server mit einem gültigen Nutzernamen und Passwort anzumelden, bevor sie Ressourcen benutzen wollen. (Modernere Clients, wie Windows 95 und Windows NT, senden trotzdem bei `security = share` eine Anmeldeanforderung mit Nutzernamen, allerdings ohne das Passwort). Die vollständigen Autentifizierungsangaben werden aber für jede Freigabe extra erst bei der Verbindung mit dieser übermittelt. Beachten Sie, dass *smbd* in diesem Modus immer einen gültigen UNIX-Nutzer benötigt. Da die Clients nicht gezwungen sind, Nutzernamen zu senden, benutzt *smbd* verschiedene Techniken, um den richtigen UNIX-Nutzer festzustellen. Es wird folgende Methode verwendet, um eine Liste der möglichen UNIX-Nutzer anhand des Client-Passwortes aufzubauen: Wenn der `guest only`-Parameter gesetzt ist, dann wird alles andere ignoriert und nur der `guest account`-Nutzername überprüft. Wurde mit dem *share connection request* ein Nutzername gesendet, dann wird dieser Nutzername (gegebenenfalls nach Umwandlung laut `username map`) als ein potenzieller Nutzer zu der Liste hinzugefügt. Hat der Client bereits eine Anmeldeanforderung (SessionSetup-SMB-Aufruf) gesendet, dann wird der Nutzername daraus als potenzieller Nutzername in die Liste eingetragen. Der Name des Dienstes, den der Client angefordert hat, wird als potenzieller Nutzername eingetragen. Eingetragen wird auch der NetBIOS-Name des Clients. Weiterhin werden alle Nutzer aus der `user`-Liste als potenzielle Nutzer eingetragen. Wenn der `guest only`-Parameter nicht gesetzt ist, wird gegen diese Liste nun das Passwort getestet. Der erste Nutzer aus der Liste, auf den das Passwort passt, wird dann als UNIX-Nutzer verwendet. Kann kein Nutzername gefunden werden und ist `guest only` gesetzt und die Ressource als verfügbar für den `guest account` markiert, dann wird dieser Gastnutzer benutzt oder der Zugriff wird verweigert. Beachten Sie, dass es bei der Einstellung *share level security* ziemlich verwirrend sein kann, welcher UNIX-Nutzer letztendlich für den Zugriff benutzt wird.

security = user

Dies ist in Samba 2.0 die Standardeinstellung für die Sicherheit. Bei dieser Einstellung muss sich der Nutzer zuerst mit gültigem Namen und Passwort anmelden (unter Beachtung der `username map`-Einstellung). In diesem Modus können auch verschlüsselte Passwörter verwendet werden (siehe `encrypted passwords`). Parameter wie `user` und `guest only` können verwendet werden und führen auch zu einem UNIX-Nutzerwechsel, aber erst nachdem sich der Nutzer erfolgreich autorisiert hat. Beachten Sie, dass Gastzugänge in *user level security* nur funktionieren, wenn der Server unbekannte Nutzer in den `guest account` umwandeln kann (Näheres siehe `map to guest`). Der Grund liegt darin, dass der Server den Nutzer erst autorisieren muss, bevor er Ressourcenanforderungen annehmen kann.

security = server

In diesem Modus versucht Samba, die Gültigkeit des Nutzername/Passwort-Paares mit Hilfe eines anderen SMB-Servers, z.B. einer NT-Maschine, zu überprüfen. Sollte das scheitern, wird in den Modus `security = user` zurückgefallen. Zu bedenken ist, dass, wenn verschlüsselte Passwörter vereinbart sind, Samba den eigenen Test nicht mit der UNIX-Passwortdatei machen kann, sondern auf eine gültige *smbpasswd*-Datei zugreifen muss.

> **HINWEIS**
>
> Aus Client-Sicht gibt es keinen Unterschied zwischen `security = server` und `security = user`.

> **HINWEIS**
>
> Der Name der angeforderten Ressource wird erst nach der erfolgreichen Autentifizierung des Clients gesendet. Deshalb funktionieren Freigaben für Gäste unter *server level security* nicht, wenn der Server unbekannte Nutzer nicht in den guest account umsetzen kann. Details siehe map to guest. Weitere Hinweise können den Parametern password server und encrypted passwords entnommen werden.

security = domain

Dieser Modus funktioniert nur, wenn die *smbpasswd*-Datei benutzt wurde, um die Maschine zu einer Windows-NT-Domain hinzuzufügen. Es ist notwendig, den Parameter `encrypted passwords` auf `true` einzustellen. Samba versucht dann, das Nutzernamen/Passwort-Paar an einen Windows NT Primary Domain Controller (PDC) oder einen Backup Domain Controller zu senden, um die Gültigkeit prüfen zu lassen. Das Verfahren ist identisch mit dem von NT-Servern. Beachten Sie, dass neben dem Konto des PDC auch ein gültiges UNIX-Konto des Nutzers vorhanden sein muss, um die Dateizugriffsrechte zu realisieren. Aus Sicht des Clients ist `security = domain` nichts anderes als `security = user`. Der Unterschied besteht lediglich darin, wie der Server mit der Autorisierung umgeht. Die Anforderungen der Ressource(n) erfolgt erst nach der erfolgreichen Autorisierung des Nutzers. Deshalb funktionieren Gastzugänge in *domain level security* nicht, wenn der Server unbekannte Nutzer nicht automatisch in den `guest account` umwandeln kann. Siehe auch `map to guest`. Fehlerhinweis: Zur Zeit gibt es noch eine Unzulänglichkeit bei `security = domain` mit dem Multibyte-Zeichensatz für die Nutzernamen. Die Kommunikation mit dem Domaincontroller hat in UNICODE zu erfolgen und Samba erweitert die Namen nicht genau wie gefordert zu UNICODE. Das führt dazu, dass ein Multibyte-Nutzername nicht richtig vom Domaincontroller erkannt wird. Das Problem wird aber in Folgeversionen behoben.

Standard: `security = USER`

Beispiel: `security = DOMAIN`

encrypt passwords

Siehe Abschnitt 8.6, *Passwortverwaltung*

update encrypted

Siehe Abschnitt 8.6, *Passwortverwaltung*

allow trusted domains

Diese Option wirkt nur, wenn der Parameter `security` auf `server` oder `domain` steht. Wenn diese Option auf `no` gestellt wird, dann werden Verbindungsversuche von einer Domain oder Arbeitsgruppe, die nicht der entsprechen, in der *smbd* läuft, abgewiesen, auch wenn der Domain durch den Server vertraut wird, der die Autorisierung macht.

Die Option ist nützlich, wenn Sie Ihr Samba nur benutzen wollen, um für Nutzer der eigenen Domain Ressourcen anzubieten.

Als Beispiel stellen wir uns vor, wir hätten zwei Domains, DOMA und DOMB. DOMB wird von DOMA vertraut, die auch den Samba-Server beinhaltet. Unter normalen Umständen kann dann ein Nutzer mit einem Nutzerkonto in DOMB auf die UNIX-Ressourcen mit dem gleichen Nutzernamen zugreifen, ohne ein Nutzerkonto auf DOMA haben zu müssen.

Standard: `allow trusted domains = Yes`

Beispiel: `allow trusted domains = No`

alternate permissions

Dieser Parameter ist veraltet und wird ab Samba 2.0 nicht mehr verwendet.

hosts equiv

Dieser globale Parameter spezifiziert eine Datei, die Namen von Hosts und Nutzern enthält, denen der Zugang ohne Passwort erlaubt wird.

Die Einstellung darf nicht mit `hosts allow` verwechselt werden, die den Host-Zugang zu Diensten realisiert und mehr für Gastzugänge nützlich ist.

`hosts equiv` kann man für NT-Clients benutzen, die kein Passwort an Samba senden.

> **ACHTUNG**
>
> Die Verwendung von `hosts equiv` kann zu einem großen Sicherheitsloch führen! Das liegt daran, dass Sie dem Client-PC dahingehend vertrauen, dass er einen ungefälschten Nutzernamen sendet. Es ist aber ziemlich einfach, einen PC zur Verwendung eines falschen Nutzernamens zu bewegen.

Benutzen Sie diese Option nur, wenn Sie den angeschlossenen Partnern wirklich vertrauen, wie z.B. zu Hause.

Standard: `hosts equiv =` <leer>

Beispiel: `hosts equiv = /etc/hosts.equiv`

min passwd length

Siehe Abschnitt 8.6, *Passwortverwaltung*

map to guest

Dieser Parameter ist nur sinnvoll, wenn die Einstellungen für `security` nicht auf `share` stehen, also unter `user`, `server` oder `domain`.

Der Parameter kann drei verschiedene Werte enthalten, die *smbd* vermitteln, wie mit Anmeldeanforderungen zu verfahren ist, die keinem gültigen UNIX-Nutzer entsprechen.

Die Werte sind:

Wert	Verfahren
`Never`	Anmeldeanforderungen ohne gültiges Passwort werden abgewiesen.
`Bad User`	Nutzeranmeldungen mit falschem Passwort werden abgewiesen, es sei denn, der Nutzername existiert nicht. In diesem Fall wird die Anmeldung wie ein Gast-Login behandelt und entsprechend wird *guest account* wirksam.
`Bad Password`	Diese Einstellung bedeutet, dass Nutzeranmeldungen mit ungültigen Passwörtern als Gast-Login behandelt werden und entsprechend dem Parameter *guest account* umgewandelt werden. Beachten Sie, dass das Probleme bereiten kann, weil jeder Nutzer, der sein Passwort falsch geschrieben hat, automatisch (und unbemerkt) als Gast angemeldet wird. Und vor allem wird dem Nutzer das nicht mitgeteilt, so dass ihm unklar bleibt, warum er dann möglicherweise Zugriffsbeschränkungen unterliegt.

Tab. 8.1: Zulässige Werte für map to guest

Standard: `map to guest = Never`

Beispiel: `map to guest = Bad User`

null passwords

Siehe Abschnitt 8.6, *Passwortverwaltung*

password server

Siehe Abschnitt 8.6, *Passwortverwaltung*

smb passwd file

Siehe Abschnitt 8.6, *Passwortverwaltung*

root directory

Ist dieser Parameter gesetzt, dann führt der Server beim Start ein *chroot()*-Kommando aus. (Das Kommando setzt ein neues Hauptverzeichnis für *smbd*.)

Die Einstellung ist für ein sicheres Arbeiten nicht unbedingt notwendig. Auch ohne diese Maßnahme unterbindet der Server Zugriffe auf Dateien außerhalb der definierten Ressourcen. Er kann auch Symbolische Links überprüfen bzw. den unerlaubten Zugriff auf andere Teile des Dateisystems unterbinden, wenn es mit dem Parameter `wide links` gefordert wird.

Das Hinzufügen eines Eintrags für `root directory`, der von / abweicht, erhöht zwar die Sicherheit, hat jedoch seinen Preis. Es schafft die absolute Sicherheit, dass keine Zugriffe außerhalb des spezifizierten Verzeichnisses erfolgen, einschließlich dem Zugriff auf einige für Samba notwendige Dateien. Wenn man diesen Weg also gehen will, muss man einige Dateien, auf die Samba zugreifen will, in dieses Verzeichnis spiegeln (bzw. nach jeder Änderung kopieren). Das betrifft die */etc/passwd* und alle Programmdateien, die für das Drucken benötigt werden (falls verwendet). Welche Dateien wirklich betroffen sind, ist leider abhängig vom Betriebssystem.

Standard: `root directory = /`

Beispiel: `root directory = /home/smb`

passwd program

Siehe Abschnitt 8.6, *Passwortverwaltung*

passwd chat

Siehe Abschnitt 8.6, *Passwortverwaltung*

passwd chat debug

Siehe Abschnitt 8.6, *Passwortverwaltung*

username map

Diese Option erlaubt, eine Datei zu benennen, die einen Austausch von Nutzernamen vom Client zum Server realisiert. Der bekannteste Einsatz für diese Eigenschaft ist die Wandlung der Nutzernamen von DOS oder Windows in solche für UNIX. Ein anderer Anwendungsfall ist das Zuordnen von mehreren Nutzernamen zu einem einheitlichen Namen, um Dateien einfacher gemeinsam nutzen zu können.

Die angegebene Datei wird Zeile für Zeile eingelesen. Jede Zeile muss auf der linken Seite einen einzelnen UNIX-Nutzernamen gefolgt von einem Gleichheitszeichen (=) und dann auf der rechten Seite eine Liste von Nutzernamen enthalten. Die Liste der Nutzernamen der rechten Seite kann auch Einträge der Form @*gruppe* enthalten. Für @*gruppe* werden dann alle Nutzer eingetragen, die der Unix-Gruppe *gruppe* angehören. Der spezielle Client-Name »*« ist ein Jokerzeichen und steht für jeden Namen. Jede Zeile kann bis zu 1023 Zeichen lang sein.

Zeilen, die mit »#« oder »;« beginnen, werden als Kommentar gewertet und ignoriert.

Zeilen, die mit einem »!« beginnen, werden anders behandelt. Die Verarbeitung stoppt mit dieser Zeile, wenn die Umwandlung durch diese Zeile erfolgen konnte. Ansonsten werden auch die nachfolgenden Zeilen ausgewertet, was bei Zeilen mit Jokerzeichen zu beachten ist.

Ein Beispiel für einen Eintrag, der die Namen »admin« und »administrator« in »root« umwandelt:

```
root = admin administrator
```

Oder die Umwandlung aller Nutzer der UNIX-Gruppe *system* in den UNIX-Namen »sys«:

```
sys = @system
```

Wenn das benutzte System die NIS NETGROUP-Option unterstützt, dann wird die *netgroup*-Datenbank vor der */etc/group* ausgewertet.

Um Windows-Nutzernamen mit enthaltenen Leerzeichen umwandeln zu können, wird der Name in Anführungsstriche gesetzt:

```
meier = "Karl Meier"
```

Die folgenden Zeilen wandeln die Namen »marie« und »fred« in den UNIX-Nutzer »sys« und alle anderen Nutzer in »gast« um:

```
!sys = marie fred

gast = *
```

Beachten Sie, dass die Umbenennung der Namen auf alle Vorkommen der Nutzernamen angewendet wird. Das passiert zum Beispiel, wenn Sie eigentlich mit `\\server\fred` verbunden werden möchten und *fred* aber in *marie* umgewandelt werden soll. Sie benötigen nun das Passwort für *marie* und nicht für *fred*. Die einzige Ausnahme existiert, wenn der Nutzername dem `password server` (wenn vorhanden) übergeben wird. Der Passwort-Server bekommt alle vom Client versendeten diesbezüglichen Informationen ohne Änderungen.

Beachten Sie auch, dass eine umgekehrte Namensumwandlung nicht existiert. Hauptsächlich fällt dieser Effekt beim Drucken auf, wenn Nutzer mit umgewandelten Nutzernamen ihre Druckaufträge löschen möchten. Einige Druckmanager, wie der von WfW, glauben, der zu löschende Druckauftrag gehört nicht dem angemeldeten Benutzer.

Standard: `username map = <leer>`

Beispiel: `username map = /etc/users.map`

password level

Siehe Abschnitt 8.6, *Passwortverwaltung*

username level

Diese Option hilft Samba, den richtigen UNIX-Nutzernamen für die Anmeldung durch Probieren oder Erraten zu ermitteln. Das ist nötig, weil einige Clients die Nutzernamen nur in Großbuchstaben senden. Standardmäßig versucht es Samba mit nur Kleinbuchstaben, gefolgt von dem Namen mit nur dem Anfangsbuchstaben als Großbuchstaben.

Wenn dieser Parameter nicht auf 0 steht, ändert sich das Verhalten. Die eingetragene Zahl definiert die Anzahl der Großbuchstaben-Kombinationen, die für die versuchsweise Ermittlung des gültigen Nutzernamens herangezogen werden.

Man sollte diesen Parameter setzen, wenn man mit besonderen UNIX-Nutzernamen, wie »FredMeier« umzugehen hat.

Standard: `username level = 0`

Beispiel: `username level = 5`

unix password sync

Siehe Abschnitt 8.6, *Passwortverwaltung*

restrict anonymous

Dies ist ein boolescher Parameter. Wenn er auf `True` gesetzt ist, dann wird ein anonymer Zugriff auf den Server unterbunden, insbesondere in dem Falle, wenn der Server einen Nutzernamen vom Client erwartet und keiner gesendet wird. Das Setzen auf `True` weist solche Verbindungen ab und vom Client wird immer verlangt, einen Nutzernamen und ein Passwort zu liefern. Die Verwendung dieses Parameters ist nur in homogenen NT-Client-Netzen zu empfehlen.

Standard: `restrict anonymous = False`

Beispiel: `restrict anonymous = True`

revalidate

Diese Option arbeitet nur mit der Einstellung `security = share`. Sie steuert, ob Samba erlaubt, ein vorher als gültig anerkanntes Nutzer/Passwort-Paar für den Zugriff auf eine andere Freigabe zu benutzen. Wenn Sie mit `\\server\share1` verbunden sind und dann `\\server\share2` verbinden wollen, dann wird normalerweise dem Client nicht gestattet, die zweite Verbindung nur mit Angabe des Nutzernamens (ohne Passwort) herzustellen.

Wenn `revalidate` auf `True` steht, dann wird dem Client ein automatischer Zugriff mit demselben Nutzernamen nicht gestattet.

Standard: `revalidate = False`

Beispiel: `revalidate = True`

use rhosts

Wird dieser globale Parameter auf `yes` gesetzt, dann bewirkt er, dass die Datei *.rhosts* der UNIX-Nutzer aus deren Heimatverzeichnis gelesen wird, um die Namen von Hosts und Nutzern zu ermitteln, denen der Zugriff ohne Angabe eines Passworts erlaubt wird.

> **HINWEIS** Die Verwendung `use rhosts` kann zu gravierenden Sicherheitslöchern führen. Das deswegen, weil Sie damit voraussetzen, dass der Client den richtigen Nutzernamen sendet. Es ist aber ziemlich leicht, einen PC zum Senden eines anderen (falschen) Nutzernamens zu bewegen. Öffnen Sie diese Option nur, wenn Sie genau wissen, mit wem Sie zu tun haben!

Standard: `use rhosts = No`

Beispiel: `use rhosts = Yes`

username

Die `username`-Zeile wird eigentlich nur gebraucht, wenn PCs nicht in der Lage sind, den Nutzernamen zu übermitteln. Das ist beispielsweise beim Einsatz des COREPLUS-Protokolls der Fall oder wenn WfW-Nutzernamen nicht mit den UNIX-Nutzernamen übereinstimmen.

Es können mehrere Nutzer in eine kommageteilte Liste eingetragen werden. Das anzuwendende Passwort wird nun gegen jeden Nutzernamen von links nach rechts getestet.

Diese `username`-Option ist nicht gerade die beste Lösung für das Problem, denn sie ist langsam und kein guter Ansatz für viele Nutzer in der Liste, da doppelte Passwörter auftreten könnten. Es kann auch zu Zeitüberschreitungen oder Sicherheitsproblemen kommen, wenn diese Option unsinnig eingesetzt wird.

Zu dieser Option gibt es noch eine Reihe weiterer Informationen, die hier aber den Rahmen sprengen. Informieren Sie sich bitte bei Bedarf bei den Original-Hilfetexten von Samba.

Standard: `username =` <leer>

Beispiele: `username = fred`

`username = fred, mary, jack, jane, @users, @pcgroup`

guest account

Siehe Abschnitt 8.3, *Freigabe von Dateidiensten (shares)*

invalid users

Dies ist eine Liste von Nutzern, denen die Anmeldung nicht erlaubt werden soll. Wahrscheinlich ist die Definition in einem Dienst sinnvoller als in der *[global]*-Sektion.

Namen, die mit @ beginnen, sind NIS-Netzgruppen (wenn vom System unterstützt) oder UNIX-Gruppen, wenn als NIS-Gruppe nicht gefunden. Ein Name, der mit + beginnt, repräsentiert nur die UNIX-Gruppe. Analog bezieht sich ein & nur auf die NIS-Datenbank. Kombinationen der Zeichen + und & sind möglich, um die Reihenfolge festzulegen.

Siehe auch: `valid users`

Standard: `invalid users =` <leer>

Beispiel: `invalid users = root fred admin @wheel`

valid users

Dies ist eine Liste von Nutzern, denen die Anmeldung zu einem Dienst erlaubt werden soll. Namen, die mit @, + oder & beginnen, werden wie bei `invalid users` interpretiert.

Wenn die Zeile leer ist, dann kann sich jeder Nutzer anmelden. Bei Konkurrenzsituationen gehen Eintragungen in `invalid users` vor.

Siehe auch: `invalid users`

Standard: `valid users =` <leer>

Beispiel: `valid users = marie, @pcusers`

admin users

Über diese Liste wird bestimmten Nutzern das Administrator-Recht eingeräumt. Damit agieren sie als Nutzer *root*.

> **HINWEIS**
>
> Vorsicht! Die benannten Nutzer unterliegen dann keinen Einschränkungen mehr!

Standard: `admin users =` <leer>

Beispiel: `admin users = marie`

read list

Hiermit wird eine Liste von Nutzern definiert, die nur lesend auf einen Dienst zugreifen dürfen. Das Format ist wie bei `invalid users`.

Siehe auch: `write list`

Standard: `read list =` <leer>

Beispiel: `read list = marie, @studenten`

write list

Hiermit wird eine Liste von Nutzern definiert, die auf jeden Fall schreiben dürfen. Die Einstellung `read only` spielt ebenso keine Rolle wie ein Eintrag in `read list`.

Siehe auch: `read list`

Standard: `write list =` <leer>

Beispiel: `write list = marie, @studenten`

create mask

Siehe Abschnitt 8.3, *Freigabe von Dateidiensten (shares)*

force create mode

Dieser Parameter definiert eine UNIX-Rechte-Maske, die auf jeden Fall beim Anlegen von Dateien gesetzt wird.

Standard: `force create mode = 000`

Beispiel: `force create mode = 0755`

security mask

Der Parameter definiert, welche UNIX-Rechte durch einen Windows-NT-Client geändert werden dürfen.

Siehe auch: `force directory security mode`, `directory security mask`, `force security mode`

Standard: `security mask = `<wie `create mask`>

Beispiel: `security mask = 0777`

force security mode

Der Parameter definiert, welche UNIX-Rechte durch einen Windows-NT-Client geändert werden dürfen.

Siehe auch: `force directory security mode`, `directory security mask`, `security mask`

Standard: `force security mode = `<wie `force create mode`>

Beispiel: `force security mode = 0`

directory mask

Siehe Abschnitt 8.3, *Freigabe von Dateidiensten (shares)*

force directory mode

Hier wird definiert, welche UNIX-Rechte auf jeden Fall beim Anlegen eines Verzeichnisses gesetzt werden (ODER-Verknüpfung). Die Operation wird nach der Anwendung von `directory mask` ausgeführt.

Siehe auch: `directory mask`

Standard: `force directory mode = 000`

Beispiel: `force directory mode = 0755`

directory security mask

Der Parameter definiert, welche UNIX-Rechte durch einen Windows-NT-Client bezüglich eines Verzeichnisses geändert werden dürfen.

Siehe auch: `force directory security mode`,
`security mask`,
`force security mode`

Standard: `directory security mask =` <wie `directory mask`>

Beispiel: `directory security mask = 0777`

force directory security mode

Der Parameter definiert, welche UNIX-Rechte durch einen Windows-NT-Client bezüglich eines Verzeichnisses geändert werden dürfen.

Siehe auch: `directory security mask`,
`security mask`,
`force security mode`

Standard: `force directory security mode =` <wie `force directory mode`>

Beispiel: `force directory security mode = 0`

hosts allow

Siehe Abschnitt 8.3, *Freigabe von Dateidiensten (shares)*

hosts deny

Siehe Abschnitt 8.3, *Freigabe von Dateidiensten (shares)*

Protokollierungsoptionen (Logging Options)

log level

Synonym für `debug level`

syslog

Dieser Parameter definiert, wie Samba die `debug`-Eintragungen in das *syslog* des Systems vornimmt. Folgende Zuordnung gilt:

Wert	syslog-Level
0	LOG_ERR
1	LOG_WARNING
2	LOG_NOTICE
3 und größer	LOG_DEBUG

Tab. 8.2: Zuordnung der Werte dieses Parameters zum *syslog*-Level

Außerdem setzt dieser Parameter auch die Schranke für die Sendung von Mitteilungen an *syslog*. Nur Nachrichten mit einem *debug level* kleiner als diesem Wert werden zum *syslog* gesendet.

Standard: `syslog = 1`

syslog only

Wenn dieser Parameter gesetzt ist, dann werden Samba-Debug-Nachrichten nur in das Systemprotokoll (syslog) eingetragen und nicht in die Debug-Protokolldateien.

Standard: `syslog only = No`

log file

Diese Option erlaubt das Überschreiben des Namens der Samba-Protokolldatei (gelegentlich auch die Samba-Debug-Datei genannt).

Die Standardersetzungen durch Makros sind erlaubt, so dass auch eine Protokolldatei für jeden Nutzer oder jeden Host angelegt werden kann.

Standard: `log file =` <leer>

Beispiel: `log file = /var/log/log.%m`

max log size

Dieser ganzzahlige Wert legt die maximale Größe der Protokolldatei in Kilobyte fest. Samba testet ab und zu die Größe, und wenn sie überschritten wird, dann wird die Protokolldatei umbenannt (ein ».old« wir angehängt) und eine neue begonnen.

Die Angabe von 0 legt fest, dass keine Begrenzung gilt.

Standard: `max log size = 5000`

Beispiel: `max log size = 1000`

timestamp logs

Ab Samba 2.0 wird standardmäßig allen Protokolleinträgen ein Zeitstempel mitgegeben. Damit lassen sich Probleme gelegentlich besser zuordnen. Mit diesem Parameter kann man die Zeitstempelung auch abschalten.

Standard: `timestamp logs = True`

Beispiel: `timestamp logs = False`

debug hires timestamp

Manchmal benötigt man für die Zeitstempel in der Protokolldatei eine höhere Genauigkeit als eine Sekunde. Mit diesem Parameter lässt sich eine Millisekunden-Auflösung einschalten.

> **HINWEIS**
> Damit dieser Parameter einen Effekt hat, muss der Parameter `debug timestamp` eingeschaltet sein.

Standard: `debug hires timestamp = No`

Beispiel: `debug hires timestamp = Yes`

debug pid

Wenn man nur eine einzige Protokolldatei für alle *smbd*-Prozesse benutzt, ist das Finden von Fehlern über das Protokoll schwierig. Mit diesem booleschen Parameter wird die Prozessnummer (Prozess-ID, PID) dem Zeitstempel-Text für den Protokolleintrag hinzugefügt.

> **HINWEIS**
> Um diesen Effekt zu erreichen, muss der Parameter `debug timestamp` eingeschaltet sein.

Standard: `debug pid = No`

Beispiel: `debug pid = Yes`

debug uid

Samba läuft manchmal als *root* und manchmal als der verbundene Nutzer. Über diesen booleschen Parameter wird festgelegt, ob die aktuelle *euid, egid, uid* und *gid* dem Zeitstempel-Text hinzugefügt werden sollen.

Die *euid* ist die effektive Nutzernummer und die *egid* ist die effektive Gruppennummer. Sie können von der normalen Nutzer- bzw. Gruppennummer (*uid, gid*) abweichen, wenn ein Programm für einen anderen Nutzer bzw. eine andere Gruppe läuft. Zum Beispiel kann das Programm *passwd* von jedem Nutzer gestartet werden, läuft aber unter effektiven Rechten von *root*, sonst könnte es die Passwortdateien nicht ändern. Über diese Nummern kann man die Zugriffsrechte analysieren.

> **HINWEIS**
> Um diesen Effekt zu erreichen, muss der Parameter `debug timestamp` eingeschaltet sein.

Standard: `debug uid = No`

Beispiel: `debug uid = Yes`

status

Wenn eingeschaltet, werden Statusinformationen vermerkt, die mit dem Kommando *smbstatus* gelesen werden können.

Standard: `status = Yes`

Optionen zum Netzwerkprotokoll

protocol

Der Eintrag dieses Wertes (eine Zeichenkette) legt das höchste vom Server unterstützte Protokoll-Level fest. Mögliche Werte sind:

Wert	Kommentar
CORE	Die einfachste Version. Es gibt konzeptionell keine Nutzernamen.
COREPLUS	Bezüglich der Geschwindigkeit verbesserte Version von CORE.
LANMAN1	Die erste »aktuelle« Version des Protokolls, die lange Dateinamen unterstützt.
LANMAN2	Etwas aktualisierte Version von LANMAN1
NT1	Aktuelle Version des Protokolls. Sie wird von Windows NT benutzt. Bekannt auch unter dem Kürzel CIFS.

Tab. 8.3: Erlaubte Werte für protocol

Normalerweise sollte man den Wert nicht explizit setzen, da das SMB-Protokoll während der Einigungsphase (negotiation) Sorge für einen geeigneten Wert trägt.

Standard: `protocol = NT1`

Beispiel: `protocol = LANMAN1`

read bmpx

Dieser boolesche Parameter legt fest, ob *smbd* die Protokolleigenschaft »Read Block Multiplex« SMB unterstützen soll. Das wird derzeit selten genutzt und sollte abgeschaltet bleiben.

Standard: `read bmpx = No`

read raw

Dieser Parameter legt fest, ob der Server »raw read SMB«-Anforderungen für den Datentransfer zum Client unterstützt. Wenn eingeschaltet, erlaubt das den Transfer von bis zu 65535 Bytes pro Paket. Das stellt dann einen großen Vorteil für die Leistung dar.

Es gibt allerdings einige Clients, die die erlaubte Blockgröße falsch aushandeln oder gar nicht in der Lage sind, größere Blockgrößen zu unterstützen. Für solche Clients kann man das »raw read« abschalten.

Ganz allgemein sollte man den Parameter als »tuning«-Parameter ansehen.

Siehe auch: `write raw`

Standard: read `raw = Yes`

write raw

Dieser Parameter legt fest, ob der Server »raw write SMB«-Anforderungen für den Datentransfer vom Client unterstützt. Er braucht eigentlich nie geändert zu werden.

Standard: write `raw = Yes`

nt smb support

Dieser boolesche Parameter steuert, ob *smbd* NT-spezifische SMB-Unterstützung mit NT-Clients aushandeln kann. Er ist eigentlich eine Debugging-Option der Entwickler und sollte nicht geändert werden. Allerdings haben Leistungstests gezeigt, dass NT-Clients mit dem Wert `no` bessere Leistungswerte erbrachten. Die Hintergründe werden noch erforscht.

Standard: `nt smb support = Yes`

nt pipe support

Dieser boolesche Parameter definiert, ob *smbd* Windows-NT-Clients erlaubt, eine Verbindung zu den NT-SMB-spezifischen IPC$-pipes herzustellen. Die Einstellung ist für die Entwickler gedacht und kann ignoriert werden.

Standard: `nt pipe support = Yes`

nt acl support

Hiermit wird festgelegt, ob *smbd* versuchen soll, die UNIX-Zugriffsrechte in Windows-NT-*access control lists* (Zugrifssteuerungslisten) umzuwandeln.

Standard: `nt acl support = Yes`

Beispiel: `nt acl support = Yes`

announce version

Mit diesem Parameter wird die Haupt- und Unterversionsnummer festgelegt, die *nmbd* benutzt, wenn er sich als Server bekannt gibt. Ändern Sie den Wert nicht ohne Grund und dann auch höchstens auf kleinere Werte!

Standard: `announce version = 4.2`

Beispiel: `announce version = 2.0`

announce as

Durch diesen Parameter wird spezifiziert, als welcher Typ von Server *nmbd* sich gegenüber einer Netzwerk-Nachbar-Browslist bekannt macht. Standardmäßig ist Windows NT eingestellt.

Zulässige Werte sind:

Wert	Bemerkung
NT, NT Server	NT Server (beide Werte zugelassen)
NT Workstation	Windows NT Workstation
Win95	Windows 95
WfW	Windows für Workgroups

Tab. 8.4: Erlaubte Werte für announce as

Ändern Sie diesen Parameter nicht, außer Sie haben einen konkreten Grund, warum Samba nicht mehr als NT Server erscheinen soll.

Standard: `announce as = NT Server`

Beispiel: `announce as = Win95`

max mux

Dieser Parameter steuert die maximale Anzahl von gleichzeitig ausstehenden SMB-Operationen. Diese Anzahl übermittelt Samba dem Client. Es gibt keinen Grund, diesen Parameter zu ändern.

Standard: `max mux = 50`

max xmit

Mit dieser Option wird die maximale Paketgröße festgelegt, die mit Samba ausgehandelt werden kann. Standard und gleichzeitig Maximum ist 65535. In manchen Fällen kann man mit kleineren Werten zu besserer Leistung kommen. Ein Wert unter 2048 führt allerdings zu Problemen!

Standard: `max xmit = 65535`

Beispiel: `max xmit = 8192`

name resolve order

Diese Option wird von den Samba-Programmen benutzt, um festzustellen, welche Namensdienste und in welcher Reihenfolge sie benutzt werden sollen, um Hostnamen in IP-Adressen umzuwandeln. Es wird eine durch Leerzeichen geteilte Zeichenkette mit Einträgen angelegt. Die zulässigen Bezeichnungen sind:

Bezeichnung	Bedeutung
`lmhosts`	Nachschlagen der IP-Adresse in der Samba-Datei *lmhosts*. Wenn die gefundene Zeile der *lmhosts*-Datei keinen Namenstyp für den NetBIOS-Namen hat (Format und Details siehe *lmhosts(5)*), dann passen alle Namenstypen für die Ermittlung.
`hosts`	Damit wird eine Standardauflösung von Hostnamen zu IP-Adressen unter Verwendung der Datei */etc/hosts*, des DNS oder des NIS realisiert. Diese Methode der Namensauflösung ist betriebssystemspezifisch. Zum Beispiel unter Solaris, LINUX oder IRIX kann man die Reihenfolge der Auflösung in der Datei */etc/nsswitch.conf* definieren. Beachten Sie, dass diese Methode nur eingesetzt wird, wenn der NetBIOS-Namenstyp, der angefragt wird, dem Namenstyp *server* (0x20) entspricht. Andere Anfragen werden ignoriert.
`wins`	Abfrage des Namens über eine IP-Adresse, die in dem Parameter `wins server` gelistet ist. Ist kein Wins-Server gelistet, dann wird diese Methode ignoriert.
`bcast`	Bei dieser Einstellung wird ein Broadcast über alle bekannten lokalen Interfaces, die durch den Parameter `interfaces` definiert werden, versendet. Diese Methode ist die am wenigsten zuverlässige, weil sie davon abhängig ist, dass die Zielrechner an einem der lokalen Teilnetze angeschlossen sind.

Tab. 8.5: Methoden zur Namensauflösung

Standard: `name resolve order = lmhosts host wins bcast`

Beispiel: `name resolve order = lmhosts bcast host`

Das Beispiel definiert, dass erst die *lmhosts*-Tabelle untersucht wird, gefolgt von dem Versuch, die IP-Adresse über einen Broadcast zu ermitteln, und zuletzt die Anfrage an das UNIX-System.

max packet

Keine Beschreibung verfügbar!

Standard: `max packet = 65535`

max ttl

Diese Option stellt für *nmbd* die Standardlebenszeit (time to live) von NetBIOS-Namen ein, die *nmbd* über ein Broadcast-Paket oder einen Wins-Server ermittelt hat. Die Angabe erfolgt in Sekunden, wobei der Standardwert drei Tagen entspricht. Es gibt keinen Grund, diesen Wert zu ändern.

Standard: `max ttl = 259200`

max wins ttl

Diese Option wirkt auf *nmbd*, wenn er als WINS-Server agiert (`wins support = True`) und definiert die maximale Lebenszeit von NetBIOS-Namen (in Sekunden) die *nmbd* garantiert. Es gibt keinen Grund, diesen Wert zu ändern. Standard ist sechs Tage.

Standard: `max wins ttl = 518400`

min wins ttl

Diese Option wirkt auf *nmbd*, wenn er als WINS-Server agiert (`wins support = True`) und definiert die minimale Lebenszeit von NetBIOS-Namen (in Sekunden), die *nmbd* garantiert. Es gibt keinen Grund, diesen Wert zu ändern. Standard ist sechs Stunden.

Standard: `min wins ttl = 21600`

time server

Dieser Parameter legt fest, ob sich *nmbd* selbst als Zeitdienst (time server) für Windows-Clients anbietet. Damit kann man bei der Anmeldung die Systemuhren der Clients mit dem Server synchronisieren.

Standard: `time server = False`

Beispiel: `time server = Yes`

Tuning-Optionen

change notify timeout

Eine der neuen Anfragen, die Samba 2.0 unterstützt, ist der *ChangeNotify request*. Dieser SMB erlaubt es einem Client, den Server zu beauftragen, ein spezielles Verzeichnis auf Änderungen hin zu beobachten und nur auf die SMB-Anfrage zu antworten, wenn eine Änderung aufgetreten ist. Solch eine ständige Abfrage eines Verzeichnisses ist allerdings unter UNIX ziemlich aufwendig, weshalb ein *smbd* diese Maßnahme für jedes angeforderte Verzeichnis nur in der hiermit festgelegten Periode durchführt. Der Wert ist in Sekunden anzugeben.

Standard: `change notify timeout = 60`

Beispiel: `change notify timeout = 300`

deadtime

Der hier einzutragende ganzzahlige Wert repräsentiert die Anzahl von Minuten ohne Aktivität, die vergehen müssen, bevor die Verbindung als tot gilt und unterbrochen wird. Wirksam wird die Unterbrechung aber nur, wenn keine Dateien offen sind.

Diese Einstellung ist nützlich, wenn man häufig viele inaktive Verbindungen hat und Server-Ressourcen sparen möchte. Die meisten Clients haben ein *auto-reconnect-feature*, womit sie unterbrochene Verbindungen wiederherstellen, ohne dass es der Nutzer merkt.

Als Richtwert für die meisten Systeme sollte man einige Minuten einstellen. Der Wert 0 legt fest, dass keine automatische Trennung erfolgen soll.

Standard: `deadtime = 0`

Beispiel: `deadtime = 15`

getwd cache

Dies ist eine Option zum Tuning. Wenn sie eingeschaltet ist, wird ein Cache-Algorithmus für die Reduzierung der benötigten Zeit für *getwd()*-Systemrufe verwendet. Das kann die Leistungsfähigkeit deutlich steigern, insbesondere wenn der Parameter `widelinks` auf `False` steht.

Standard: `getwd cache = No`

Beispiel: `getwd cache = Yes`

keepalive

Der Wert dieses ganzzahligen Parameters beschreibt die Anzahl von Sekunden, die zwischen zwei *keepalive*-Paketen vergehen sollen. Ist 0 eingestellt, werden keine *keepalive*-Pakete gesendet. Wenn solche Pakete gesendet werden, kann der Server feststellen, ob ein Client noch vorhanden und antwortbereit ist.

Normalerweise sind *keepalive*-Pakete überflüssig, wenn für den Socket, der benutzt wird, das SO_KEEPALIVE-Attribut gesetzt ist (siehe auch `socket options`). Grundsätzlich sollte man diese Option nur benutzen, wenn man mit Schwierigkeiten zu kämpfen hat.

Standard: `keepalive = 0`

Beispiel: `keepalive = 60`

lpq cache time

Dieser Parameter steuert, wie lange die *lpq*-Informationen gecached werden, um zu verhindern, dass das *lpq*-Kommando zu oft aufgerufen werden muss. Für jede Variation des *lpq*-Kommandos wird ein separater Cache gehalten.

Die Cache-Dateien werden unter */tmp/lpq.xxxx* abgelegt, wobei *xxxx* ein so genannter Hash-Code des jeweiligen *lpq*-Kommandos ist.

Der Standardwert ist zehn Sekunden, was bedeutet, dass das zwischengespeicherte Resultat des letzten identischen *lpq*-Kommandos benutzt wird, wenn es nicht älter als diese zehn Sekunden ist. Wenn das *lpq*-Kommando ziemlich langsam ist, sollte der Wert deutlich größer gewählt werden. Eine Einstellung von 0 schaltet das Caching komplett ab.

Siehe auch: `printing`

Standard: `lpq cache time = 10`

Beispiel: `lpq cache time = 30`

max disk size

Mit dieser Option kann man eine obere Grenze für die Meldung der Größe der Festplatten festlegen. Wenn Sie diese Grenze auf 100 setzen, dann scheinen alle Freigaben nicht größer als 100 MByte zu sein.

Beachtenswert ist allerdings der Hinweis, dass diese Grenze die Menge der speicherbaren Daten nicht beschränkt. Im oberen Fall kann man durchaus mehr als 100 MByte auf der Platte speichern. Wenn allerdings ein Client die freie oder die volle Größe abfragt, dann wird sie auf die unter `max disk size` angegebene Größe begrenzt.

Eigentlich ist die Option nur dafür vorgesehen worden, Problemen mit einigen Software-Komponenten aus dem Wege zu gehen, die nicht mit großen Festplattengrößen umgehen können, insbesondere mit Plattengrößen über ein GByte.

Die Angabe von `max disk size = 0` bedeutet keine Grenze.

Standard: `max disk size = 0`

Beispiel: `max disk size = 1000`

max open files

Dieser Parameter begrenzt die maximale Anzahl von offenen Dateien, die jeder *smbd*-Prozess gleichzeitig für jeden Client vorhalten kann. Der Vorgabewert ist ziemlich hoch gesetzt, nämlich auf 10000. In der Realität wird die maximale Anzahl eher vom UNIX begrenzt, so dass dieser Parameter eigentlich nicht geändert werden braucht.

Standard: `max open files = 10000`

read prediction

HINWEIS

Dieser Parameter ist in Samba 2.0 abgeschaltet und kann in Folgeversionen ganz entfernt werden. Er hat also keinen Effekt.

(Standard: `read prediction = False`)

read size

Dieser Parameter beeinflusst das Überlappen von Festplatten-Lese- und Schreibzugriffen mit solchen vom und zum Netzwerk. Wenn die Menge der Daten, die durch eine Reihe von SMB-Kommandos (*SMBwrite, SMBwriteX* und *SMBreadbraw*) übertragen werden, die angegebene Größe übersteigt, dann beginnt der Server damit, Daten zu schreiben, ohne dass er das gesamte Paket bereits vom Netzwerk erhalten hat. Und im Falle von *SMBreadbraw* wird mit dem Senden ins Netzwerk begonnen, bevor alle Daten von der Platte gelesen wurden.

Am besten funktioniert die Überlappung, wenn die Geschwindigkeiten der Platte und des Netzwerks etwa gleich sind.

Bisher wurde nur wenig experimenteller Aufwand betrieben, um hier optimale Werte zu ermitteln. Es ist sicher zu erwarten, dass der optimale Wert auch sehr stark systemabhängig ist. Auf jeden Fall ist ein Wert von 65536 übertrieben und belegt nur unnötig viel Speicher.

Standard: `read size = 16384`

Beispiel: `read size = 8192`

shared mem size

Hier wird die Größe des gemeinsam benutzten Speichers in Bytes unter den *smbd*-Prozessen definiert. Standardmäßig wird ein Megabyte angesetzt. Hat man einen großen Server mit vielen gleichzeitig offenen Dateien, dann kann eine Erhöhung des Wertes sinnvoll sein. Ein sicheres Zeichen, dass der Wert zu klein gewählt wurde, ist, dass Nutzer über Probleme beim Speichern klagen (locking errors – Fehler mit Dateisperren) und dass entsprechende Einträge im Protokoll zu finden sind (`"ERROR smb_shm_alloc : alloc of XX bytes failed"`).

Falls Ihr Betriebssystem die von Samba angeforderte Speichergröße nicht bereitstellen kann, versuchen Sie, die Verkleinerung des Wertes um jeweils den Faktor 0,8, bis der Wert akzeptiert wird.

Standard: `shared mem size = 1048576`

Beispiel: `shared mem size = 5242880`

Damit werden fünf MByte für eine größere Anzahl von benutzten Dateien reserviert.

socket options

Sockets sind die Netzwerk-Kommunikationsendpunkte einer Netzwerkverbindung. Mit diesem Parameter kann man deren Verhalten beeinflussen. Normalerweise benutzt man diese Optionen zum Erreichen der besten Leistungsfähigkeit für das lokale Netzwerk. Samba kann für Sie nicht ermitteln, welches die optimalen Parameter sind, so dass Sie das experimentell feststellen sollten. Falls vorhanden, ist es sehr sinnvoll, am Anfang die Erläuterungen des Betriebssystems dazu zu lesen (z.B. mit `man setsockopt`).

Es kann vorkommen, dass Samba nach dem Einstellen einer Option auf einigen Systemen meldet: »Unknown socket option«. Der Grund kann sein, dass Sie die Option falsch geschrieben haben oder dass Sie eine weitere Include-Datei zu der Betriebssystemdatei *includes.h* hinzufügen müssen.

Falls es Ihr Betriebssystem erlaubt, können die nachfolgend aufgeführten Optionen in jeder Hinsicht kombiniert werden.

```
SO_KEEPALIVE

SO_REUSEADDR

SO_BROADCAST

TCP_NODELAY

IPTOS_LOWDELAY

IPTOS_THROUGHPUT

SO_SNDBUF *

SO_RCVBUF *

SO_SNDLOWAT *

SO_RCVLOWAT *
```

Die mit * markierten Optionen benötigen als Argument eine Ganzzahl. Alle anderen können optional eine 0 oder 1 angehängt bekommen, um sie zu sperren oder freizugeben. Wird nichts angegeben, werden sie freigegeben.

Syntaktisch sieht die Zuweisung eines Wertes folgendermaßen aus: EINE_OPTION=WERT, also z.B. SO_SNDBUF=8192. Leerzeichen links und rechts des Gleichheitszeichens sind hier nicht zulässig!

Mit Vorsicht ist in lokalen Netzwerken die Option

```
socket options = IPTOS_LOWDELAY
```

zu verwenden. Versuchen Sie für diesen Fall

```
socket options = IPTOS_LOWDELAY TCP_NODELAY
```

Sind Sie an einem WAN (überregionalen Netz) angebunden, könnte die Verwendung von `IPTOS_THROUGHPUT` Vorteile bringen.

HINWEIS

Bedenken Sie, dass viele der Optionen zum völligen Versagen des Samba-Servers führen können. Benutzen Sie sie also vorsichtig!

Standard: `socket options = TCP_NODELAY`

Beispiel: `socket options = IPTOS_LOWDELAY`

stat cache size

Dieser Parameter definiert die Anzahl der Einträge des `stat cache`. Es gibt keinen Grund, diese Einstellung zu verändern.

Standard: `stat cache size = 50`

Optionen für das Drucken (Printing Options)

In der `[global]`-Sektion werden einige Optionen zum Drucken definiert. Da in Kapitel 8.4, *Freigabe von Druckern*, das Thema genauer beleuchtet wird, stehen hier nur die nicht ganz so wichtigen Einstellungen.

load printers

Hiermit wird eine boolesche Variable definiert, die steuert, ob alle Drucker aus der Datei */etc/printcap* für die *browse list* eingelesen und bereitgestellt werden sollen.

Siehe auch: `printcap name`

Standard: `load printers = Yes`

Beispiel: `load printers = No`

printcap name

Dieser Parameter kann dazu benutzt werden, den in Samba einkompilierten Pfad für die *printcap*-Datei zu überschreiben. Der Standardpfad ist normalerweise */etc/printcap*.

Unter *System-V*-Systemen, die *lpstat* zum Auflisten der Drucker benutzen, kann eingetragen werden: `printcap name = lpstat`. Das ist außerdem der Standardwert bei Systemen, die die Variable SYSV während der Konfiguration (vor der Kompilation) gesetzt hatten, was für fast alle auf *System V* basierenden Systeme gilt.

Ist `lpstat` eingetragen, dann ruft Samba das Kommando `lpstat -v` auf und zerlegt die Ausgabe, um die Druckernamen zu separieren.

Eine Minimalvariante einer *printcap*-Datei sieht folgendermaßen aus:

```
print1|My Printer 1

print2|My Printer 2

print3|My Printer 3

print4|My Printer 4

print5|My Printer 5
```

Dabei teilt der senkrechte Strich den Aliasnamen des Druckers ab.

HINWEIS

Für AIX: Dort ist der Standardname für die *printcap*-Datei */etc/qconfig*. Samba kann dieses Format auch einlesen, wenn in der Zeichenkette »/qconfig« auftritt.

Standard: `printcap name = /etc/printcap`

Beispiel: `printcap name = /etc/my_printcap`

printer driver file

Dieser Parameter teilt Samba mit, wo sich die Druckertreiber-Definitionsdatei befindet. Die Datei wird benutzt, um Windows-95-Clients die Druckertreiber bereitzustellen. Wenn der Parameter nicht gesetzt ist, hängt er von der Konfiguration während der Übersetzung ab. Vorgabe ist der Pfad `SAMBA_INSTALL_DIRECTORY/lib/printers.def`. In SuSE-LINUX wird der Pfad `/etc/printers.def` benutzt.

Nähere Informationen dazu kann man der Samba-Dokumentation entnehmen (in der Distribution unter `docs/PRINTER_DRIVER.txt`).

Siehe auch: `printer driver location`

Standard: (keiner – festgelegt durch die Kompilierung)

Beispiel: `printer driver = /usr/local/samba/lib/drivers.def`

printing

Hiermit wird gesteuert, wie die Drucker-Statusinformationen vom UNIX interpretiert werden sollen.

Unterstützt werden momentan (Samba 2.0.6) die Einträge BSD, AIX, LPRNG, PLP, SYSV, HPUX, QNX und SOFTQ.

Standard: Bitte mit *testparm* ermitteln!

Beispiel: `printing = bsd`

print command

Hier kann das Druckkommando eingetragen werden, das nach der Druckdatenübergabe aufgerufen werden soll. Samba sorgt allerdings nicht für die Löschung der Spool-Dateien!

Im Eintrag auftretende `%s` oder `%f` werden zum Spoolfile-Namen expandiert. Für `%p` wird der Druckername substituiert. Entweder `%f` oder `%s` muss im `print command` auftauchen!

Wenn dieser Parameter weder in der *[global]*-Sektion noch in einer der Druckdienste definiert ist, dann werden zwar die Spool-Dateien angelegt, aber nicht gedruckt. Und ganz wichtig: Sie werden auch nicht wieder gelöscht!

Standard: Für `printing = BSD, AIX, QNX, LPRNG` oder `PLP`:

`print command = lpr -r -P%p %s`

Für `printing = SYS` oder `HPUX`:

`print command = lp -c -d%p %s; rm %s`

Für `printing = SOFTQ` :

`print command = lp -d%p -s %s; rm %s`

Beispiel: `print command = /usr/local/samba/bin/myprintscript %p %s`

lpq command

Einige UNIX-Versionen benutzen das *lpq*-Kommando zur Abfrage der Drucker. Hier wird es spezifiziert. Zur Zeit werden acht Varianten unterstützt: BSD, AIX, LPRNG, PLP, SYSV, HPUX, QNX und SOFTQ.

Ein auftretendes `%a` wird durch den Druckernamen ersetzt. Ansonsten wird er am Ende des Kommandos angehängt.

Siehe auch: `printing`

Standard: abhängig vom `printing`-Parameter

Beispiel: `lpq command = /usr/bin/lpq %p`

lprm command

Dieses Kommando wird zum Löschen von Druckaufträgen aufgerufen. Genaueres entnehmen Sie bitte der Samba-Dokumentation.

Standard: abhängig vom `printing`-Parameter

Beispiel 1: `lprm command = /usr/bin/lprm -P%p %j`

Beispiel 2: `lprm command = /usr/bin/cancel %p-%j`

lppause command

Dieses Kommando wird zum Stoppen des Drucks aufgerufen. Genaueres entnehmen Sie bitte der Samba-Dokumentation.

lpresume command

Dieses Kommando wird zum Fortsetzen oder Neustarten des Drucks nach einem Stop aufgerufen. Genaueres entnehmen Sie bitte der Samba-Dokumentation.

queuepause command

Dieses Kommando wird zum Pausieren des Drucks aufgerufen. Genaueres entnehmen Sie bitte der Samba-Dokumentation. WfW benutzt dieses Kommando nicht, jedoch Windows 9x und NT.

Beispiel: `queuepause command = disable %p`

queueresume command

Dieses Kommando wird zum Fortsetzen des Drucks nach dem Pausieren aufgerufen. Genaueres entnehmen Sie bitte der Samba-Dokumentation. WfW benutzt dieses Kommando nicht, jedoch Windows 9x und NT.

Beispiel: `queueresume command = enable %p`

printer driver location

Dieser Parameter teilt den Clients mit, wo die Druckertreiberdateien zu finden sind, die für die automatische Installation unter Windows 95 benötigt werden.

Zweckmäßig ist die Anlage einer Dateifreigabe mit dem Namen PRINTER$ und dem Pfad zu den Druckertreibern.

Mehr Informationen zu dem Thema finden Sie bei den Samba-Quellen im *docs*-Verzeichnis in der Datei PRINTER_DRIVER.txt.

Standard: <leer>

Beispiel: `printer driver location = \\MACHINE\PRINTER$`

Behandlung von Dateinamen (Filename Handling)

Die zahlreichen Optionen zu diesem Thema finden Sie im Abschnitt 8.5, *DOS- und UNIX-Namen*. Dort wird genauer auf die Freigabe von Verzeichnissen eingegangen.

Domänen-Optionen

domain groups, domain admin group, domain guest group, domain admin users

Dies sind experimentelle Parameter, die zum noch nicht fertig gestellten Samba-NT-Domain-Controller-Code gehören. Möglicherweise werden sie bei späteren Versionen auch entfernt.

Standard: `domain groups =` <leer>
`domain admin group =` <leer>
`domain guest group =` <leer>
`domain guest users =` <leer>

machine password timeout

Wenn Samba Mitglied einer Windows-NT-Domain ist (`security = domain`), dann versucht ein *smbd*-Prozess periodisch das MACHINE ACCOUNT PASSWORD zu ändern, das in der Datei *<Domain>.<Machine>.mac* gespeichert ist. *<Domain>* ist der Name der Domain, in der wir Mitglied sind, und *<Machine>* ist der primäre NetBIOS-Name der Maschine, auf der der *smbd*-Prozess läuft. Dieser Parameter legt fest, nach wie viel Sekunden das Passwort geändert wird. Der Standardwert ist eine Woche, wie auch bei NT.

Siehe auch: `smbpasswd(8)`,
`security = domain`

Standard: `machine password timeout = 604800`

Anmeldeoptionen (Logon Options)

add user script

Hier wird der volle Pfad zu einem Script angegeben, der unter bestimmten Bedingungen von *smbd* als Nutzer *root* abgearbeitet wird.

Normalerweise fordert Samba, dass alle Nutzer, die auf Ressourcen zugreifen wollen, bereits als UNIX-Nutzer angelegt sind. Für Stationen, die die Windows-NT-Account-Datenbank als ihre primäre Datenbasis für Anmeldungen benutzen, ist das Anlegen dieser Nutzer aber eine aufreibende Arbeit, weil der Gleichlauf der Nutzerdaten mit dem PDC erreicht werden muss. Diese Option erlaubt es *smbd*, die geforderten Nutzer anzulegen, und zwar erst auf Anforderung, wenn der Nutzer auf den Samba-Server zugreift.

Um diese Option nutzen zu können, muss *smbd* unter `security = server` oder `security = domain` laufen und `add user script` muss den vollen Pfad und Dateinamen für ein Script beinhalten, der den Nutzer mit nur einem Argument (`%u` = Nutzernamen) anlegt.

Wenn der Windows-Nutzer nun versucht, auf den Samba-Server zuzugreifen, dann kontaktiert *smbd* bei der Anmeldung (session setup beim SMB-Protokoll) den `password server` und versucht den gegebenen Nutzer mit dem gegebenen Passwort zu autorisieren. Wenn das glückt, versucht *smbd* in der UNIX-Passwortdatei einen zum Windows-Nutzer passenden UNIX-Nutzer zuzuordnen. Klappt das nicht und `add user script` ist gesetzt, dann ruft *smbd* den dort spezifizierten Script (mit *root*-Rechten) auf. Dabei wird `%u` zu dem anzulegenden Nutzernamen expandiert.

Wenn *smbd* denn Nutzer erfolgreich angelegt hat, dann fährt *smbd* fort, als wäre es ein bereits angelegter Benutzer gewesen.

Siehe auch: `security = server`,
`security = domain`,
`password server`,
`delete user script`

Standard: `add user script =` <leer>

Beispiel: `add user script = /usr/local/samba/bin/add_user %u`

delete user script

Hier wird der volle Pfad zu einem Script angegeben, der unter bestimmten Bedingungen von *smbd* als Nutzer *root* abgearbeitet wird.

Normalerweise fordert Samba, dass alle Nutzer, die auf Ressourcen zugreifen wollen, bereits als UNIX-Nutzer angelegt sind. Für Stationen, die die Windows-NT-Account-Datenbank als ihre primäre Datenbasis für Anmeldungen benutzen, ist das Synchronisieren dieser Nutzer aber eine aufreibende Arbeit, weil der Gleichlauf der Nutzerdaten mit dem PDC erreicht werden muss. Diese Option erlaubt es *smbd*, die geforderten UNIX-Nutzer zu löschen, und zwar auf Anforderung, wenn der Nutzer auf den Samba-Server zugreift und dabei als Windows-NT-Nutzer nicht mehr existiert.

Um diese Option nutzen zu können, muss *smbd* unter `security = domain` laufen und `delete user script` muss den vollen Pfad und Dateinamen für ein Script beinhalten, das den Nutzer laut dem einen übergebenen Argument (`%u` = Nutzernamen) löscht.

Zu beachten ist der Unterschied gegenüber `add user script`, welcher unter den beiden Modi `security = server` und `security = domain` läuft.

Der Grund für den Unterschied liegt in dem Fakt, dass Samba nur wenn er ein Domain-Mitglied ist, bei einem Anmeldeversuch die Information bekommt, dass der Nutzer nicht existiert. Im Modus `security = server` erscheint ein fehlender Nutzer genauso, als wäre nur das Passwort falsch. Das Löschen des Nutzers unter solchen Bedingungen wäre nicht die beste Idee.

Wenn der Windows-Nutzer nun versucht, auf den Samba-Server zuzugreifen, dann kontaktiert *smbd* bei der Anmeldung (session setup beim SMB-Protokoll) den `password server` und versucht, den gegebenen Nutzer mit dem gegebenen Passwort zu autorisieren. Wenn das missglückt und der Rückkehrcode weist auf einen fehlenden Nutzer hin, versucht *smbd* den betreffenden Nutzer in der UNIX-Passwortdatei zu finden. Klappt das und `delete user script` ist gesetzt, dann ruft *smbd* das dort spezifizierte Script (mit *root*-Rechten) auf. Dabei wird `%u` zu dem zu löschenden Nutzernamen expandiert.

Das angegebene Script muss also den übergebenen UNIX-Nutzernamen löschen. Auf diese Weise werden die UNIX-Nutzer dynamisch gelöscht, damit die UNIX-Nutzerdaten mit den Windows-NT-Nutzerdaten übereinstimmen.

Siehe auch: `security = domain`,
`password server`,
`add user script`

Standard: `delete user script = <leer>`

Beispiel: `delete user script = /usr/local/samba/bin/del_user %u`

logon script

Dieser Parameter spezifiziert die Batchdatei (*.bat*) oder NT-Kommandodatei (*.cmd*), die nach der Anmeldung eines Nutzers heruntergeladen und gestartet wird. Die Datei muss die DOS-spezifische Zeilenendekombination CR/LF benutzen. Verwenden Sie einfach einen DOS-Editor zur Erzeugung dieser Dateien.

Eingetragen werden muss ein relativer Pfad zum `[netlogon]`-Dienst. Wenn vom `[netlogon]`-Dienst der Pfad (`path`) */usr/local/samba/netlogon* vorgegeben wird und `logon script` steht auf STARTUP.BAT, dann ergibt sich die Datei zum Herunterladen zu:

```
/usr/local/samba/netlogon/STARTUP.BAT
```

Der Inhalt der Batchdatei kann frei nach Ihren Wünschen gestaltet werden. Ein Vorschlag könnte die Eintragung der Zeile

```
NET TIME \\SERVER /SET /YES
```

sein, die für den Abgleich der Uhr auf dem Client-Rechner mit der Server-Zeit sorgt. Ein anderes Beispiel ist das Verbinden eines Laufwerks, wie

```
NET USE U: \\SERVER\UTILS.
```

Man sollte darauf achten, dass die `[netlogon]`-Freigabe für die normalen Nutzer schreibgeschützt ist, damit niemand unkontrolliert die Batchdateien ändern kann und damit die Sicherheit gefährdet.

Diese Option kann die Standardsubstitutionen benutzen, womit man leicht eigenständige Logon-Scripte für jeden Nutzer oder jede Maschine aufbauen kann.

Beachten Sie, dass diese Option nur sinnvoll ist, wenn Samba als `logon server` arbeitet.

Standard: `logon script = `<leer>

Beispiel: `logon script = scripts\%U.bat`

logon path

Dieser Parameter legt das Homedirectory fest, wo sich die so genannten Roaming-Profile (Dateien *user.dat*, *user.man* für Windows 95/98) befinden. In diesen Dateien werden wichtige Nutzereinstellungen zu Programmen u.a. gespeichert.

Die Option erlaubt die Standardsubstitutionen, womit man leicht separate Logon-Scripte für jeden Nutzer oder jede Maschine ansprechen kann. Sie spezifiziert ebenfalls das Verzeichnis, aus dem die Inhalte vom Desktop, dem Start-Menü, der Netzwerkumgebung und dem Programm-Menü geladen und für die Anzeige bei Windows-95/98-Clients vorbereitet werden.

Die Freigabe und der Pfad müssen für die betreffenden Nutzer lesbar sein, damit die Voreinstellungen von den Windows-95/98-Clients geladen werden können. Für die erste Anmeldung muss auch das Schreiben möglich sein, damit der Client die *user.dat* und notwendige Verzeichnisse anlegen kann.

Danach kann man den Schreibschutz wieder setzen, um die Veränderung der Einstellungen zu verhindern. Allerdings empfiehlt es sich nicht, die *user.dat* auf nur-lesbar zu setzen. Statt dessen sollte man sie in *user.man* umbenennen, um den gleichen Effekt zu erreichen. *man* steht für *mandatory profile*.

Gelegentlich wollen Windows-Clients eine Verbindung zu der *[homes]*-Freigabe aufrechterhalten, obwohl gar kein Nutzer mehr angemeldet ist. Aus diesem Grund ist es wesentlich, dass der `logon path` keinen Bezug zur *[homes]*-Freigabe hat. Der Pfad `\\%N\HOMES\profile_path` würde Probleme verursachen!

HINWEIS

Beachten Sie, dass diese Option nur nutzbar ist, wenn Samba als `logon server` läuft.

Standard: `logon path = \\%N\%U\profile`

Beispiel: `logon path = \\PROFILESERVER\HOME_DIR\%U\PROFILE`

logon drive

Dieser Parameter spezifiziert das lokale Laufwerk, mit dem das Homedirectory verbunden wird (siehe auch `logon home`). Der Parameter wird nur von NT-Workstations benutzt.

> **HINWEIS**
> Beachten Sie, dass diese Option nur funktioniert, wenn Samba als `logon server` fungiert.

Beispiel: `logon drive = h:`

logon home

Hiermit wird spezifiziert, wo sich das Homedirectory befindet, wenn sich ein Windows-95/98-Client oder eine NT-Workstation am Samba-PDC anmeldet. Man kann damit dann folgendes Kommando nutzen:

```
NET USE H: /HOME
```

Die Standardsubstitutionen werden verarbeitet, so dass man separate Scripte für Nutzer oder Maschinen benutzen kann. Der Einsatz funktioniert nur, wenn Samba als `logon server` läuft.

Standard: `logon home = logon home = "\\%N\%U"`

Beispiel: `logon home = "\\remote_smb_server\%U"`

domain logons

Wenn dieser Wert auf `True` gesetzt wird, dann übernimmt Samba die Domain-Anmeldungen von Windows 95/98-Clients für die Arbeitsgruppe (siehe `workgroup`). Weitere Informationen zu diesem Feature kann man der Datei DOMAINS.txt aus der Samba-Distribution entnehmen.

Zu beachten ist, dass sich die Windows-95/98-Domain-Anmeldung deutlich von der des Windows NT unterscheidet. NT-Domain-Anmeldungen erfordern einen Primary Domain Controller (PDC) für die Domain. Es ist für die Zukunft vorgesehen, dass Samba diese Funktionalität (auch für Windows NT) übernimmt.

Standard: `domain logons = No`

Beispiel: `domain logons = Yes`

Browse-Optionen

os level

Der Wert dieses Parameters legt fest, ob *nmbd* eine Chance hat, lokaler Master-Browser für die Arbeitsgruppe im lokalen Broadcast-Bereich zu werden. Der Standardwert ist 0. Das bedeutet, *nmbd* verliert den Wettlauf gegen alle Windows-Maschinen. Einzelheiten kann man in der mit den Samba-Quellen mitgelieferten Datei BROWSING.txt nachlesen.

Standard: `os level = 20`

Beispiel: `os level = 65`

Damit gewinnt Samba gegen jeden NT-Server.

lm announce

Dieser Parameter legt fest, ob der *nmbd*-Prozess *Lanman announce broadcasts* erzeugt. Diese werden von OS/2-Clients gebraucht, damit der Samba-Server in deren Browse-Liste erscheint.

Der Parameter kann drei Werte annehmen: `true`, `false` und `auto`. Standardwert ist `auto`. Mit der Einstellung `false` erzeugt Samba keine derartigen Pakete. Bei `true` erzeugt Samba diese Pakete in einem Intervall, das mit `lm interval` festgelegt wird. Es bleibt die Einstellung `auto`. Dabei sendet

Samba vorerst keine *Lanman announce broadcasts*, sondern sucht erst einmal solche Pakete im Netzwerkverkehr. Wenn welche auftauchen, beginnt auch Samba mit der Sendung in den durch `lm interval` definierten Zeitabständen.

Siehe auch: `lm interval`

Standard: `lm announce = auto`

Beispiel: `lm announce = True`

lm interval

Wenn Samba *Lanman announce broadcast*-Pakete erzeugt, die die OS/2-Clients brauchen, dann wird mit diesem Parameter die Zeitspanne in Sekunden zwischen den Paketen definiert. Wird der Wert 0 eingetragen, dann werden keine *Lanman announce broadcast*-Pakete gesendet, ungeachtet des Wertes in `lm announce`.

Siehe auch: `lm announce`

Standard: `lm interval = 60`

Beispiel: `lm interval = 120`

preferred master

Dieser boolesche Parameter kontrolliert, ob *nmbd* der bevorzugte Master-Browser für die Arbeitsgruppe wird.

Es ist zu empfehlen, dass dieser Parameter in Verbindung mit `domain master = Yes` eingesetzt wird, damit *nmbd* garantiert zum Domain Master wird.

Diese Option ist mit Umsicht einzusetzen! Wenn es mehrere Hosts in einem Teilnetz gibt, die sich als *preferred master browser* fühlen, dann versuchen sie, sich periodisch durchzusetzen. Ob die Maschinen Samba-Server, Windows-95- oder NT-Stationen sind, spielt keine Rolle. Das Ergebnis ist eine Menge unnötiger Broadcast-Verkehr und die Senkung der Listenverfügbarkeit.

Siehe auch: `os level`

Standard: `preferred master = No`

Beispiel: `preferred master = Yes`

local master

Ist diese Option gesetzt, versucht *nmbd* der lokale Master-Browser des Teilnetzes zu werden. Das Setzen dieses Wertes bedeutet nicht, dass Samba auch tatsächlich der lokale Master-Browser wird. *nmbd* nimmt aber am Wettbewerb um den Status Teil.

Unter der Einstellung `False` wird *nmbd* nie zum lokalen Master-Browser.

Standard: `local master = Yes`

Beispiel: `local master = No`

domain master

Durch das Setzen dieser Option beansprucht *nmbd* einen speziellen Domain-spezifischen NetBIOS-Namen, der *nmbd* als einen Domain-Master-Browser für seine Arbeitsgruppe identifiziert. Die lokalen Master-Browser in der gleichen Arbeitsgruppe innerhalb Broadcast-isolierter Subnetze übermitteln ihre lokalen Browse-Listen dann diesem *nmbd*.

Das ganze Verfahren wird benutzt, um auch über WANs Browse-Listen auszutauschen. Zu beachten ist aber, dass ein eventuell vorhandener Windows-NT-PDC ebenfalls diesen speziellen NetBIOS-Namen beansprucht. Im Gegensatz zu Samba lässt sich bei Windows NT dieses Verhalten aber nicht abschalten. Zwei Geräte mit diesem Namen führen aber zu Problemen!

Standard: `domain master = No`

browse list

Die Einstellung steuert, ob *smbd* mit Hilfe eines NetServerEnum-Aufrufes eine Browselist zu einem Client übermittelt. Der Wert sollte nicht geändert werden.

Standard: `browse list = Yes`

WINS-Optionen

dns proxy

Wenn *nmbd* als WINS-Server betrieben wird und erkennt, dass ein NetBIOS-Name noch nicht registriert ist, dann fragt er, wenn dieser Parameter gesetzt ist, den Namen beim DNS-Server an. Danach wird der anfragende Client informiert.

Zu beachten ist, dass ein NetBIOS-Name höchstens 15 Zeichen lang sein kann. Daraus folgt, dass der DNS-Name auch nicht länger sein kann.

nmbd erzeugt eine Kopie von sich, die die DNS-Anfrage eigenständig stellt.

Siehe auch: `wins support`

Standard: `dns proxy = Yes`

wins proxy

Diese boolesche Einstellung steuert, ob *nmbd* auf Broadcast-Namenanfragen reagiert. Bei der Verwendung älterer Clients sollte man diesen Parameter auf `Yes` setzen.

Standard: `wins proxy = No`

wins server

Hier müssen Sie die IP-Adresse oder den DNS-Namen des WINS-Server angeben, bei dem sich *nmbd* eintragen soll. Hat man einen WINS-Server im Netz, dann sollte man ihn eintragen. Der Vorteil besteht darin, dass das Browsen der Hosts damit auch über Subnetzgrenzen hinweg funktioniert.

Weitere Informationen finden Sie in der Datei BROWSING.txt des Samba-Quellpaketes.

Standard: `wins server =` <leer>

Beispiel: `wins server = 192.168.10.1`

wins support

Mit dieser Einstellung wird gesteuert, ob der *nmbd*-Prozess als WINS-Server agieren soll. Man sollte es nur aktivieren, wenn man ein subnetiertes Netzwerk hat (also mehrere Teilnetze über Router verbunden) und wenn man möchte, dass ein gesonderter *nmbd*-Prozess als WINS-Server arbeitet. Außerdem ist wichtig, dass nur ein WINS-Server im gesamten Netzwerk vorhanden sein darf!

Standard: `wins support = No`

wins hook

Die Option hat nur Bedeutung, wenn Samba als WINS-Server läuft. Damit wird es Samba ermöglicht, ein externes Programm für die Änderungen an der WINS-Datenbank aufzurufen. Sinn dieser Option ist das dynamische Aktualisieren von externen Namensauflösungsdatenbanken wie dynamisches DNS.

Angegeben wird ein Script oder ein Programm (ausführbare Datei), das folgendermaßen aufgerufen wird:

```
<programm> operation name namenstyp ttl IP-liste
```

Die einzelnen Argumente werden in der Tabelle erläutert:

Parameter	Bedeutung
`operation`	Möglich ist `add`, `delete` oder `refresh`. Meistens kann dieses Argument ignoriert werden, da die anderen Parameter genug Informationen beibringen.
`name`	Hier wird der NetBIOS-Name übergeben. Der Aufruf erfolgt nur mit gültigen Namen. Gültige Namen beinhalten nur Buchstaben, Zahlen, Bindestriche, Unterstriche und Punkte.
`namenstyp`	Das ist der NetBIOS-Namenstyp, also eine Hexadezimalzahl mit zwei Zeichen Länge.
`ttl`	Dies spezifiziert die Lebenszeit (Gültigkeit) des Namens in Sekunden (time to live).
`IP-Liste`	Dieses Argument ist die IP-Adresse zum Namen. Es können auch mehrere Adressen folgen. Fehlt dieses Argument, handelt es sich um eine Löschung des Namens, ansonsten um eine Eintragung.

Tab. 8.6: Argumente von win hooks

Ein Beispielscript wird mit dem Samba-Quellcode mitgeliefert und heißt `nsupdate`.

Standard: `wins hook =` <leer>

Sperroptionen (Locking Options)

Das Verhalten bezüglich Dateisperrungen ist zwischen UNIX und Windows etwas unterschiedlich. Die Normaleinstellungen von Samba funktionieren recht solide. Da das Thema recht komplex ist, wird auf die Einzelheiten nicht sehr detailliert eingegangen. Wer in die Materie richtig eindringen will, der muss sich neben den Samba-Dokumentationen auch noch mit dem UNIX-Kern beschäftigen.

blocking locks

Siehe Samba-Dokumentation. Der Parameter kann pro Dienst gesetzt werden.

Standard: `blocking locks = True`

kernel oplocks

Für UNIX-Versionen, die vom Kern her *oplocks* unterstützen, kann hiermit die Benutzung dieser *oplocks* freigegeben werden. (Momentan ist das nur bei IRIX der Fall, aber hoffentlich auch bald bei LINUX und FreeBSD.)

Die Unterstützung von kernelbasierenden *oplocks* erlaubt es Samba, diese zu lösen, sobald ein lokaler UNIX-Prozess oder eine NFS-Operation auf eine Datei zugreift, die mit einem *oplock* belegt ist. Das erlaubt komplette Datenkonsistenz zwischen SMB/CIFS, NFS und lokalem Dateizugriff.

Der Standardwert für diesen Parameter ist bei Systemen, die die Unterstützung liefern, `On`, für alle anderen `Off`.

Siehe auch: `oplocks` und `level2 oplocks`

Beispiel: `kernel oplocks = Yes`

locking

Der Parameter definiert, ob Sperranforderungen der Clients ausgeführt werden. Die Abschaltung ist aber nicht zu empfehlen, weil viele Windows-Programme Dateisperren brauchen.

Standard: `locking = Yes`

ole locking compatibility

Dieser Parameter erlaubt es dem Administrator, die *byte range lock manipulation*, die von Samba aus Gründen der Kompatibilität mit OLE-Anwendungen benutzt wird, abzuschalten. Windows-OLE-Anwendungen benutzen das *byte range locking* als eine Form der Interprozesskommunikation. Dabei werden Dateisperren in dem Bereich um 2^{32} benutzt, die einige UNIX-Lockmanager zum Absturz bringen oder Probleme verursachen. Das Einstellen auf `no` bedeutet, dass Sie Ihrem Lock-Manager die richtige Bearbeitung zutrauen.

Standard: `ole locking compatibility = Yes`

Beispiel: `ole locking compatibility = No`

oplocks

Das Setzen dieses Parameters steigert die Leistungsfähigkeit von Samba. Allerdings kann es Probleme mit unsicheren Netzwerkverbindungen geben. Weitere Hinweise sind in der Datei Speed.txt im *docs*-Verzeichnis der Samba-Distribution zu finden.

Siehe auch: `kernel oplocks, level2 oplocks`

Standard: `oplocks = True`

level2 oplocks

Diesen Parameter gibt es erst ab Samba 2.0.5. Hiermit wird festgelegt, ob Samba *level2-oplocks* unterstützen soll. Näheres dazu finden Sie in der Samba-Dokumentation.

Siehe auch: `oplocks, kernel oplocks`

Standard: `level2 oplocks = False`

oplock break wait time

Dieses ist eine Tuning-Option. Sie wurde wegen Fehlern in Windows 9x und Windows NT eingeführt. Antwortet Samba einem Client zu schnell, wenn er gerade einen SMB ausgibt, der einen *oplock break request* hervorrufen könnte, dann kann der *client redirector* versagen und nicht auf den *break request* reagieren. Dieser Parameter, angegeben in Millisekunden, ist die Zeitverzögerung, die Samba einfügt, bevor ein *oplock break request* zu einem solchen (gestörten) Client gesendet wird.

Sie sollten die Einstellung nur ändern, wenn Sie den Samba-Oplock-Quellcode gelesen und verstanden haben.

Standard: `oplock break wait time = 10`

oplock contention limit

Ändern Sie diesen Parameter nicht, ohne den Samba-Oplock-Code gelesen und verstanden zu haben!

Standard: `oplock contention limit = 2`

strict locking

Ist dieser Parameter auf `Yes` gesetzt, wird bei jeder Lese/Schreib-Operation auf Sperrungen getestet. Das führt bei vielen Systemen zu Leistungseinbrüchen.

Standard: `strict locking = No`

share modes

Mit dieser Option wird Kompatibilität zwischen UNIX und Windows hergestellt, da Windows folgende Modi zur gemeinsamen Nutzung von Dateien benötigt: DENY_DOS, DENY_ALL, DENY_READ, DENY_WRITE, DENY_NONE und DENY_FCB.

Man sollte diesen Parameter nicht abschalten, weil Windows-Anwendungen dann eventuell nicht mehr laufen.

Standard: `share modes = Yes`

Sonstige Optionen

smbrun

Hiermit wird der volle Pfad zum *smbrun*-Programm gesetzt. Der Standardpfad wurde bei der Übersetzung festgelegt. Etliche Samba-Dienste benötigen den richtigen Pfad! Solange die Samba-Installation in Ordnung ist, braucht man diesen Pfad nicht zu ändern.

Standard: `smbrun =` <einkompilierter Pfad>

Beispiel: `smbrun = /usr/local/samba/bin/smbrun`

preload, auto service

`preload` ist ein Synonym für `auto services`. Die in der Liste aufgeführten Dienste werden automatisch zur Browse-Liste hinzugefügt.

Standard: `auto services =` <leer>

Beispiel: `auto services = fred lp colorlp`

lock dir, lock directory

`lock dir` ist ein Synonym für `lock directory`. Es wird das Verzeichnis definiert, wo die Lockdateien abgelegt werden.

Standard: `lock directory = /tmp/samba`

Beispiel: `lock directory = /usr/local/samba/var/locks`

default service

Dieser Parameter legt einen Namen eines Dienstes fest, zu dem verbunden wird, wenn der Dienst, der eigentlich angefordert wurde, nicht gefunden wurde. An dieser Stelle dürfen die eckigen Klammern, die normalerweise zum Dienstnamen gehören, nicht erscheinen (siehe Beispiel).

Für diesen Parameter gibt es keinen Standardwert. Wenn nichts eingetragen ist, führt der Verbindungsversuch mit einem nicht existenten Dienst zu einem Fehler. Typischerweise könnte der `default service` ein `guest ok`- und `read only`-Dienst sein.

Beachten Sie, dass der herangezogene Dienst den Namen des angeforderten Dienstes bekommt. Das ist ganz nützlich, weil es die Verwendung von Makros wie `%S` gestattet, um einen Jokerdienst zu erzeugen.

> **HINWEIS**
> Alle im Namen auftretenden Unterstriche »_« werden in »/« umgewandelt.

Beispiel (Auszug aus *smb.conf*):

```
default service = pub
...
[pub]
   path = /%S
```

message command

Unter diesem Parameter wird eingetragen, welches Kommando zu starten ist, wenn der Server eine Mitteilung im WinPopup-Stil empfängt. Normalerweise müsste das Kommando die Mitteilung irgendwie weiterverteilen. Wie das gemacht wird, bleibt Ihnen überlassen.

> **HINWEIS** Es ist wichtig, dass das aufgerufene Kommando sofort wieder zurückkehrt. Es könnte also ein Shellscript sein, das die Aktion als Hintergrundprozess startet.

Alle Mitteilungen werden als der globale *guest* Nutzer versendet. Für `message command` kann man die normalen Substitutionen benutzen, wobei `%u` nicht funktioniert (`%U` ist besser für diesen Fall geeignet).

In Ergänzung zu den Standardsubstitutionen kommen noch einige hinzu:

- `%s` der Dateiname, der die Mitteilung enthält
- `%t` das Ziel, zu dem die Mitteilung gesendet wurde (wahrscheinlich der Servername)
- `%f` der Absender

Als Beispiel wird gezeigt, wie man die Mitteilung via `mail` an *root* sendet:

```
message command = /bin/mail -s 'message from %f on %m' root < %s; rm %s
```

Wenn kein `message command` eingetragen wurde, dann wird die Mitteilung nicht zugestellt und Samba informiert den Sender über den Fehler. Dummerweise ignoriert WfW diese Fehler-Rückmeldung und meldet immer, dass die Mitteilung zugestellt sei.

Wenn man sie einfach vernichten möchte, benutzt man folgenden Aufruf:

```
message command = rm %s
```

Standard: `message command =` <leer>

Beispiel: `message command = csh -c 'xedit %s;rm %s' &`

dfree command

Hier sollte nur etwas eingetragen werden, wenn auf dem System Probleme mit der Berechnung der freien Plattenkapazität auftreten. Bekannt sind solche Probleme von ULTRIX, können aber auch bei anderen Systemen auftreten. Das Symptom, das auftritt, ist eine Meldung »Abort Retry Ignore« am Ende jedes Directory-Listings.

Diese Einstellung erlaubt den Austausch der internen Berechnungsroutine. Das nachfolgende Beispiel demonstriert das.

Dem externen Programm wird als Parameter das Verzeichnis übergeben, für das die Berechnung erfolgen soll. Das Script sollte zwei Integer-Zahlen als ASCII zurückgeben. Die erste Zahl ist der gesamte Plattenplatz in Blöcken und die zweite Zahl ist die Anzahl der verfügbaren Blöcke. Als dritter Rückgabewert kann optional die Blockgröße in Byte geliefert werden. Standard hierfür ist 1024 (Bytes pro Block).

Das Script sollte aus Sicherheitsgründen nur von *root* änderbar sein!

Standard: interne Routine

Beispiel: `dfree command = /usr/local/samba/bin/dfree`

Hier der Beispielinhalt von `dfree` (welches ausführbar sein muss):

```
#!/bin/sh

df $1 | tail -1 | awk '{print $2" "$4}'
```

oder (auf *System-V*-Systemen):

```
#!/bin/sh

/usr/bin/df -k $1 | tail -1 | awk '{print $3" "$5}'
```

Möglicherweise muss man auf einigen Systemen die Kommandos mit vollen Pfadnamen einsetzen!

valid chars

Siehe Abschnitt 8.5, DOS- und UNIX-Namen

remote announce

Siehe Samba-Dokumentation und in der Datei BROWSING.txt im docs/ -Verzeichnis der Distribution.

Standard: `remote announce =` <leer>

Beispiel: `remote announce = 192.168.2.255/SERVERS 192.168.4.255/ STAFF`

remote browse sync

Diese Option sorgt dafür, dass *nmbd* periodisch die Synchronisation der Browse-Listen mit dem Master-Browser vornimmt, der in einem anderen Teilnetz steht. Dadurch kann man die Browse-Listen für mehrere Arbeitsgruppen aus anderen Teilnetzen hinter Routern einsehen. Allerdings wird ein Verfahren angewendet, das nur mit Samba-Servern funktioniert.

Man kann dieses Feature nutzen, wenn man einen Samba-Server und alle lokalen Clients in einer außenstehenden Arbeitsgruppe erscheinen lassen will, was mit den üblichen Browse-Regeln nicht machbar wäre. Die entsprechende Arbeitsgruppe könnte irgendwo im Netz sein, wo Sie IP-Pakete hinsenden können.

Zum Beispiel: `remote browse sync = 192.168.2.255 192.168.4.255`

Die gewählten IP-Adressen sind normalerweise Broadcast-Adressen des entfernten Netzwerks. Man kann aber auch die IP-Adressen bekannter Browse-Master einsetzen, wenn das verwendete Netzwerk stationär ist. Wenn solche direkten IP-Adressen benutzt werden, macht Samba weder den Versuch festzustellen, ob die angesprochene Maschine verfügbar ist, noch, ob sie wirklich der Browse-Master ist.

Standard: `remote browse sync =` <leer>

Beispiel: `remote browse sync = 192.168.2.255 192.168.4.255`

socket address

Diese Option erlaubt, die Kontrolle darüber auszuüben, für welche Adresse Samba auf Verbindungen wartet. Das wird zur Unterstützung von mehreren virtuellen Interfaces auf einem Server benutzt, wobei jedes eine andere Konfiguration haben kann.

Standardmäßig nimmt Samba Verbindungen von jeder Adresse an.

Standard: `socket address = 0.0.0.0`

Beispiel: `socket address = 192.168.2.20`

homedir map

Wenn `nis homedir` auf `True` gesetzt ist und *smbd* außerdem als Windows 95/98-`logon server` fungiert, dann spezifiziert dieser Parameter die NIS- (bzw. YP-) Tabelle (Map), aus der der Server für das Homedirectory ermittelt werden soll. Momentan wird nur das *Sun auto.home map*-Format verstanden. Das Format ist folgendermaßen:

```
nutzername   server:/ein/datei/system
```

Natürlich muss das NIS funktionieren, damit diese Option funktioniert.

Siehe auch: `nis homedir`, `domain logons`

Standard: `homedir map = auto.home`

time offset

Dieser Parameter ist ein Zeitversatz zur normalen GMT in Minuten, um auf die lokale Zeit zu kommen. Das kann nützlich sein, wenn man eine Reihe von PCs hat, die mit der Sommerzeit nicht zurande kommen.

Standard: `time offset = 0`

Beispiel: `time offset = 60`

unix realname

Dieser boolesche Parameter sorgt dafür, dass Samba gegebenenfalls das *real name*-Feld (Feld mit dem echten Namen) der UNIX-Passwortdatei anstatt den UNIX-Nutzernamen an den Client liefert. Das ist beim Einrichten von Mail-Clients und WWW-Browsern sinnvoll, an denen mehrere Nutzer arbeiten.

Standard: `unix realname = No`

Beispiel: `unix realname = Yes`

NIS homedir

Bei UNIX-Systemen, die einen Automounter verwenden, wird das Homedirectory der Nutzer häufig auf Anforderung von einem Server an eine Arbeitsstation gemountet.

Diese Option verhindert, dass Samba ein bereits über NFS gemountetes Verzeichnis wieder über Netzwerk verfügbar macht. Voraussetzung für die Funktionsfähigkeit ist aber, dass der Server mit den Homdirectories ebenfalls Samba laufen hat. Dann wird die Verbindung dorthin delegiert.

Beachten Sie, dass für die Funktion dieses Merkmals das NIS laufen und Samba als `logon server` arbeiten muss.

Standard: `nis homedir = False`

Beispiel: `nis homedir = True`

wide links

Der Parameter steuert, ob der Server Links folgt. (Diese können dann auch auf Gebiete zeigen, die außerhalb des aktuellen exportierten Verzeichnisbaumes sind.)

Standard: `wide links = Yes`

follow symlinks

Hiermit kann verhindert werden, dass *smbd* Symbolischen Links folgt. Das Abschalten erhöht zwar die Sicherheit etwas, drückt aber die Leistung erheblich. Symbolische Links können auf beliebige Objekte im gesamten Dateisystem verweisen.

Standard: `follow symlinks = Yes`

delete readonly

Unter DOS darf man keine Dateien löschen, die nur lesbar sind. Unter UNIX geht das aber unter bestimmten Umständen. Wenn `Yes` eingetragen wird, wird die DOS-Semantik übernommen.

Standard: `delete readonly = No`

dos filetimes

Unter DOS kann man, im Gegensatz zu UNIX, den Zeitstempel einer Datei ändern, wenn man Schreibrechte hat. Unter UNIX darf das nur der Eigentümer oder *root*. Wenn `True` eingetragen wird, wird die DOS-Semantik übernommen.

Standard: `dos filetimes = False`

dos filetime resolution

Die Zeitauflösung für Zeitstempel unter DOS und dem Windows-FAT-Dateisystem ist zwei Sekunden. Wird die Option auf `True` gesetzt, rundet Samba den originalen Zeitstempel entsprechend. Das ist für die Kompatibilität mit Visual C++ von Bedeutung.

Standard: `dos filetime resolution = False`

fake directory create times

Siehe Samba-Dokumentation

Standard: `fake directory create times = False`

panic action

Dies ist eine Entwickler-Option, die ein Systemkommando aufruft, wenn *smbd* oder *nmbd* abstürzen sollte.

Standard: `panic action` = <leer>

veto oplock files

Siehe Samba-Dokumentation

Standard: `veto oplock files` = <leer>

delete veto files

Siehe Samba-Dokumentation

Standard: `delete veto files = False`

veto files

Siehe Samba-Dokumentation, `hide files`, `case sensitive`

Standard: `veto files` = <leer>

8.3 Freigabe von Dateidiensten (shares)

Dieser Abschnitt klärt, wie man Dateien bzw. Verzeichnisse über Samba für das Netz verfügbar macht.

Zu beachten ist, dass die Begriffe gelegentlich etwas Verwirrung stiften. Mit den Bezeichnungen Dienst, Freigabe, share und Ressource ist häufig das Gleiche gemeint.

Vor irgendeiner Freigabe dieser Art muss die *[global]*-Sektion bereits gelesen worden sein, sprich, sie muss am Anfang der *smb.conf* definiert sein. Außerdem sollten die Sektionen *[homes]* und *[printers]* auch vor allen restlichen Diensten erscheinen.

[homes] ist im Übrigen ein spezieller Fall einer Verzeichnisfreigabe, bei der nicht ein fester Pfad, sondern der Pfad des Heimatverzeichnisses des aktuellen Nutzers bereitgestellt wird.

Die Namen eines Dienstes werden gleich lautend verfügbar gemacht, wobei Groß- und Kleinschreibung ignoriert wird. Wenn Sie also einen Dienst `[daten]` definieren, dann kann ein Client ihn unter der URL

```
\\SERVER\DATEN
```

benutzen.

Nun zu den einzelnen Parametern:

comment

Der hier eingegebene Text erscheint beim Client neben dem Freigabenamen (Netzwerkumgebung, Details) oder bei Abfrage mit dem Kommando `NET VIEW`.

Standard: `comment =` <leer>

Beispiel: `comment = Datenverzeichnis`

path

Mit diesem Parameter wird festgelegt, zu welchem Verzeichnis der Nutzer Zugang bekommt.

Bei einem Druckdienst wird das Verzeichnis festgelegt, in dem die Spool-Daten abgelegt werden sollen, bevor sie dem Rechner zum Drucken übergeben werden.

Das Auftreten eines `%u` in `path` wird durch den UNIX-Nutzernamen des angemeldeten Nutzers ersetzt. Ein auftretendes `%m` setzt den NetBIOS-Maschinennamen des Clients ein. Diese Ersetzungen kann man gut zur Schaffung von Pseudo-Heimatverzeichnissen nutzen.

HINWEIS

> Dieser Pfad setzt immer auf dem `root path` auf (wenn angegeben) und kann nicht leer gelassen werden.

Beispiel: `path = /drv2/daten`

guest account

Der `guest account` ist ein Nutzername, der für den Zugriff auf Dienste benutzt wird, die als `guest ok` spezifiziert sind. Welche Privilegien dieser Nutzer auch hat – sie werden für alle Clients verfügbar, die sich zu diesem `guest`-Dienst verbinden. Normalerweise muss der verbundene Nutzer in der *passwd*-Datei existieren, braucht aber kein gültiges Login zu haben. Man kann z.B. das Nutzerkonto *ftp* verwenden. In den Definitionen der Dienste kann der in der *[global]*-Sektion spezifizierte Nutzername überdefiniert werden.

Unter einigen Systemen darf der typische Gastnutzer *nobody* das Drucksystem nicht richtig nutzen. Verwenden Sie in solchen Fällen einen anderen Nutzer!

Standard: `guest account =` <meist *nobody* (wird bei der Kompilierung festgelegt)>

Beispiel: `guest account = ftp`

read only

Der Parameter ist umgekehrt synonym zu `writeable` oder `write ok`.

Wenn der Wert auf `yes` steht, kann man unter dem betreffenden Dienst keine Dateien anlegen oder ändern.

Ist der Dienst ein Drucker, dann wird das Schreiben immer erlaubt, allerdings nur unter Beachtung der UNIX-Rechte.

Siehe auch: `writeable`

Standard: `read only = No`

create mask

`create mask` ist ein Synonym für `create mode`. Der Parameter kann auch global festgelegt werden.

Bei der Anlage einer neuen Datei werden die Rechte anhand der DOS-Rechte in UNIX-Rechte umgewandelt. Die entstehenden UNIX-Rechte werden dann noch mit dieser hier angegebenen Maske (oktale Notation!) UND-verknüpft. Jedes Bit, das hier nicht gesetzt ist, wird bei der Datei rückgesetzt.

Der Standardwert ist so gesetzt, dass für die Gruppe und die »Welt« die Schreib- und Ausführungsrechte gelöscht werden.

Nachfolgend zieht Samba den Parameter `force create mode` heran und verknüpft die aktuellen Rechte ODER mit den dort definierten (Standard 000).

Dieser Parameter hat keinen Einfluss auf die Rechte von Verzeichnissen. Dafür ist `directory mode` zuständig.

Siehe auch: `force create mode, directory mode`

Standard: `create mask = 0744`

Beispiel: `create mask = 0775`

directory mask

Der Parameter ist das oktale Rechte-Muster für die Konvertierung der Rechte von DOS-Verzeichnissen für die Anlage von UNIX-Verzeichnissen. Er kann auch global festgelegt werden.

Wenn ein Verzeichnis angelegt wird, werden die DOS-Rechte genommen und mit dieser Maske UND-verknüpft. Jedes Bit, das in diesem Parameter rückgesetzt ist, wird auch bei den Verzeichnisrechten gelöscht.

Vorgabe ist das Rücksetzen der Schreibrechte für die Gruppe und für die »Welt«. Damit kann nur der Eigentümer Änderungen am Verzeichnis vornehmen (auch Dateien anlegen, löschen, umbenennen).

Nach Festlegung der Rechte, wie gerade beschrieben, wird noch eine ODER-Verknüpfung mit den unter `force directory mode` definierten Rechten vorgenommen (Standard 000).

Siehe auch: `force directory mode`, `directory security mask`

Standard: `directory mask = 0755`

Beispiel: `directory mask = 0775`

guest ok

Wenn dieser Parameter auf `Yes` steht, dann ist für den Zugriff auf den entsprechenden Dienst kein Passwort erforderlich. Es gelten die unter `guest account` definierten Privilegien.

Standard: `guest ok = No`

Beispiel: `guest ok = Yes`

hosts allow

Ein Synonym hierfür ist `allow hosts`.

Dieser Parameter ist eine Komma-, Leerzeichen- oder Tabulator-geteilte Liste mit Hostnamen, denen der Zugriff auf den Dienst erlaubt wird.

> **HINWEIS**
> Wenn dieser Parameter in der *[global]*-Sektion definiert ist, werden Definitionen in den Dienst-Sektionen ignoriert!

Die Hosts können als Name oder IP-Adresse angegeben werden. Man kann auch ganze Netzwerke nach folgendem Muster angeben (hier ein Class-C-Netz):

```
hosts allow = 150.203.5.
```

Die volle Syntax kann man in der Hilfeseite `hosts_access(5)` nachlesen. Falls Ihnen diese Seite nicht zur Verfügung steht, hier noch eine kurze Beschreibung:

Localhost (127.0.0.1) wird immer erlaubt, außer er ist unter dem Parameter `hosts deny` eingetragen.

Sie können die Hosts als Netzwerk/Netzmaske-Paar eintragen oder über Netzgruppen, wenn das Ihr System unterstützt. Das `EXPECT`-Schlüsselwort wird benutzt, um Listen mit Jokerzeichen zu begrenzen. Dazu folgendes Beispiel:

Beispiel 1: Erlauben aller IP-Adressen innerhalb 150.203.*.*, außer einer speziellen

```
hosts allow = 150.203. EXCEPT 150.203.6.66
```

Beispiel 2: Erlauben aller Hosts, die auf das gegebene Netzwerk/Netzmaske-Paar passen

```
hosts allow = 150.203.15.0/255.255.255.0
```

Beispiel 3: Diverse Hosts erlauben

```
hosts allow = ruegen, hiddensee
```

Informieren Sie sich auch über das Kommando `testparm(1)`, wie man die Einstellungen testen kann, wenn sie nicht so funktionieren wie erwartet.

Standard: `hosts allow =` <leer>

Beispiel: `hosts allow = 192.168.10. ruegen.priv.net`

hosts deny

Dies ist der Gegensatz zu `hosts allow`. Hosts, die hier gelistet werden, wird der Zugang zu dem aktuellen Dienst verwehrt. Diese Option ist auch in der *[global]*-Sektion anwendbar und wird von den Diensten gegebenenfalls überschrieben. Wenn es Konflikte mit den Einstellungen in `hosts allow` gibt, hat `hosts allow` den Vorrang.

Standard: `hosts deny =` <leer>

Beispiel: `hosts deny = 192.168.20. poel.priv.net`

browsable, browseable

Diese Einstellung steuert, ob diese Freigabe in der Liste der verfügbaren Freigaben (Browselist) erscheint. Die Liste lässt sich mit `net view` oder über die Netzwerkumgebung von Windows 95/98 anzeigen.

Standard: `browsable = Yes`

Beispiel: `browsable = No`

available

Mit diesem Parameter kann man den Dienst abschalten. Bei `available = No` schlagen alle Verbindungsversuche fehl. Die Fehler werden aber in das Protokoll eingetragen. Mit der Option kann man Freigaben entfernen, ohne die Einstellungen aus der *smb.conf* löschen zu müssen.

Standard: `available = Yes`

Beispiel: `available = No`

Beispiel für eine Verzeichnisfreigabe

```
[daten]
    comment = Datenverzeichnis
    path = /daten
    read only = No
    create mask = 0660
    directory mask = 0770
    browseable = No
```

Das Beispiel definiert den Dienst `daten`. (Der Dienstname und der Sektionsname sind immer identisch!) Als Pfad wird `/daten` benutzt, der natürlich auch vorhanden und von den Rechten sinnvoll belegt sein muss. Der Dienst erlaubt das Schreiben (`read only = No`), wird aber in der Browselist nicht angezeigt (ist also in der Netzwerkumgebung von Windows nicht zu sehen). (Das kann man leicht ändern, indem `browseable = Yes` gesetzt wird.) Die Freigabe kann man trotzdem nutzen, indem man den Ressourcennamen verwendet. Ein Beispiel für die DOS-Kommandoshell:

```
NET USE G: \\server\daten
```

Neu angelegte Dateien bekommen, durch `create mask` vorgegeben, normalerweise die Rechte `0660 = -rw-rw----`. Ist die Datei durch Kopieren von einer nur lesbaren Datei entstanden, dann fehlen die Schreibrechte.

Verzeichnisse werden, definiert durch `directory mask`, auf den Modus `0770 = drwxrwx---` gesetzt.

Der Dienst ist verfügbar, denn der Eintrag `available = No` fehlt.

> **HINWEIS**
> Generell kann man nur anhand der Dienste-Definition nicht alle Merkmale beschreiben, weil etliche Einstellungen aus der *[global]*-Sektion übernommen werden, wenn sie in den Diensten nicht neu definiert werden.

Weitere Parameter

Leider können nicht alle Parameter detailliert besprochen werden. Die folgenden sind nur noch der Vollständigkeit halber aufgeführt und sollten im Zweifel genauer in der Samba-Dokumentation nachgelesen werden.

force user

Der hier angegebene Nutzer wird als Standardnutzer für alle Verbindungen zu dieser Freigabe eingesetzt. Das kann allerdings zu Sicherheitsproblemen führen, denn alle Verbindungen werden nun gleich behandelt.

Der Client muss sich zuvor aber mit gültigem Nutzernamen und Passwort angemeldet haben. Ab Samba 2.0.5 ist ein Bug behoben und es wird nun korrekt die Primärgruppe des `force user` für die Verbindung herangezogen.

Siehe auch: `force group`

Standard: `force user = `<leer>

Beispiel: `force user = marie`

force group

Hier wird ein UNIX-Gruppenname spezifiziert, der für alle Verbindungen zu dieser Freigabe benutzt wird. Einzelheiten entnehmen Sie bitte der Samba-Dokumentation.

Standard: `force group = `<leer>

Beispiel: `force group = studenten`

guest only

Wenn auf `Yes` gesetzt, werden nur Gast-Verbindungen zu dem Dienst akzeptiert. Die Einstellung wird ignoriert, wenn `guest ok` oder `public` nicht gesetzt sind.

Standard: `guest only = No`

only user

Diese Option steuert, ob Verbindungen von Nutzern, die nicht durch die `user`-Liste zugelassen sind, erlaubt werden.

Siehe auch: `user`

Standard: `only user = False`

max connections

Hiermit kann man die Anzahl gleichzeitiger Verbindungen zu einem Dienst begrenzen. Wird 0 eingetragen, entfällt die Begrenzung, ansonsten wird die Anzahl der hiermit definierten Verbindungen erlaubt.

Standard: `max connections = 0`

Beispiel: `max connections = 10`

writeable, write ok

Dies ist der Gegensatz zu `read only`.

Wenn der Parameter auf `no` steht, dann kann der Nutzer eines Dienstes dort keine Dateien anlegen oder ändern.

Beachten Sie, dass Druckdiensten (`printable = Yes`) das Schreiben zu dem angegebenen `path` immer erlaubt wird (unter Beachtung der UNIX-Rechte).

Standard: `writeable = No`

Beispiele: `read only = No`

`writeable = Yes`

`write ok = Yes`

volume

Mit dieser Option kann man den *volume label* (die Datenträgerbezeichnung) überschreiben. Es gibt viele Programme, vor allem Installationsprogramme, die den *volume label* testen. Wird diese Option nicht definiert, dann wird der Name der Freigabe als *volume label* geliefert.

Standard: `volume =` <leer>

Beispiel: `volume = COREL8`

strict sync

Viele Windows-Anwendungen versuchen recht häufig, die noch gepufferten Schreibdaten auf die Platte zu schreiben (»sync to disk«). Das macht unter UNIX aber Probleme, weil der Prozess (in diesem Fall *smbd*) bis zum sicheren Abschluss der Operation suspendiert wird. Das würde die Leistungsfähigkeit stark senken. Samba kann diese Rufe ignorieren (`strict sync = No`). Gefahr für die Datensicherheit besteht nur, wenn Samba (oder das UNIX) abstürzt. Windows 98 läuft mit der Standardeinstellung besser.

Siehe auch: `sync always`

Standard: `strict sync = No`

sync always

Hiermit wird festgelegt, ob Schreibaufträge immer auf die Platte geschrieben werden, bevor der Aufruf beendet wird. Soll der Parameter `strict sync` benutzt werden, muss `sync always` ebenfalls auf `Yes` stehen.

Siehe auch: `strict sync`

Standard: `sync always = No`

fake oplocks

Siehe Samba-Dokumentation

Standard: `fake oplocks = No`

exec, preexec

Hiermit wird ein Kommando spezifiziert, das beim Verbinden des Dienstes ausgeführt wird. Die üblichen Substitutionen können verwendet werden.

Siehe auch: `preexec close, postexec`

Standard: <leer>

Beispiel: `preexec = echo \"%u connected to %S from %m (%I)\" >> /tmp/log`

postexec

Hier wird ein Script definiert, das beim Trennen einer Verbindung ausgeführt wird.

Siehe auch: preexec

Standard: preexec = <leer>

Beispiel: postexec = echo "%u disconnected from %S from %m (%I)" >> /tmp/log

root preexec

Dieser Parameter ist identisch mit preexec, nur mit dem Unterschied, dass das spezifizierte Script mit *root*-Rechten läuft. Damit kann man z.B. Dateisysteme mounten.

Standard: root preexec = <leer>

root postexec

Dieser Parameter ist identisch mit postexec, nur mit dem Unterschied, dass das spezifizierte Script mit *root*-Rechten läuft.

Standard: root postexec = <leer>

fstype

Die Option legt fest, welche Zeichenkette auf Anfrage des Clients nach dem Dateisystemtyp von *smbd* geliefert wird. Der Standardwert »NTFS« wird wegen der Kompatibilität zu Windows NT benutzt. Man kann aber auch andere Namen, wie »Samba« oder »FAT« eintragen.

Standard: fstype = NTFS

Beispiel: fstype = Samba

set directory

Nur für den *Digital Pathworks Client* von Belang.

Standard: set directory = No

map hidden

Steuert, ob das DOS-*hidden*-Attribut in ein UNIX-Recht umgewandelt wird.

Näheres finden Sie in der Samba-Dokumentation.

Standard: `map hidden = No`

map archive

Steuert, ob das DOS-*archive*-Attribut in ein UNIX-Recht umgewandelt wird.

Näheres finden Sie in der Samba-Dokumentation.

Standard: `map archive = Yes`

map system

Der Parameter definiert, ob DOS-Systemdateien so umgesetzt werden, dass dafür das UNIX-Gruppen-Ausführungsrecht gesetzt wird.

Das erfordert, dass durch die `create mask` dieses Bit nicht maskiert ist.

Standard: `map system = No`

magic script, magic output

Experimentell!

dont descend

Auf vielen UNIX-Systemen gibt es Verzeichnisse, die nicht von Interesse sind (LINUX: */proc*) oder eine unendliche Tiefe haben. In dieser Liste können solche zu unterdrückenden Verzeichnisse angegeben werden. Es gibt leider einige Unsicherheiten. So ist nicht genau gesagt, wie die Angaben zu erfolgen haben. Möglicherweise muss man `./proc` statt `/proc` angeben. Am besten ist hier ein wenig zu experimentieren.

Standard: `dont descend =` <leer>

Beispiel: `dont descend = /proc,/dev`

preexec close

Keine Erläuterung verfügbar.

Standard: `preexec close = No`

root preexec close

Keine Erläuterung verfügbar.

Standard: `root preexec close = No`

8.4 Freigabe von Druckern

Drucker werden analog zu Verzeichnissen freigegeben, wobei der Dienst mit einem Parameter `print ok = Yes` definiert wird. Die weiteren Parameter werden nun erläutert.

comment

Wie im Abschnitt 8.3, *Freigabe von Dateidiensten (shares)*, beschrieben.

path

Bei einem Druckdienst wird mit diesem Parameter das Verzeichnis festgelegt, in dem die Spool-Daten abgelegt werden sollen, bevor sie dem Server zum Drucken übergeben werden. Der Pfad muss für den aktuellen Nutzer schreibbar sein.

Ein auftretendes `%u` wird zu dem UNIX-Nutzernamen expandiert, der die Verbindung benutzt. Für ein `%m` wird der NetBIOS-Name des Client-Computers eingesetzt.

> **HINWEIS**
> Beachten Sie, dass dieser Pfad immer auf den unter `root directory` definierten Pfad aufsetzt! Der `path`-Eintrag darf nicht fehlen!

Beispiel: `path = /tmp`

guest account

Wie im Abschnitt 8.3, *Freigabe von Dateidiensten (shares),* beschrieben.

guest ok

Wie im Abschnitt 8.3, *Freigabe von Dateidiensten (shares),* beschrieben.

host allow

Wie im Abschnitt 8.3, *Freigabe von Dateidiensten (shares),* beschrieben.

host deny

Wie im Abschnitt 8.3, *Freigabe von Dateidiensten (shares),* beschrieben.

print ok, printable

Synonym für `printable`. Damit wird eine Druckerfreigabe festgelegt.

Wenn dieser Parameter auf `Yes` steht, kann der Client Spool-Dateien öffnen, schreiben und dem Drucksystem übergeben. Benutzt wird das Verzeichnis, welches unter `path` definiert wurde.

Beachten Sie, dass bei Druckdiensten (Druckerfreigaben) das Verzeichnis aus Sambas Sicht immer geschrieben werden kann. Der Parameter `read only` gilt nur für Dateifreigaben und nicht für Druckerfreigaben.

Beispiel: `print ok = Yes`

printer name, printer

Synonym für `printer`.

Hier wird der Druckername des Betriebssystems angegeben, der den Druck ausgeben soll.

Der Parameter kann auch in der *[global]*-Sektion definiert werden. Er wird dann für alle Druckdienste verwendet, die keinen eigenen Namen angegeben haben.

Standard: `printer name =` <leer> (gelegentlich auch »lp«)

Beispiel: `printer name = laserwriter`

browsable

Wie im Abschnitt 8.3, *Freigabe von Dateidiensten (shares)*, beschrieben.

available

Wie im Abschnitt 8.3, *Freigabe von Dateidiensten (shares)*, beschrieben.

Beispiel einer Druckerfreigabe

```
[laser]
    path = /tmp
    create mask = 0700
    guest ok = Yes
    print ok = Yes
    printer name = laserjet
```

Der hier freigegebene Drucker *laser* heißt im UNIX-System *laserjet*. Die Ressource kann also gegebenenfalls mit dem Kommando

```
net use LPT2: \\server\laser
```

verbunden werden.

Die Spool-Daten werden im Verzeichnis */tmp* angelegt, auf das bei UNIX per Konvention von den Rechten her alle Nutzer voll zugreifen können.

Unter Windows kann ein von Samba freigegebener Drucker genau so eingerichtet werden, als wäre er von einem anderen PC oder Server freigegeben.

Weitere Parameter

min print space

Diese Einstellung legt fest, wie viel Plattenplatz in KByte noch mindestens verfügbar sein muss, damit dem Nutzer das Spoolen eines Druckauftrags erlaubt wird. Bei der Angabe `0` wird keine Kontrolle durchgeführt.

Siehe auch: `printing`

Standard: `min print space = 0`

Beispiel: `min print space = 2000`

postscript

Der Parameter zwingt einen Drucker, eine Druckdatei als Postscript zu interpretieren. Erreicht wird das durch das Hinzufügen eines %! am Anfang der Druckausgabe. Einige PCs senden ein Strg-D am Anfang von Druckaufträgen und bringen damit manche Drucker durcheinander.

Standard: `postscript = False`

8.5 DOS- und UNIX-Namen

Unter UNIX und unter Windows 95/98/NT sind lange Dateinamen schon lange gang und gäbe. Leider aber nicht unter DOS. Dort gilt das 8.3-Format. Um die Abwärtskompatibilität aufrecht zu erhalten, wird ein Verfahren namens Namen-Mangling (*name mangling*) benutzt, das die Namen zur Speicherung einkürzt und nach Bedarf wieder expandiert. Zu diesem Verfahren gehören zahlreiche Optionen, die auch in der *[global]*-Sektion stehen können.

Von den Grundeinstellungen hat Samba die gleiche Semantik wie Windows NT: es ist *case insensitive* (Groß-/Kleinschreibung wird ignoriert), aber *case preserving* (Groß-/Kleinschreibung wird beim Speichern nicht geändert bzw. bei Dateianlage übernommen, wie der Client vorgegeben hat). Zu gut Deutsch: Dateien werden gefunden, indem die Groß-/Kleinschreibung ignoriert wird. Beim Abspeichern wird aber Groß-/Kleinschreibung angewendet. Für dieses Verfahren gibt es zahlreiche Parameter, die nun im Einzelnen beschrieben werden.

default case

Hiermit wird festgelegt, ob neue Dateinamen groß oder klein geschrieben werden.

Standard: `default case = lower`

Beispiel: `default case = upper`

strip dot

Diese Einstellung legt fest, ob von UNIX-Dateinamen, die mit einem Punkt enden, dieser Punkt entfernt wird. Das kann bei CD-ROMs helfen, wo gelegentlich solche Dateien vorkommen.

Standard: `strip dot = No`

Beispiel: `strip dot = Yes`

character set

Hiermit wird der verwendete Zeichensatz für Dateinamen festgelegt. Damit wird Samba eine Möglichkeit gegeben, die DOS-Dateinamen (unter einer DOS-Codepage angelegt – in `client code page` definiert) in einen der bekannten UNIX-Zeichensätze umzuwandeln. Diese Umwandlung ist wichtig, wenn man unter UNIX die Dateinamen mit Umlauten richtig angezeigt bekommen will.

Die für Westeuropa wichtige integrierte Codepage-Umwandlungen ist `character set = ISO8859-1`. Der Parameter `client code page` *muss* in diesem Fall auf die Codepage 850 gesetzt werden, damit die Umwandlung funktioniert!

Es gibt eine Reihe weiterer Codepages, die Sie bitte der Samba-Dokumentation entnehmen, da sie für den deutschsprachigen Raum keine Relevanz haben und der Platz hier knapp ist.

Siehe auch: `client code page`

Wenn dieser Parameter nicht gesetzt ist, wird keine Umwandlung durchgeführt.

Standard (für Westeuropa): `character set = ISO8859-1`

mangled stack

DOS unterstützt nur Namen nach der Konvention 8.3. Groß- und Kleinbuchstaben werden nicht unterschieden. In moderneren Betriebssystemen spielen diese Beschränkungen aber keine Rolle mehr, so dass man sich Gedanken über die Namenskonvertierung zwischen den Systemen machen muss. Die Pressung der Namen (eine schlechte Übersetzung für den im englischen verwendeten Begriff *mangled names*) in die alten Konventionen kostet Zeit. Dieser Parameter steuert die Anzahl der *mangled names*, die der Samba-Server *smbd* cachen soll.

Dieser Stack ist eine Liste der zuletzt gemangelten Namen (ohne Erweiterung). Die Erweiterung, wenn sie denn länger als drei Zeichen ist oder Grossbuchstaben enthält, wird gesondert behandelt.

Je größer dieser Wert gesetzt wird, desto besser klappt die Konvertierung zu den richtigen langen UNIX-Dateinamen. Andererseits behindern große Stackgrößen den schnellen Zugriff auf die Verzeichnisse. Kleinere Stackgrößen sparen auch Speicher, denn jedes Element beansprucht 256 Byte.

Die korrekte Umwandlung in die langen Dateinamen kann leider nicht immer sichergestellt werden. Seien Sie also auf Überraschungen gefasst!

Standard: `mangled stack = 50`

Beispiel: `mangled stack = 100`

coding system

Diese Option definiert, wie einlaufende japanische Zeichen umgewandelt werden. Sie wird deshalb aus nahe liegenden Gründen nicht weiter beschrieben.

client code page

Dieser Parameter legt fest, welche DOS Codepage die Clients verwenden, die auf Samba zugreifen. Um die aktuelle Codepage eines DOS- oder Windows-PCs festzustellen, kann man einfach `chcp` eingeben. Für unsere Verhältnisse müsste CP850 eingestellt sein.

Die Einstellung teilt *smbd* mit, welche der `codepage.XXX`-Dateien es beim Start laden soll. In diesen Dateien wird festgelegt, wie Klein- und Großbuchstaben zu konvertieren sind und wie die Groß- und Kleinschreibung von Dateinamen zu behandeln ist. Näheres findet man in der Hilfeseite zu `make_smbcodepage(1)`.

Für uns sind nur einige der mit Samba gelieferten Codepages von Bedeutung:

```
Code Page 437 - MS-DOS Latin US
```

```
Code Page 850 - MS-DOS Latin 1
```

Diese Parameter stehen in einer Wechselbeziehung zu dem Parameter `valid chars`! Wenn beide Parameter gesetzt werden sollen, dann muss der `client code page`-Parameter in der *smb.conf* vor dem Parameter `valid chars` erscheinen! Der `valid chars`-Parameter erweitert dann die Werte aus `client code page`.

Siehe auch: `valid chars`

Standard: `client code page = 850`

Beispiel: `client code page = 437`

case sensitive

Diese Option legt fest, ob beim Suchen von Dateien Groß-/Kleinschreibung beachtet wird. Wenn nicht, dann muss Samba die passenden Dateien suchen.

Standard: `case sensitive = No`

preserve case

Dies steuert, ob bei der Anlage neuer Dateien die Groß-/Kleinschreibung des Clients übernommen wird (`Yes`) oder ob nach `default case`-Einstellung verfahren wird.

Standard: `preserve case = Yes`

short preserve case

Dieser boolesche Parameter steuert, ob neue Dateien, die dem 8.3-Format entsprechen, in Großbuchstaben angelegt werden sollen oder ob laut `default case` verfahren werden soll.

Diese Option kann in Zusammenarbeit mit der Option `preserve case = Yes` dazu benutzt werden, dass lange Dateinamen ihre Groß-/Kleinschreibung behalten und kurze Dateien klein geschrieben werden.

Standard: `short preserve case = Yes`

mangle case

Der Parameter steuert, ob Namen, die Zeichen enthalten, die nicht der Standardschreibung (`default case`) entsprechen, »gemangelt« werden.

Wenn `yes` eingestellt ist, würde z.B. »Mail« »gemangelt« werden.

Standard: `mangle case = No`

mangling char

Hiermit wird festgelegt, welches Zeichen als Sonderzeichen für das *name mangling* benutzt wird.

Standard: `mangling char = ~`

Beispiel: `mangling char = ^`

hide dot files

Der Parameter steuert, ob Dateien, die mit einem Punkt beginnen, als versteckte Dateien gelten sollen.

Standard: `hide dot files = Yes`

Beispiel: `hide dot files = No`

hide files

Hier kann eine Liste von Dateien oder Verzeichnissen angegeben werden, die nicht sichtbar, aber zugreifbar sind. Außerdem wird das DOS-versteckt-Attribut (*hidden*) für diese Dateien und Verzeichnisse gesetzt.

Die Einträge werden mit einem »/« voneinander getrennt. Dadurch können die Namen auch Leerzeichen enthalten. Für die Mehrfachauswahl können auch »*« und »?« (wie unter DOS üblich) eingesetzt werden. Die Einträge sind keine DOS-Pfade, sondern UNIX-Pfade und dürfen »/« nicht als Pfad-Separator enthalten (?).

Der Einsatz dieses Parameters hat negativen Einfluss auf die Leistungsfähigkeit von Samba, weil alle Dateien und Verzeichnisse abgetestet werden müssen.

Siehe auch: `hide dot files`,
`veto files` und `case sensitive`

Standard: `hide files =` <leer>

Allerdings werden Punkt-Dateien (solche, die mit einem Punkt beginnen) in Abhängigkeit von `hide dot files` eventuell nicht angezeigt.

Beispiel:

```
hide files = /.*/DesktopFolderDB/TrashFor%m/resource.frk/
```

mangled names

Dieser Parameter legt fest, ob Nicht-DOS-Namen unter UNIX in eine DOS-kompatible Form gebracht (gemangelt) werden sollen oder ob Nicht-DOS-Namen einfach ignoriert werden.

Der genaue Algorithmus und die Grenzen des Verfahrens sind in der Samba-Dokumentation beschrieben.

Bei Dateien, deren UNIX-Name mit einem Punkt beginnt, wird der Punkt entfernt und unabhängig von der wirklichen Erweiterung werden drei Unterstriche angehängt.

Standard: `mangled names = Yes`

mangled map

Mit Hilfe dieser Tabelle kann man direkt UNIX-Dateinamen in DOS-Dateinamen umsetzen, wenn das *name mangling* keine vernünftigen Namen hervorbringt.

Haben Sie zum Beispiel Dokumente mit der Endung *.html* und möchten diese für DOS als *.htm* erscheinen lassen, dann geht das mit folgendem Eintrag:

```
mangled map = (*.html *.htm)
```

Ein weiterer sinnvoller Einsatz ist das Entfernen von unerwünschten Endungen, wie z.B. die Endung »;1« auf manchen CD-ROMs:

```
mangled map = (*;1 *)
```

Standard: `mangled map =` <leer>

Beispiel: `mangled map = (*;1 *)`

stat cache

Dieser Parameter legt fest, ob *smbd* einen Cache für die Erhöhung der Umwandlungsgeschwindigkeit von Namensumwandlungen einrichten soll. Es betrifft nur Umwandlungen, bei denen die Groß-/Kleinschreibung keine Rolle spielt. Es gibt keinen Grund, diese Einstellung zu ändern.

Standard: `stat cache = Yes`

valid chars

In dieser Liste lassen sich zusätzliche Zeichen eintragen, die als gültig für Dateinamen akzeptiert werden. Die Zeichen können in Zeichenform oder als Zahl angegeben werden. Zahlenangaben haben der C-Notation zu folgen und können somit dezimal (122), hexadezimal (0x32) oder oktal (0172) angegeben werden. Als Trennung werden Leerzeichen verwendet. Paarweises Auftreten, getrennt durch einen Doppelpunkt, definiert den Klein- und Großbuchstaben eines Zeichens. Hier ein (sinnloses) Beispiel für Z:

```
valid chars = Z

valid chars = z:Z

valid chars = 0132:0172
```

Sinnlos ist es, weil Z natürlich auch ohne die Angabe funktioniert.

> **HINWEIS**
> Dieser Parameter muss nach dem `client code page`-Eintrag in der *smb.conf* erscheinen, wenn beide wirksam werden sollen, denn er ergänzt die dortigen Einstellungen.

Siehe auch: `client code page`

Standard: `valid chars =` <leer>

Wenn `client code page = 850` gesetzt ist, werden alle deutschen Umlaute akzeptiert. Ein Nachtrag ist hier dann nicht nötig.

8.6 Passwortverwaltung

Die frühen Versionen von Windows (WfW, Windows 95a, Windows NT 3 und 4 bis SP3) haben die Passwörter noch im Klartext über das Netzwerk gesendet. Der Server hat sie gelesen und mit dem UNIX-typischen Algorithmus verschlüsselt und mit dem meist in der */etc/shadow* abgelegten verschlüsselten Passwort verglichen.

Da das Verfahren aber das Mitschneiden der Passwörter im Netz erlaubt, wurden in den nachfolgenden Windows-Versionen verschlüsselte Passwörter versendet. Das Verfahren zur Verschlüsselung unter Windows unterscheidet sich von dem des UNIX. Beiden Verschlüsselungsverfahren gemein ist, dass sich aus dem verschlüsselten Passwort nicht das Klartextpasswort errechnen lässt. Es gibt also keine Möglichkeit, die Passwörter ineinander umzuwandeln. Deshalb muss Samba nun eine eigenen Passwortdatei pflegen, um mit den Windows-Passwörtern klarzukommen. Diese Datei heißt *smbpasswd*.

Beim Betrieb von Samba muss man sich entscheiden, welche der Passwort-Datenbanken verwendet werden soll. Hat man Clients, die nur verschlüsselt senden können, muss man sich für die Einstellung `encrypt passwords = Yes` entscheiden und *smbd* wird die *smbpasswd*-Datei zur Autorisierung heranziehen. Das bedeutet, dass die *smbpasswd*-Datei gepflegt werden muss, sprich, jeder Nutzer muss eingetragen werden und jedem muss mit dem Kommando `smbpasswd` ein Samba-Passwort geben werden. Im Übrigen bedeutet das nicht, dass Clients mit unverschlüsselten Passwörtern sich nicht anmelden können. Sie werden nun lediglich ebenfalls gegen die *smbpasswd* geprüft.

Man kann auch auf das alte Verfahren umsteigen und komplett unverschlüsselt fahren, muss dann aber den Clients mit Verschlüsselung die Windows-Registry ändern. Jede Windows-Version hat andere Schlüssel. In der Samba-Distribution sind mittlerweile für alle Windows-Versionen die Dateien mit den nötigen Registry-Einstellungen vorhanden. Sie haben den Dateityp *.reg* . Man kopiert die zutreffende Datei auf seinen Computer und klickt im Explorer die Datei doppelt an. Sie wird dann in die Registry eingepflegt.

> **ACHTUNG**
> Möchte man die Registry-Änderung später wieder rückgängig machen, sollte man sich vor der Änderung aus der *reg*-Datei den Schlüssel suchen und über das Kommando `regedit` den alten Wert ermitteln und dokumentieren!

Parameter, die das Passwortverhalten betreffen

encrypt passwords

Dieser boolesche Wert steuert, ob vom Client gesendete verschlüsselte Passwörter von Samba behandelt werden (können).

> **HINWEIS**
> Beachten Sie, dass bei Windows NT ab Servicepack 3 (NTSP3) und Windows 98 verschlüsselte Passwörter Standard sind. Das lässt sich nur über die Änderung eines Registry-Eintrags abschalten.

Weitere Hinweise finden Sie in der Datei ENCRYPTION.txt, die mit der Samba-Distribution im Verzeichnis *docs* mitkommt.

Damit *smbd* mit verschlüsselten Passwörter umgehen kann, muss er Zugang zur lokalen Datei *smbpasswd* haben oder der `security`-Parameter ist auf `server` oder `domain` eingestellt, was dazu führt, dass die Autorisierung auf einem anderen Server durchgeführt wird.

Standard: `encrypt passwords = No`

Beispiel: `encrypt passwords = Yes`

update encrypted

Dieser boolesche Parameter erlaubt das Anmelden eines Nutzers mit dem unverschlüsselten Passwort, wobei das verschlüsselte Passwort in der *smbpasswd*-Datei automatisch aktualisiert wird. Man kann diese Option benutzen, um die Umstellung vom unverschlüsselten zum verschlüsselten Passwort zu realisieren, ohne dass alle Nutzer das `smbpasswd`-Kommando aufrufen müssen. Der Passwortvergleich erfolgt in diesem Falle gegen die UNIX-Passwortdatei.

Wenn dann alle Nutzer einen Eintrag in der *smbpasswd* haben, sollte der Parameter wieder auf `off` gesetzt werden.

HINWEIS

Damit diese Einstellung funktioniert, muss der Parameter `encrypt passwords` auf `no` stehen.

Standard: `update encrypted = No`

Beispiel: `update encrypted = Yes`

null passwords

Erlaubt oder verbietet den Client-Zugriff auf Nutzerkonten, die kein Samba-Passwort haben.

Siehe auch: *smbpasswd(5)*

Standard: `null passwords = No`

Beispiel: `null passwords = Yes`

min passwd length

Diese Option legt die minimale Länge eines unverschlüsselten Passworts fest, das Samba akzeptiert, um das UNIX-Passwort zu ändern.

Siehe auch: `unix password sync`,
`passwd program`,
`passwd chat debug`

Standard: `min passwd length = 5`

password server

Mit dieser Einstellung kann die Nutzer/Passwort-Überprüfung von Samba auf einen anderen Server verlagert werden. Der spezifizierte Server (z.B. eine Windows-NT-Maschine) muss SMB bedienen können und der angegebene Name muss ein NetBIOS-Name sein. Außerdem muss `security = domain` oder `security = server` eingestellt sein.

Sollte sich der NetBIOS-Name vom normalen Namen unterscheiden, ist er in die *lmhosts*-Datei einzutragen, die normalerweise im gleichen Verzeichnis wie die *smb.conf* liegt.

Der Name des Passwort-Servers wird unter Verwendung des Parameters `name resolve order` ermittelt. Dieser Server muss in der Lage sein, die Protokolle *LM1.2X002* oder *LM NT 0.12* zu verarbeiten und er muss sich im *user security mode* befinden.

> **HINWEISE**
>
> Die Verwendung eines Passwort-Servers für Ihr UNIX mit Samba ist natürlich nur so sicher wie der eingetragene Passwort-Server. Verwenden Sie keinen Passwortserver, dem Sie nicht vertrauen!
>
> Verweisen Sie mit dem Eintrag nicht auf sich selbst, sonst kommt es zu einer Schleife, die den Samba-Server blockieren kann!

Für den Eintrag des Namens können die Standard-Ersetzungen benutzt werden, aber die einzig sinnvolle Ersetzung ist eigentlich nur *%m*, womit gemeint ist, Samba benutzt den sich anmeldenden Client als Passwort-Server. Wenn Sie diese Einstellung benutzen, müssen Sie Ihren Clients vertrauen und es ist ratsam, die Liste der zulässigen Hosts über `hosts allow` zu beschränken.

Wenn der `security`-Parameter auf `domain` steht, dann müssen die für diese Option aufgelisteten Server *Primary Domain Controller* oder *Backup Domain Controller* sein.

Wenn dieser Parameter auf »`*`« gestellt wird, dann versucht Samba automatisch den PDC oder BDC zur Autorisierung zu finden. Dazu wird eine Abfrage nach dem Muster WORKGROUP<1C> durchgeführt und jeder Server kontaktiert, der sich gemeldet hat und in der Liste der IP-Adressen der Einstellung `name resolution` steht.

Wenn der Parameter `security` auf `server` steht, ergeben sich einige Einschränkungen, die man bei `security = domain` nicht hat:

Man kann mehrere Passwort-Server unter dem Parameter `password server` eintragen. Wenn aber ein *smbd* eine Verbindung zu einem Passwort-Server herstellen möchte und das schlägt fehl, dann kann kein Nutzer mehr von diesem *smbd* autorisiert werden. Das ist eine Beschränkung des SMB/CIFS-Protokolls unter `security = server` und kann in diesem Sinne nicht von Samba korrigiert werden.

Wenn man einen NT-Server als Passwortserver einsetzt, sollte man sich vergewissern, dass sich die Nutzer vom Samba-Server aus anmelden können, denn unter der Einstellung `security = server` scheint die Anmeldung vom Samba-Server und nicht von den Nutzer-Maschinen zu kommen.

Siehe auch: `security`-Parameter

Standard: `password server =` <leer>

Beispiel: `password server = NT_PDC, NT_BDC1, NT_BDC2`

`password server = *`

smb passwd file

Diese Option stellt den Pfad zu der Samba-Passwortdatei ein. Samba benutzt für die nach NT-Muster verschlüsselten Passwörter eine eigene

Passwortdatei, die sich von der UNIX-Passwortdatei im Format unterscheidet.

Der Standardpfad für die Passwortdatei wird während der Kompilation festgelegt.

Standard: `smb passwd file =` <je nach Konfiguration>

Beispiel: `smb passwd file = /usr/local/samba/private/smbpasswd`

passwd program

Hier wird das Programm definiert, womit das UNIX-Passwort geändert werden kann. Jedes Auftreten eines `%u` wird durch den Nutzernamen ersetzt. Vor Aufruf des Programms wird die Existenz des Nutzers überprüft.

Beachten Sie, dass viele Passwort-Programme auf angemessene Passwörter bestehen, was sich in einer Mindestlänge und dem Mix von Buchstaben und Zahlen manifestiert. Das und auch das Verhalten einiger Clients, wie z.B. Windows für Workgroups, das alle Zeichen als Großbuchstaben sendet, kann zu Problemen führen.

Beachten Sie weiterhin, dass, wenn der Parameter `unix password sync` auf `true` steht, das Programm als Nutzer *root* ausgeführt wird. Es wird aufgerufen, bevor das SMB-Passwort in der *smbpasswd*-Datei geändert wird. Dadurch schlägt die Änderung des SMB-Passworts fehl, wenn sich das UNIX-Passwort nicht ändern ließ. (Ist extra im Programm so vorgesehen!)

Wenn der Parameter `unix password sync` gesetzt ist, müssen für alle Programme, die aufgerufen werden sollen, absolute Pfade eingetragen werden. Außerdem sollten alle diese Programme bezüglich der Sicherheit überprüft werden. Normalerweise steht `unix password sync` auf `false` .

Siehe auch: `unix password sync`

Standard: `passwd program = /bin/passwd`

Beispiel: `passwd program = /sbin/passwd %u`

passwd chat

Diese Zeichenkette steuert die »Unterhaltung«, die zwischen *smbd* und dem lokalen Programm zur Änderung des Nutzer-Passworts abläuft. Beschrieben wird die Abfolge von Antwort-Empfang-Paaren, die *smbd* benutzt, um festzustellen, was dem *passwd*-Programm gesendet werden muss und was zurückerwartet wird. Wird das Erwartete nicht empfangen, dann wurde das Passwort nicht geändert.

Diese Abfolge ist meist maschinenspezifisch und in Abhängigkeit davon, welche lokalen Methoden für die Passwortsteuerung benutzt werden (z.B. unter Verwendung von NIS).

Die eingesetzte Zeichenkette kann die Makros `%o` und `%n` beinhalten, für die dann das alte und das neue Passwort eingetragen werden. Es funktionieren ebenfalls die Makros `\n`, `\r`, `\t` und `\s` für Zeilenschaltungen, Wagenrücklauf, Tabulator und Leerzeichen.

Außerdem kann ein »`*`« eingesetzt werden. Es steht für eine beliebige Zeichenfolge. Um Zeichenketten mit Leerzeichen darstellen zu können, werden diese in doppelte Anführungszeichen gesetzt (`"aa bb ..."`).

Wenn in einer Sendezeichenkette irgendwo in der Abfolge ein Punkt (.) ist, dann wird nichts gesendet. Ebenso wird nichts erwartet, wenn für die Empfangszeichenkette ein Punkt eingetragen wird.

Wenn der Parameter `unix password sync` auf `true` eingestellt ist, dann wird diese Sequenz ohne Zugriff auf das alte Klartextpasswort als *root* ausgeführt. In diesem Fall muss der Text für das alte Klartextpasswort als leere Zeichenkette (nur zwei Anführungszeichen: »«) eingetragen werden.

Siehe auch: `unix password sync`, `passwd program`, `passwd chat debug`

Standard:
```
passwd chat = *old*password* %o\n *new*password* %n\n
*new*password* %n\n *changed*
```

Beispiel:
```
passwd chat = "*Enter OLD password*" %o\n "*Enter NEW
password*" %n\n "*Reenter NEW password*" %n\n "*Password
changed*"
```

passwd chat debug

Dieser boolesche Parameter legt fest, ob der `passwd chat script`-Parameter im debug-Modus ausgeführt wird. In diesem Modus werden die Zeichenketten, die vom `passwd chat` empfangen und gesendet werden, mit einem `log level = 100` in die *smbd*-Protokolldatei (Log) eingetragen.

> **HINWEIS**
> Die Passwörter werden im Klartext in die Protokolldatei eingetragen und können damit auch von anderen eingesehen werden!

Vorgesehen ist diese Option, um dem Samba-Administrator eine Möglichkeit zu geben, seine `passwd chat`-Einstellungen zu testen.

> **HINWEIS**
> Vergessen Sie nicht, den Parameter wieder abzuschalten!

Siehe auch: `passwd chat`, `passwd program`

Standard: `passwd chat debug = False`

Beispiel: `passwd chat debug = True`

password level

Einige Client/Server-Kombinationen haben gelegentlich Probleme mit bezüglich Groß/Kleinschreibung gemischten Passwörtern. Zum Beispiel bei WfW werden aus bestimmten Gründen bei der Verwendung des LANMAN1-Protokolls die Passwörter in Großbuchstaben konvertiert. Beim Protokoll COREPLUS erfolgt diese Konvertierung dagegen nicht.

Dieser Parameter definiert die maximale Anzahl von Großbuchstaben, die im Passwort auftreten können.

Nehmen wir mal an, das gegebene Passwort lautet »FRED«. Wenn `password level` auf `1` steht, dann werden folgende Kombinationen versucht, wenn »FRED« nicht funktionierte:

Fred, fred, fRed, frEd, freD

Bei `password level = 2` wird analog verfahren, nur dass diesmal zwei Zeichen als Großbuchstaben verwendet werden, wie zum Beispiel:

FRed, FrEd, fREd, ...

Je höher dieser Wert gesetzt wird, desto wahrscheinlicher wird, dass ein gemischtes Passwort zutrifft. Allerdings sinkt dadurch auch die Sicherheit und die Zeit, die für das Herstellen einer Verbindung gebraucht wird, steigt.

Steht der Wert auf 0, dann werden nur zwei Fälle getestet: das Passwort, wie es ist, und das Passwort in Kleinbuchstaben.

Standard: `password level = 0`

Beispiel: `password level = 4`

unix password sync

Dieser boolesche Parameter steuert, ob Samba versucht, das UNIX-Passwort mit dem SMB-Passwort zu synchronisieren, wenn Samba das verschlüsselte Passwort in der *smbpasswd*-Datei ändert. Ist der Parameter auf `True` gesetzt, dann wird das unter `passwd program` spezifizierte Programm als Nutzer *root* aufgerufen, um UNIX die Passwortänderung ohne Angabe des alten Passworts zu ermöglichen.

Siehe auch: `passwd program`, `passwd chat`

Standard: `unix password sync = False`

Beispiel: `unix password sync = True`

Das Kommando smbpasswd

Das Kommando dient zur Pflege der Datei *smbpasswd*. Es hat etliche Optionen, die hier nicht alle wichtig sind. Uns interessiert erst einmal, wie man auf dem Server die Passworteinträge für Nutzer anlegt und ändert.

> **WICHTIG**
>
> Man kann lokal nur solche Nutzer anlegen, die auch im UNIX als Nutzer bekannt sind.
>
> Das Anlegen neuer Samba-Nutzer muss der Superuser *root* erledigen.

Das Anlegen mit gleichzeitiger Vergabe eines Passworts für beispielsweise den Nutzer »theo« erfolgt mit dem Kommando

```
smbpasswd -a theo
```

Der Nutzer kann sich dann selbst am UNIX anmelden (z.B. mit `telnet`), und sein Passwort ändern. Dazu benötigt er das von *root* vergebene Passwort, um sich für die Änderung zu autorisieren. Der Dialog sieht dann so aus:

```
> smbpasswd

Old SMB password:

New SMB password:

Retype new SMB password:

Password changed for user holz
```

Alle Passwörter sind, wie üblich, nicht sichtbar.

Wenn die Anmeldung über `telnet` nicht möglich ist, kann man die Änderung auch elegant über SWAT machen. Lesen Sie dazu bitte das Kapitel 10, *Administration über das Werkzeug SWAT.*

8.7 Zusammenfassung, Fragen und Übungen

Zusammenfassung

- Die *smb.conf*-Datei ist die einzige Datei für Samba, aus der die Konfiguration eingelesen wird.
- Es gibt mehrere Sektionen, deren Namen gleichzeitig die Namen der Dienste (Freigaben, Drucker) festlegen. Ausnahmen sind im Wesentlichen die Namen *global*, *homes* und *printers*. Jeder Sektionsname steht in eckigen Klammern, wie z.B. *[global]*.
- Die *[global]*-Sektion muss die erste in der *smb.conf*-Datei sein. Folgen sollten *[homes]* und *[printers]*, wenn sie verwendet werden. Danach kommen alle anderen Dienstdefinitionen.
- Ist *[homes]* definiert, dann wird eine nutzerabhängige Freigabe erzeugt, die das UNIX-Homedirectory des Nutzers zur Verfügung stellt.
- Im Allgemeinen gilt, dass Parameter, die in der *[global]*-Sektion festgelegt wurden, auch in den Diensten wirksam sind, aber dort auch neu definiert werden können. Es gibt zu dieser Regel wenige Ausnahmen.
- In der *[global]*-Sektion gibt es einige Parameter, die unbedingt definiert werden müssen, damit Samba überhaupt laufen kann.
- Die Einstellungen für die Passwörter sind in der Praxis immer wieder ein Problem. Wenn Clients vorhanden sind, die verschlüsselte Passwörter verwenden wollen (Windows 98, NT ab SP3), muss Samba auf `encrypt passwords = Yes` eingestellt sein und eine aktuelle *smbpasswd*-Datei aufgebaut haben.

Zusammenfassung

- Man kann nur solche Nutzer (für Samba) mit dem Kommando `smbpasswd` anlegen, die bereits im UNIX eingerichtet sind.

Fragen und Übungen

1. Definieren Sie eine Dateifreigabe `[LOCAL]` für das Verzeichnis `/usr/local`, die aber nur das Lesen erlaubt. Sie soll auch nicht in der Browse-Liste erscheinen.
2. Richten Sie einen Drucker mit dem Namen DJ1200 ein. Er soll an den UNIX-Drucker *tinte* drucken.
3. Wie kann man einen Dienst abschalten, ohne die gesamte Konfiguration aus der *smb.conf* löschen zu müssen?

G
A
L
12
11
10
9
8
7
6
5
4
3
2
1
»

9 Client-Konfiguration

9 Client-Konfiguration

In diesem Kapitel soll es eigentlich nur um die Windows-9x-Clients gehen. Dabei wird Windows 95 als Referenz herangezogen. Die Unterschiede zu Windows 98 sind unbedeutend. Windows NT hat vermutlich für den angesprochenen Leserkreis nicht eine so große Bedeutung und wird nur angerissen.

Unter UNIX, mehr noch unter LINUX, kann man natürlich auch Client-Dienste benutzen. Die nötigen Programme sind jedoch im Zusammenhang mit den UNIX-Werkzeugen erläutert, und zwar im Kapitel 11, *Sambas Werkzeuge*.

Windows für Workgroups ist für den einen oder anderen möglicherweise auch noch ein Thema. Jedoch ist es in der Praxis fast ausgelaufen. Ich werde darauf hier nicht weiter eingehen. Nur so viel: Sie müssen den TCP/IP-Protokollstack installieren.

Dieser wird mit WfW nicht mitgeliefert, kann bei Microsoft aber über das WWW heruntergeladen werden.

Der Stack wird an einen lauffähigen und bereits vorher zu installierenden Netzwerkadapter gebunden und kann mit dem *ping*-Kommando dann überprüft werden. Verwendet man mehrere Protokolle, muss TCP/IP eventuell als primäres Netzwerkprotokoll eingestellt werden. (Diese Unterscheidung gibt es ab Windows 95 nicht mehr).

Selbstverständlich muss eine Arbeitsgruppe eingetragen werden und der PC einen NetBIOS-Namen bekommen. Denken Sie auch daran, den DNS einzurichten oder die Hosttabelle *c:\windows\hosts* zu pflegen, damit man mit Hostnamen arbeiten kann.

9.1 Windows 9x

Einrichtung des Clients

Im Folgenden wird aufgezeigt, wie man den TCP/IP-Protokollstack installiert und welche Voraussetzungen dafür zu schaffen sind. Auch das Thema Freigabe von Ressourcen auf dem Windows-9x-PC wird angesprochen. In diesem Falle arbeitet der PC auch als SMB-Server. Man kann diese Methodik nutzen, um von Samba aus alle oder einige der PC-Daten über das Samba-Werkzeug *smbtar* zu sichern.

Netzwerkadapter

Bei heutigen PnP-Netzwerkadaptern sollte die Installation der Betriebssystem-Treiber kein Problem sein. (Oder, wenn es nicht gleich funktioniert, ist es erst ein richtiges Problem). Wenn der PC mit einer neu eingebauten Netzwerkkarte startet, fordert er die Treiber-Diskette/-CD an. Ist das System dann richtig hochgefahren, sollten Sie den Adapterstatus unter *Start / Einstellungen / Systemsteuerung / System / Gerätemanager* überprüfen. Dort muss nun eine Zeile *Netzwerkkarten* existieren. Unter diesem Punkt finden Sie die Netzwerkkarte(n) (siehe Abbildung 9.1).

An dem Symbol der Netzwerkkarte dürfen keine Markierungen wie Ausrufezeichen etc. vorhanden sein, denn sonst ist die Funktion nicht gewährleistet.

Diese Netzwerkkarte muss nun auch unter *Start / Einstellungen / Systemsteuerung / System / Netzwerk* eingetragen sein. Ist das nicht der Fall, haben Sie ein Problem, welches selten auftritt, und hier nicht diskutiert werden kann. Entfernen Sie dann die Netzwerkkarte wieder aus *Start / Einstellungen / Systemsteuerung / System / Geräte-Manager* und versuchen Sie es erneut. Sollte das scheitern, empfehle ich Ihnen, sich an Ihren Händler oder einen sonstigen Fachmann zu wenden.

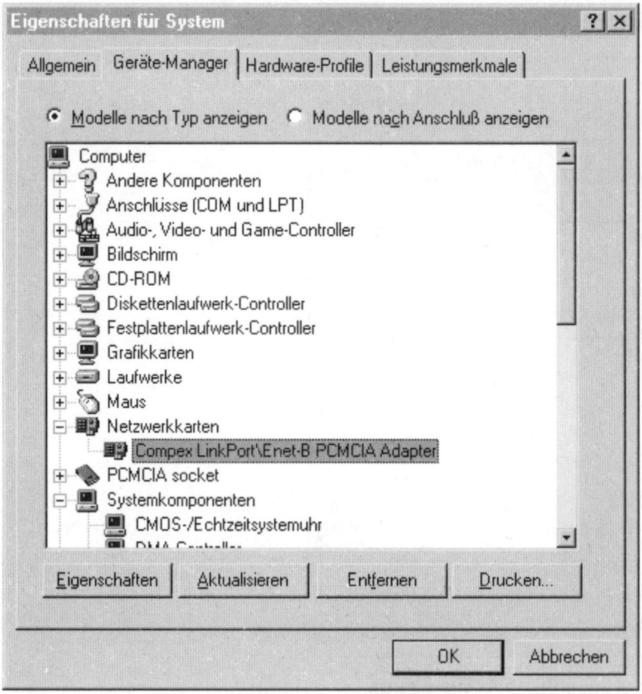

Abb. 9.1: Markiert: die intakte Netzwerkkarte

An dieser Stelle ist also Ihre Netzwerkkarte nun im Netzwerkfenster sichtbar. Öfter werden vom System bei der Eintragung gleich noch der *Client für Microsoft-Netzwerke* und die Protokolle *NetBEUI* und *IPX/SPX...* installiert. Für den Samba-Zugang sind beide überflüssig und sollten entfernt werden. Allerdings warten Sie damit besser, bis *TCP/IP* installiert ist.

An dieser Stelle sollten wir nun den Arbeitsgruppennamen und den Namen des PCs kontrollieren bzw. ändern. Dazu klicken wir im *Netzwerk*-Dialog auf *Identifikation*.

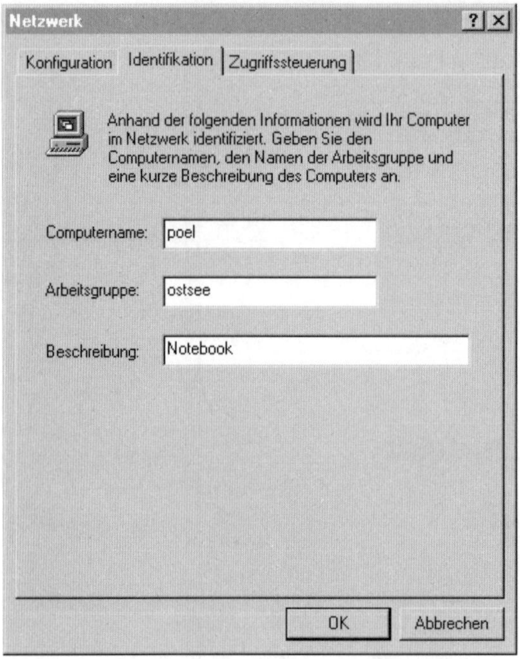

Abb. 9.2: Einträge zur Identifikation des Clients

TCP/IP-Protokollstack

Um TCP/IP zu installieren, klicken Sie unter *Start / Einstellungen / Systemsteuerung / System / Netzwerk* auf *Hinzufügen*.

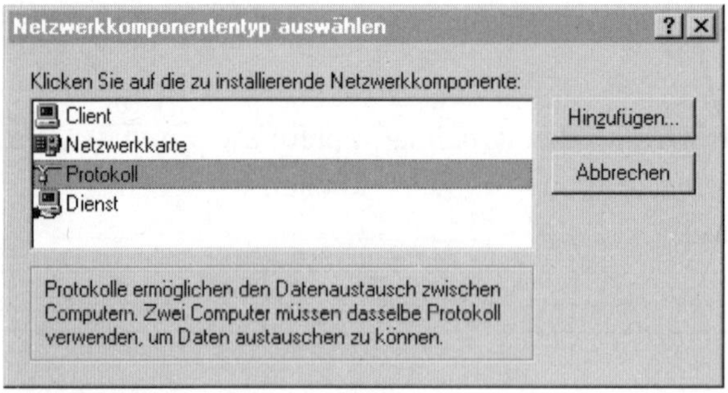

Abb. 9.3: Ein Protokoll hinzufügen

Klicken Sie auf *Hinzufügen*, erscheint folgender Dialog:

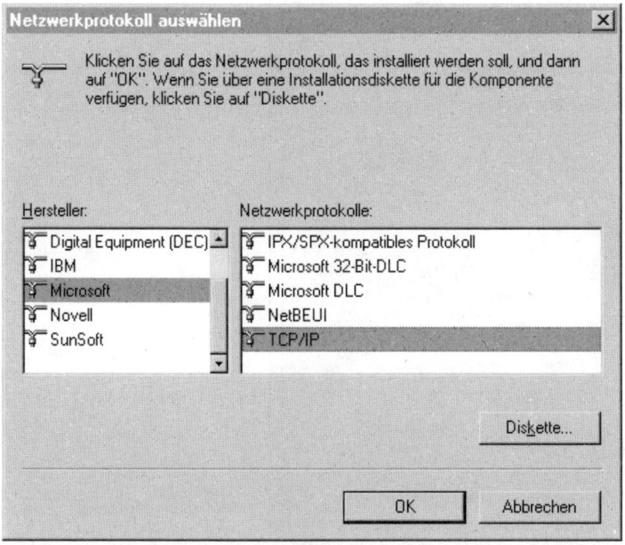

Abb. 9.4: Auswahl von Microsofts TCP/IP

Links wird *Microsoft* selektiert, rechts dann *TCP/IP*. Nach dem *OK* erscheint das Protokoll im Netzwerkfenster. Sie können sich auch von unerwünschten Protokollen trennen, indem Sie diese markieren und dann *Entfernen*.

Nun ist TCP/IP einzurichten. Dazu markieren Sie die Zeile und klicken dann auf *Eigenschaften*. Im folgenden Dialog ist zu entscheiden, wo die IP-Adresse herkommt (siehe Abbildung 9.5).

In kleineren Netzen ist es normal, die IP-Adresse direkt anzugeben. Sie wird dann in das Feld eingetragen. Die Subnetzmaske muss ebenfalls eingetragen werden.

Alternativ kann man die IP-Adresse auch über DHCP (***D**ynamic **H**ost **C**onfiguration **P**rotocol*) beziehen. Dazu ist jedoch ein speziell eingerichteter Server notwendig.

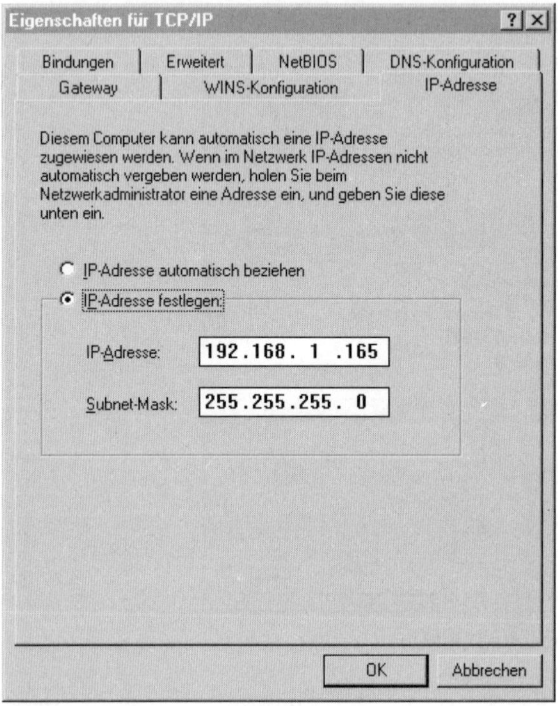

Abb. 9.5: Eintragung der IP-Adresse

Insofern Sie einen Router im Netzwerk haben, der Sie mit anderen Netzen verbindet, sollte er eingetragen werden. Dazu wählen Sie das Register *Gateway*. Die Liste *Installierte Gateways* wird leer sein. Tragen Sie nun die IP-Adresse des Routers in das Feld *Neuer Gateway* ein und klicken Sie auf *Hinzufügen*.

Falls Ihnen der Dienst DNS zur Verfügung steht, empfiehlt es sich, ihn eintragen. Dazu muss Ihnen die IP-Adresse des/der DNS-Server(s) bekannt sein. Wechseln Sie auf das Register *DNS-Konfiguration*.

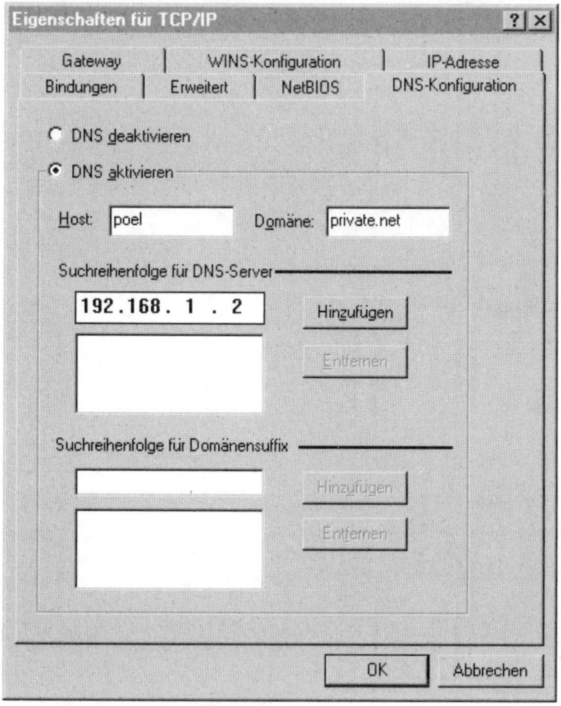

Abb. 9.6: Die DNS-Konfiguration

Eigener Hostname, Domäne und die IP-Adresse des DNS-Servers (*Hinzufügen* nicht vergessen!) müssen eingetragen werden. Die Angaben erfragen Sie gegebenenfalls bei Ihrem Netzwerkadministrator.

Falls ein WINS-Server verfügbar ist, muss dieser noch in der Seite *WINS-Konfiguration* eingetragen werden. Das Verfahren ist dort zu aktivieren.

Das war die TCP/IP-Konfiguration. Mit *OK* wird das Fenster wieder geschlossen.

Client für Microsoft-Netzwerke

Falls Sie einen PDC in Ihrem Netzwerk haben, an dem Sie sich anmelden möchten, können Sie die nötige Einrichtung nun im Netzwerk-Dialog unter *Client für Microsoft-Netzwerke* über die Schaltfläche *Eigenschaften* vornehmen.

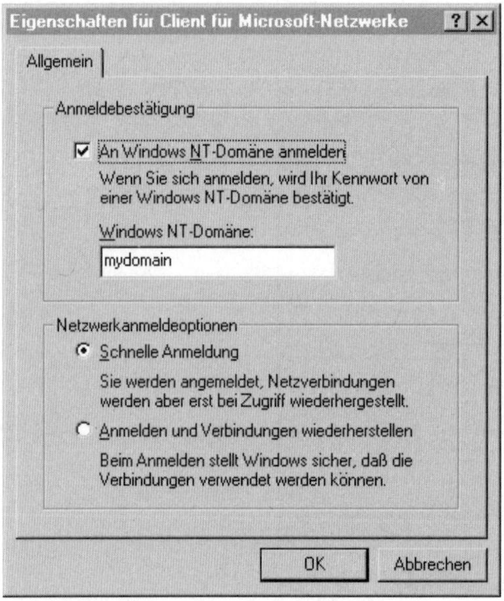

Abb. 9.7: Angaben zum PDC

Mit *OK* wird das Fenster geschlossen. Auch ohne PDC sollten die Angaben kontrolliert werden.

Datei- und Druckerfreigabe für Microsoft-Netzwerke

Falls Sie Ressourcen Ihres PCs zur Verfügung stellen wollen, muss der Dienst *Datei- und Druckerfreigabe für Microsoft-Netzwerke* installiert werden. Dazu sind keine besonderen Aktionen erforderlich. Wählen Sie *Hinzufügen / Dienst / Microsoft / Datei- und Druckerfreigabe für Microsoft-Netzwerke*.

Mit der Installation dieses Dienstes ist noch nichts freigegeben. Das muss man explizit für Verzeichnisse oder Laufwerke entscheiden (am besten über den Windows-Explorer / rechte Maustaste auf die gewünschte Ressource / Freigabe).

Nun müssen Sie die gesamte Konfiguration erst einmal speichern, indem Sie im *Netzwerk*-Dialog auf *OK* klicken. Windows installiert nun einiges nach und möchte neu starten. Das ist unbedingt nötig.

HINWEIS

Wegen zahlreicher Bugs in der Windows-Netzwerkadministration kann es passieren, dass Windows nun nicht automatisch herunterfährt, sondern hängen bleibt. Lassen Sie dem PC einige Minuten Zeit. Wenn es nichts hilft, müssen Sie ihn abschalten. Allerdings kann es vorkommen, dass dadurch die Netzwerkeinrichtung verloren geht. Dann müssen Sie schlimmstenfalls das ganze Netzwerk noch einmal einrichten.

Anmeldung am Server

Beim nächsten Windows-Start sollte ein Dialog nach *Nutzernamen* und *Passwort* fragen. Tragen Sie dort schon den Nutzernamen und das Passwort ein, mit dem Sie sich später am Samba-Server anmelden wollen. Eine direkte Anmeldung erfolgt jetzt allerdings noch nicht, denn Sie haben noch keine Ressourcen vom Server in Verwendung.

Nun wollen wir eine Ressource verbinden. Dazu gibt es mehrere Wege. Der einfachste (für Maus-Fetischisten) ist das Klicken auf die *Netzwerkumgebung* (auf dem Desktop). Dort sollte Ihr Samba-Server sichtbar sein. Ist das nicht der Fall, kann das unendlich viele Ursachen haben. Zumindest sollte man sich sicher sein, dass die Namen der Arbeitsgruppen übereinstimmen und der Server über TCP/IP erreichbar ist. Mehr zur Fehlersuche finden Sie im Kapitel 12, *Fehlersuche und geeignete Werkzeuge*.

Haben Sie den Server ausfindig gemacht, klicken Sie ihn einfach doppelt an, und Sie bekommen eine Liste der Freigaben. Auf eine solche Freigabe können Sie mit der rechten Maustaste klicken und *Netzwerk verbinden* auswählen. Folgender Dialog erscheint:

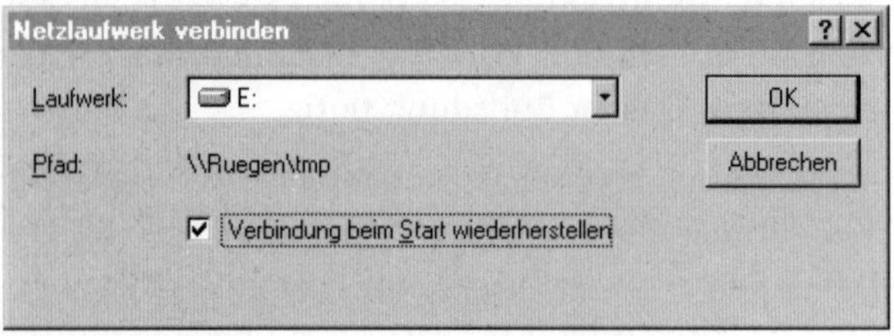

Abb. 9.8: Den PC mit einer Freigabe verbinden

Nach der Bestätigung kann es vorkommen, dass das Passwort abgefragt wird. Das passiert, wenn Ihr Windows-Passwort nicht mit dem Samba-Passwort übereinstimmt. Was tun, wenn man mit keinem Passwort eine Verbindung herstellen kann? Dazu der nächste Abschnitt.

Passwortverhalten

Es kann schnell zu Problemen mit der Verbindung von Ressourcen kommen. Dazu einige typische Fehler.

Nutzer ist auf Samba nicht bekannt

Der Nutzer, als der man sich am Windows angemeldet hat, muss natürlich auch unter Samba bzw. UNIX bekannt sein. Die Groß-/Kleinschreibung spielt im Allgemeinen für Samba keine Rolle.

Samba führt für die Verarbeitung verschlüsselter Passwörter eine eigene Passwortdatenbank. Dort muss der Nutzer einmal explizit eingetragen worden sein.

Passwort ist falsch

Es kann auch im trivialen Fall an einem falschen Passwort liegen. Da man die Passwörter nirgends einsehen kann, bleibt im Zweifelsfalle nur die Neuvergabe. Unter UNIX/Samba muss je nach Behandlung von verschlüsselten Passwörtern eines oder das andere Passwort geändert werden. Der Sicherheit halber sollte man mit den Kommandos *passwd* und *smbpasswd* beide Passwörter ändern.

Passwortverschlüsselung falsch angewendet

Das größte Problem, vor allem wenn man noch ein Samba vor Version 2.0 verwendet, ist die Verarbeitung von verschlüsselten Passwörtern. Hat man Windows-95b-, Windows-98- und Windows-NT-Clients, sollte man wegen der Verarbeitung verschlüsselter Passwörter unbedingt auf Samba 2.0 wechseln. Alternativ kann man die Passwortverschlüsselung auch bei den Clients abschalten, was aber nicht die beste Idee ist, weil das zu Lasten der Sicherheit geht und bei jedem PC gemacht werden muss. Mehr dazu ist im Abschnitt 8.6, *Passwortverwaltung*, zu erfahren.

9.2 Zusammenfassung, Fragen und Übungen

Zusammenfassung

- Samba benötigt einen TCP/IP-Stack auf der Client-Seite.
- Es ist besonders auf die IP-Adresse, den Arbeitsgruppennamen und den Client-Namen zu achten.

Zusammenfassung

- ▶ Häufig sind Verbindungsprobleme auf ein Missmanagement der Passwörter zurückzuführen. Man muss sich für Samba entscheiden, ob verschlüsselte Passwörter verarbeitet werden sollen. Wenn man das unterbindet (`encryp passwords = no`), dann dürfen alle Clients nur unverschlüsselte Passwörter senden.

Fragen und Übungen

1. Verbinden Sie nach der oben beschriebenen Netzwerke-Einrichtung eine weitere Ressource, allerdings so, dass sie beim Neustart nicht wieder verbunden wird.
2. Versuchen Sie, im Windows-Explorer auf Ressourcen zuzugreifen, ohne sie vorher als Laufwerk verbunden zu haben.
3. Mit welchem Kommando kann man eine Ressource auf DOS-Ebene verbinden?
4. Trennen Sie ein Netzwerklaufwerk!

G
A
L
12
11
10

Administration über das Werkzeug SWAT

9
8
7
6
5
4
3
2
1

»

10 Administration über das Werkzeug SWAT

10.1 Was ist SWAT?

SWAT: das ***S****amba* ***W****eb* ***A****dministration* ***T****ool*. Es ist eines von mehreren grafischen Administrationswerkzeugen, die zur Verwaltung von Samba zur Verfügung stehen. Da SWAT seit der Samba-Version 2.0 mit der normalen Distribution mitgeliefert wird, erscheint der Einsatz anderer Tools etwas unsinnig. Deshalb soll an dieser Stelle auf andere Programme dieser Couleur auch nicht weiter eingegangen werden.

Ganz zeitgemäß ist SWAT ein HTTP-Server, der entsprechende HTML-Seiten zur Administration über einen üblichen Browser bereitstellt. Nun würde man sich mit dem üblichen HTTP-Port 80 oder 8080, der häufiger bei Einsatz von Proxies verwendet wird, ins Gehege kommen. Unter anderem deshalb verwendet SWAT den Port 901.

Mit Hilfe von SWAT kann man auf alle Variablen der *smb.conf* zugreifen. In diesem Abschnitt wird aber nicht detailliert auf die Funktionen der einzelnen Variablen eingegangen, denn das ist in einem der vorherigen Abschnitte schon ausführlich getan worden.

HINWEIS

SWAT funktioniert auch ohne aktive Samba-Prozesse (*nmbd* und *smbd*). Wenn man Probleme mit dem Zugang zu den Freigaben hat, dann soll die Lauffähigkeit von SWAT nicht darüber hinwegtäuschen, dass die nötigen Samba-Prozesse eventuell gar nicht gestartet worden sind. Über SWAT lässt sich der Status der Prozesse aber ermitteln und sie können gegebenenfalls von SWAT aus gestartet werden.

10.2 Einrichtung von SWAT

SWAT muss nicht unmittelbar eingerichtet werden. Die Netzwerkeinstellungen sind jedoch zu überprüfen, damit der Port 901 verwendet werden kann und SWAT startbar wird.

Vorbereitung einiger Konfigurationsdateien

Zu kontrollieren sind die Dateien */etc/services* und */etc/inetd.conf*.

Die */etc/services* entscheidet darüber, ob der Dienst für den Port 901 bekannt ist.

SWAT sollte zweckmäßigerweise nicht ständig laufen und das System belasten. Deshalb wird es über den Dienst *inetd* auf Anforderung gestartet. Das ist auch sehr sinnvoll, denn administrative Aufgaben zu Samba sind nach der Ersteinrichtung relativ selten.

Die Datei */etc/inetd.conf* ist so zu konfigurieren, dass SWAT (bzw. das ausführbare Programm *swat*) gestartet werden kann.

Die Details zum Vorgehen sind im Abschnitt zur Installation von Samba genauer erläutert und werden hier nicht noch einmal behandelt.

So testet man die Konfiguration

Als empfehlenswerter Test zur Kontrolle, ob SWAT läuft, kann folgendes Kommando dienen:

```
telnet <server> 901
```

Bezogen auf unsere Konfiguration lautet Eingabe und Ergebnis:

```
ruegen:~ # telnet ruegen 901

Trying 192.168.1.2...
```

```
Connected to ruegen.privat.de.
Escape character is '^]'.
```

Wenn die »Connected«-Meldung erscheint, ist *telnet* über den Port 901 verbunden. Das bedeutet, *swat* wurde gestartet.

Das `telnet`-Kommando scheint zu hängen. Dem ist aber nicht so, sondern die Gegenseite (*swat*) wartet auf vernünftige HTTP-Befehle. Wenn in bestimmter Zeit nichts geschieht, beendet *swat* und damit auch die `telnet`-Session.

Wenn es nicht klappt

Ebenso kann es vorkommen, dass die Verbindung nicht zustande kommt. Dann sieht das Bild folgendermaßen aus:

```
ruegen:~ # telnet ruegen 901
Trying 192.168.1.2...
telnet: Unable to connect to remote host: Connection refused
```

Das ist nun ein sicheres Zeichen dafür, dass *swat* nicht erreichbar ist. Dafür kommen mehrere Ursachen in Frage:

Ursache	**Behebung**
Die *inetd*-Konfiguration ist nicht aktuell	Nach Änderungen der Datei */etc/inetd.conf* muss *inetd* über die Änderungen informiert werden. Dies geschieht normalerweise durch das Senden des Signals SIGHUP an den *inetd*-Prozess: kill -1 722 Hinweis: Statt der 722 müssen Sie die Prozessnummer Ihres *inetd*-Prozesses einsetzen. Außerdem müssen Sie als Nutzer *root* angemeldet sein.

Ursache	Behebung
Die *inetd*-Konfiguration ist nicht gültig	Konfigurationsdatei */etc/inetd.conf*, Zeile, die mit *swat* beginnt: In der vorletzten Spalte steht der Pfad des aufzurufenden Programms, z.B. */usr/sbin/swat*. Es muss unter diesem Pfad natürlich vorhanden und ausführbar sein.
Die Datei */etc/services* ist nicht eingerichtet	In der */etc/services* ist der Dienst *swat* für das Netzwerk definiert (Vergabe der Portnummer 901). Diese Zeile muss vorhanden sein und darf nicht mit einem Doppelkreuz (#) beginnen!

Tab. 10.1: Mögliche Ursachen, wenn *swat* nicht erreichbar ist

Sollten alle diese Einstellungen kontrolliert worden sein, und der Erfolg bleibt aus, hilft vermutlich nur noch die Kontrolle der Protokolldateien (bei LINUX meist unter */var/log*).

10.3 Aufruf über einen Browser

Die URL

Die Verwendung des TCP/IP-Ports 901 ist auch für die einzugebende Adresse (URL) von Bedeutung. Sie könnte demnach lauten:

```
http://ruegen.intern.ihre-firma.de:901
```

In meinem weiter unten folgenden Beispiel wurde kein DNS benutzt und der Hostname des Servers entstammte der *hosts*-Datei. Deshalb ist die

Verwendung des kürzeren URL *http://ruegen:901* identisch mit obiger Darstellung.

Achtung! Proxy-Einstellungen des Browsers

Es könnte der Fall eintreten, dass Sie Samba hinter einer Internet-Firewall betreiben. Solch eine Firewall richtet man ja eigentlich nur ein, wenn man einen kontrollierten Zugang zum Internet haben möchte. Der häufigste Fall ist wohl der realisierte HTTP-Zugang. Dabei wird im Konzept der Firewall meist eine Port-Umsetzung für das HTTP vorgenommen, z.B. vom Standardport 80 nach 8080. Der Browser ist nach diesem Konzept gezwungen, auf einen HTTP-Proxy zuzugreifen, der die Port-Umsetzung realisiert.

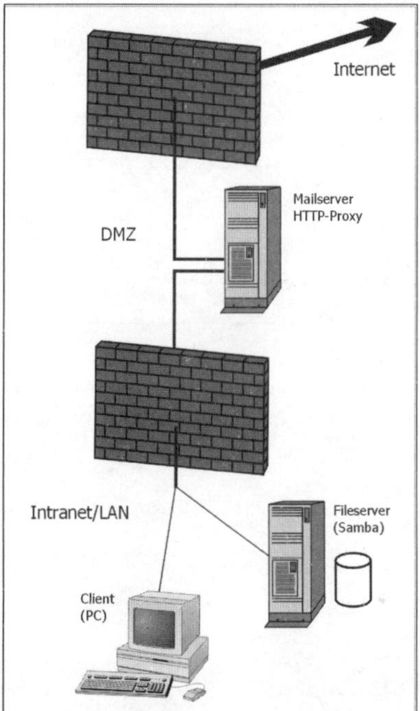

Abb. 10.1: Firewall und Samba-Server

Logischerweise muss man diesen Proxy im Browser eintragen, um über den Port 8080 die WWW-Daten laden zu können.

Was hat das mit Samba zu tun? Ganz einfach: Die SWAT-Seiten laufen natürlich nicht über den Proxy, denn der Samba-Server befindet sich ja im geschützten Bereich der Firewall. Deshalb muss dem Browser erklärt werden, dass bestimmte URL-Anforderungen nicht zum Proxy gesendet werden müssen, sondern direkt zum entsprechenden Server. An dieser Stelle soll nur auf die weit verbreiteten Browser *Netscape Navigator* und *Microsoft Internet Explorer 5* eingegangen werden. Andere Browser haben diese Möglichkeit sicher auch.

Netscape Navigator

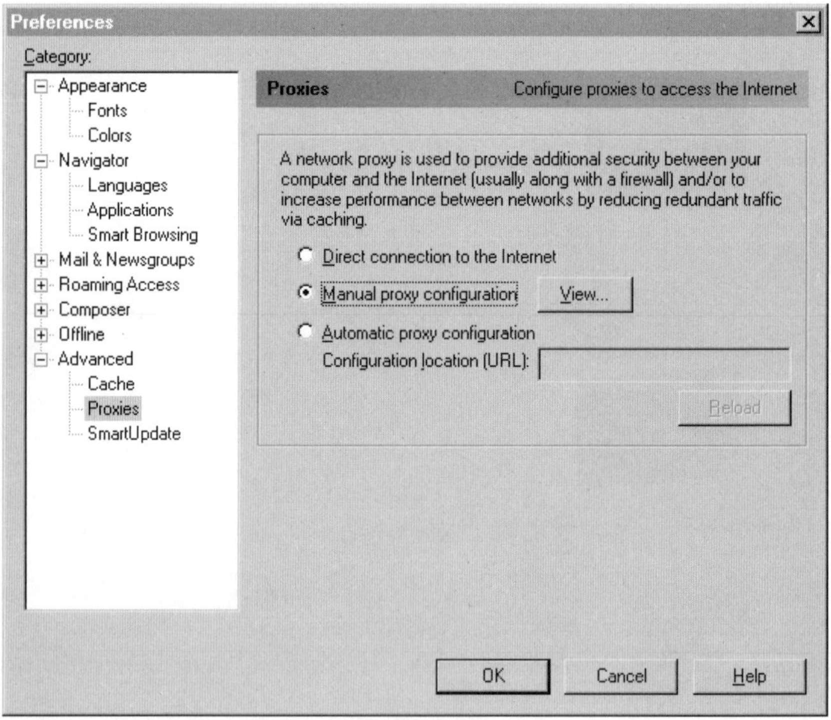

Abb. 10.2: Netscape: Aufruf über *Extras / Preferences*

Bei Netscape lässt sich der Proxy auch komplett abschalten, indem der Punkt *Direct connection to the internet* gewählt wird.

Sehen wir uns nun an, wie man einen einzelnen Host zur Umgehung des Proxy einträgt. Dazu benötigt man den Proxy-Dialog unter *Manual Proxy Configuration / View*.

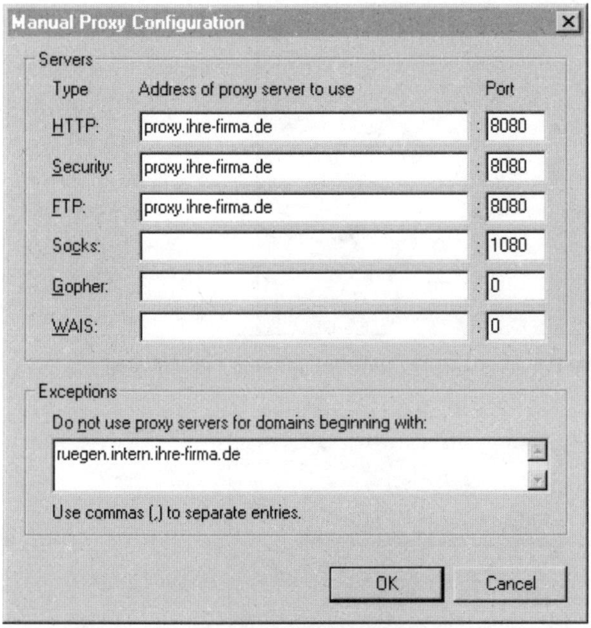

Abb. 10.3: Die konkrete Proxy-Konfiguration

Im Feld *Exceptions* können nun durch Komma getrennte Hostnamen eingetragen werden, für die HTTP-Anforderungen nicht zum Proxy gesendet werden. Abkürzungen sind nach meiner Erfahrung nicht zulässig (siehe Abbildung 10.4).

Der IE5 erlaubt ebenfalls die Komplettabschaltung der Proxy-Konfiguration, indem das Feld *Proxyserver verwenden* abgeschaltet wird. Für die konkrete Austragung einzelner Server geht man in den *Erweitert*-Dialog (siehe Abbildung 10.5).

Microsoft Internet Explorer

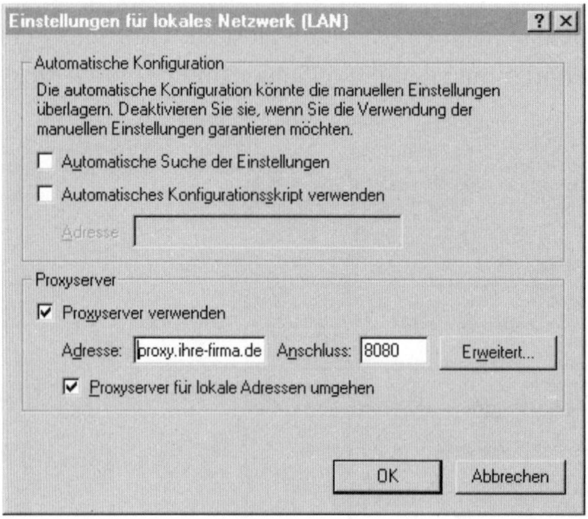

Abb. 10.4: Der Dialog beim IE5: über *Extras / Internetoptionen / Verbindung*

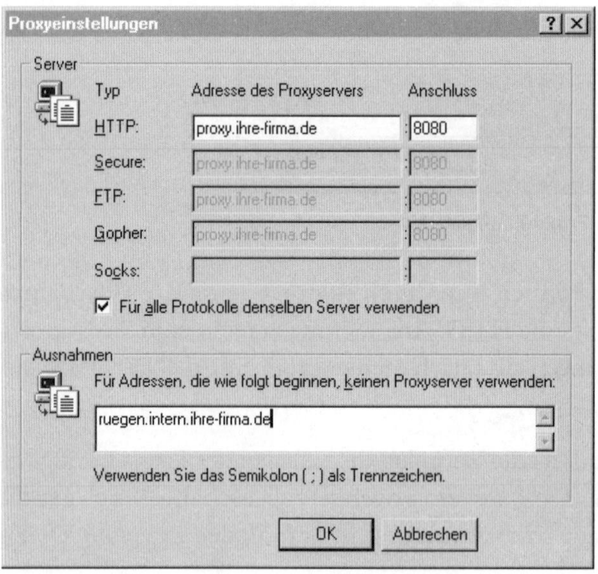

Abb. 10.5: IE5: erweiterte Einstellungen für die Proxy-Definition

Auch hier kann man nun eine Liste von Hosts in das Feld *Ausnahmen* aufnehmen. Beim IE5 werden sie allerdings durch ein Semikolon getrennt.

10.4 Arbeit mit SWAT

Anmeldung

Nach der Eingabe der URL im Browser erscheint der Anmeldedialog.

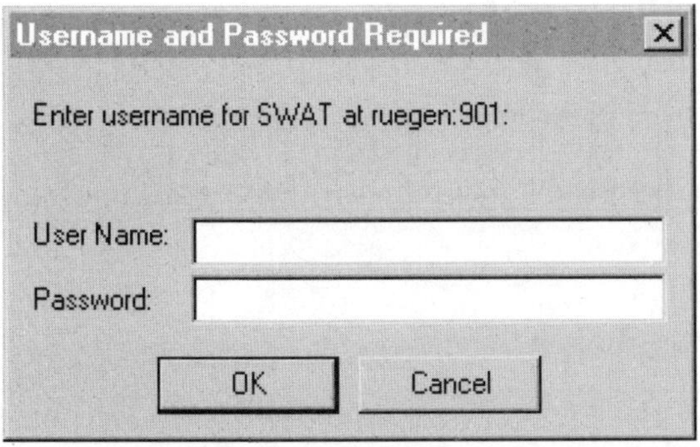

Abb. 10.6: Für die Arbeit mit SWAT müssen Sie sich anmelden

Normalerweise benötigt man *root*-Rechte, um die Samba-Administration durchzuführen. Ihnen muss also das *root*-Passwort bekannt sein!

Die Anmeldung als normaler Nutzer ist ebenfalls möglich. Allerdings unterliegt man logischerweise einigen Beschränkungen. Man darf dann zwar die Konfiguration und den Systemzustand einsehen, aber nichts verändern. Einzig die Änderung der eigenen UNIX- und Samba-Passwörter ist erlaubt.

HINWEIS

Wenn Sie SWAT über eine Netzwerkverbindung verwenden, bedenken Sie bitte, dass das zur Autorisierung einzugebende Passwort unverschlüsselt durch das Netzwerk gesendet wird.

Nach erfolgreichem Einloggen wird die Heimatseite von SWAT dargestellt.

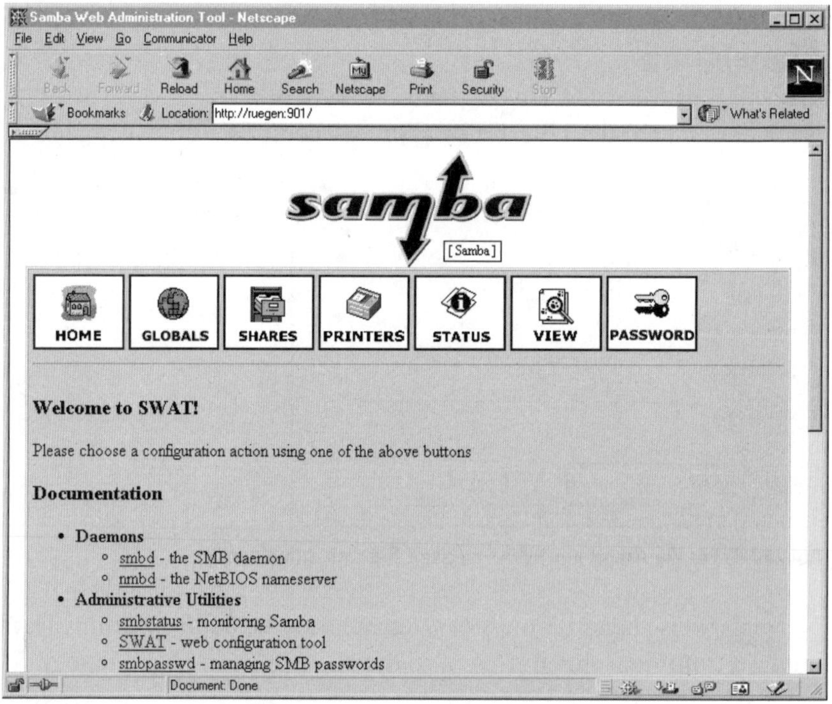

Abb. 10.7: Nach der Anmeldung befinden Sie sich auf der Startseite

Von der Startseite aus ist die Verzweigung in die einzelnen Kategorien über (ziemlich große) Symbole realisiert.

Vorteilhaft für die Navigation ist, dass alle Symbole bei jedem Bild im oberen Bereich erscheinen. Seiten, die diesen Kopf nicht haben, werden in einem neuen Browser-Fenster angezeigt. So verliert man auch als Samba-Newcomer nicht den Überblick.

An dieser Stelle nur mal eine kurze Erklärung zu den Punkten. Die Details folgen dann weiter unten.

Erklärung der Symbole

HOME

Das *HOME*-Symbol führt auf die Startseite zurück.

Die Startseite selbst liefert die gesamten Informationen zu den Samba-Programmen, wie man sie über das `man`-Kommando erhalten würde. Vorteilhaft gegenüber dem *man-pages* ist natürlich das günstigere Anzeigeverhalten und das leichte Verfolgen der Querverweise im Browser.

GLOBALS

Hinter *GLOBALS* verbergen sich Einstellungen, die das Gesamtverhalten von Samba beeinflussen, also NetBIOS-Name, Server-String (Zusatzinformationen zum Typ des Samba-Servers für Anfragen) und auch Einstellungen zum Passwortverhalten.

HINWEIS

Änderungen in dieser Sektion werden nicht unmittelbar wirksam. Mehr dazu weiter unten.

SHARES

SHARES verzweigt zu den definierten Freigaben und eröffnet die Möglichkeit, neue Freigaben anzulegen.

Das Anlegen von Druckerfreigaben gehört nicht zu diesem Punkt.

PRINTERS

Dieser Punkt erlaubt das Anlegen, Löschen und Verwalten von Druckerfreigaben.

STATUS

Über *STATUS* kann man sich einen schnellen und komfortablen Überblick über den Samba-Status verschaffen. Klarheit bekommt man darüber, ob die nötigen UNIX-Prozesse laufen, welche Clients angemeldet sind und welche Dateien geöffnet sind.

VIEW

Im Punkt *VIEW* wird dem Samba-Verwalter die Samba-Konfiguration in der Darstellung der *smb.conf* angezeigt. Es gibt auch eine erweiterte Darstellung mit allen Parametern.

PASSWORD

Der Punkt *PASSWORD* schafft die Möglichkeit, Samba-Passwörter für den Administrator und die Nutzer zu ändern. Außerdem können Nutzer angelegt werden.

10.5 Überprüfung des Samba-Status

Zu diesem Punkt gelangt man über das Symbol *STATUS*. Die angezeigte HTML-Seite liefert auf einen Blick die wichtigsten Informationen zum Zustand von Samba (siehe Abbildung 10.8).

Die folgenden Punkte erläutern das Verhalten der einzelnen Abschnitte der Status-Seite.

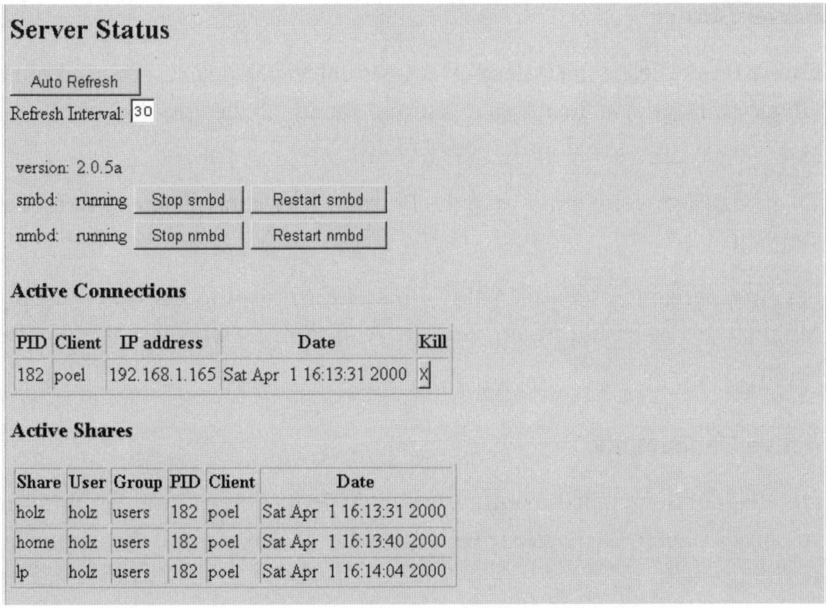

Abb. 10.8: Wer benutzt Ressourcen? Der Server-Status gibt Auskunft

Auto Refresh

Da sich zumindest in einem belebten System der Zustand einiger Aspekte des Samba-Dienstes schnell ändern kann, haben die Samba-Programmierer dem Rechnung getragen und einen entsprechenden Punkt zur automatischen Aktualisierung der Anzeige vorgesehen. Sie tragen das gewünschte Aktualisierungsintervall in das Feld *Refresh Interval* ein und klicken auf *Auto Refresh*. Von da an werden Sie entsprechend dem Intervall mit einer aktualisierten Seite beglückt. Abschalten lässt sich das Feature natürlich auch wieder.

Wenn Sie das Feld *Refresh Interval* sehen, sind Sie noch nicht im Autorefresh-Modus.

Server Status

Dieser Punkt liefert auch dem UNIX-Muffel fernab des Servers und ohne UNIX-Kommandos die nötigen Informationen, ob die erforderlichen Prozesse *smbd* und *nmbd* laufen oder nicht.

Zweckmäßigerweise kann man die Prozesse hier auch gleich starten oder stoppen.

Bei Änderungen an den *GLOBAL*-Einstellungen sollte man die Restart-Möglichkeit auch benutzen, um die Änderungen wirksam werden zu lassen.

Active Connections

Der Teil der Seite gibt Auskunft, welche Clients derzeit eine Verbindung zu Samba haben. Gleichzeitig wird auch die IP-Adresse und die Anmeldezeit dargestellt.

Über die Schaltfläche mit dem Kreuz lässt sich eine Client-Verbindung auch beenden. Ein Punkt, den man wohl selten benutzen wird.

Active Shares

Dieser Teil der HTML-Seite zeigt, wer welche Freigaben seit wann aktiviert hat. Es werden sowohl die Angaben über den UNIX-Nutzer und dessen Gruppenzugehörigkeit als auch Angaben zum Client geliefert.

PID ist die Prozessnummer des *smbd*-Prozesses des Clients. Üblich ist, dass für jeden Client ein eigener Prozess gestartet wird. Das führt unter Umständen zu Unmengen von Prozessen, wodurch die Übersicht in der Prozessliste schnell mal verloren geht. Außerdem bekommt man bei den unterschiedlichen UNIX-Versionen nicht immer so einfach eine Information, für wen ein bestimmter *smbd*-Prozess gestartet wurde. Da kommt dann die Information in dieser SWAT-Seite gerade recht.

Open Files

In der Praxis bekommen die Nutzer gelegentlich einmal die Fehlermeldung, eine Datei sei gesperrt und könnte nicht geöffnet oder geschrieben werden. Es ist an sich die normale Funktionalität eines Datei-Servers, auf Anforderung der Clients die Sperrungen (Locks) von Dateien zu realisieren.

Die »ausgesperrten« Anwender fragen dann oft den Administrator, wer sie blockiert. Die Frage ist meist gar nicht so einfach zu beantworten, denn man kommt nicht schnell an eine Liste aller offenen Dateien und deren Sperrzustand.

Zum Glück liefert SWAT eine solche Liste für alle von Samba geöffneten Dateien.

Open Files

PID	Sharing	R/W	Oplock	File
182	DENY_NONE	RDONLY	EXCLUSIVE+BATCH	/home/holz/htdocs/hand.gif
182	DENY_NONE	RDONLY	EXCLUSIVE+BATCH	/home/holz/htdocs/70bg1.gif
182	DENY_WRITE	RDONLY	EXCLUSIVE+BATCH	/home/holz/forte4j_user/Development/unicon/
182	DENY_NONE	RDONLY	EXCLUSIVE+BATCH	/home/holz/htdocs/vwblitz.gif
182	DENY_NONE	RDONLY	EXCLUSIVE+BATCH	/home/holz/htdocs/warn2.gif
182	DENY_NONE	RDONLY	EXCLUSIVE+BATCH	/home/holz/htdocs/laveg.gif
182	DENY_NONE	RDONLY	EXCLUSIVE+BATCH	/home/holz/htdocs/stark.gif
182	DENY_NONE	RDONLY	EXCLUSIVE+BATCH	/home/holz/htdocs/bl_bb.html

Abb. 10.9: Auch mal interessant: offene Dateien

Unter Realbedingungen mit »arbeitenden« Nutzern kann die Liste recht lang werden. Um dennoch das Gesuchte zu finden, kann man sich der Textsuche der Browser bedienen. Sie ist meist mit den Tasten [Strg] + [F] aufzurufen.

10.6 Ansicht der Samba-Konfigurationsdatei

Hat man sich erst einmal an SWAT gewöhnt, wird man die manuelle Bearbeitung der Konfigurationsdatei *smb.conf* nicht unbedingt vermissen. Allerdings kommt schnell mal die Frage auf, wie SWAT die eine oder andere Einstellung in die Konfigurationsdatei einträgt.

Die Neugierde kann man über das Symbol *VIEW* befriedigen.

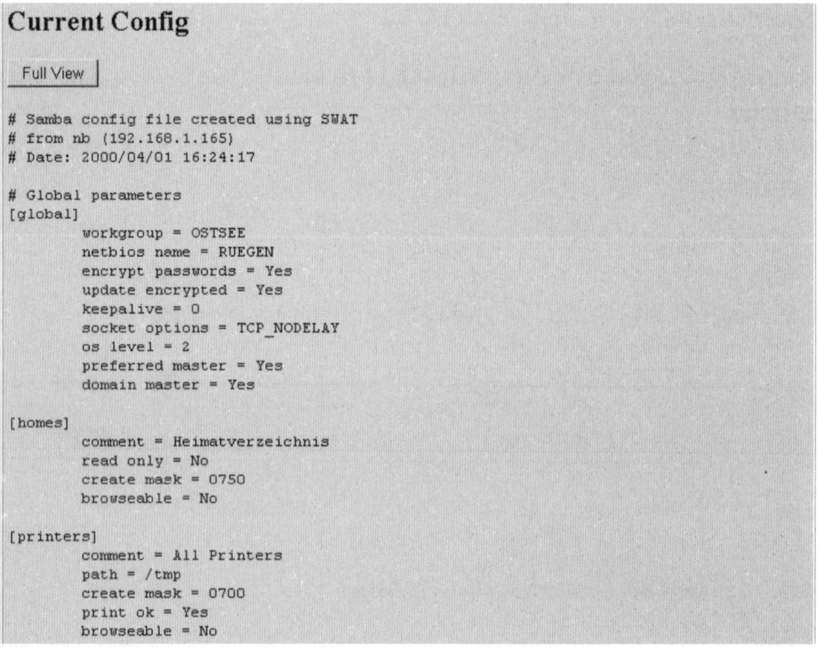


```
# Samba config file created using SWAT
# from nb (192.168.1.165)
# Date: 2000/04/01 16:24:17

# Global parameters
[global]
        workgroup = OSTSEE
        netbios name = RUEGEN
        encrypt passwords = Yes
        update encrypted = Yes
        keepalive = 0
        socket options = TCP_NODELAY
        os level = 2
        preferred master = Yes
        domain master = Yes

[homes]
        comment = Heimatverzeichnis
        read only = No
        create mask = 0750
        browseable = No

[printers]
        comment = All Printers
        path = /tmp
        create mask = 0700
        print ok = Yes
        browseable = No
```

Abb. 10.10: Ansicht der aktuellen *smb.conf*

Nach der Anwahl diese Punktes wird die *smb.conf* in der Form gezeigt, wie sie gespeichert ist.

Allerdings sind, wenn die Konfigurationsdatei von SWAT angelegt wurde, nur die gegenüber den Grundeinstellungen geänderten Parameter eingetragen. Schon während der Übersetzung der C-Quellen zu den Samba-Binaries werden alle Parameter (sinnvoll) belegt. Was sich gegenüber diesem Standard nicht verändert hat, braucht normalerweise auch nicht in der *smb.conf* zu stehen.

Aber wer kann sich schon die vielen Standardvorgaben merken? Deshalb gibt es für diese Seite auch eine zweite Anzeigeversion, die alle Variablen anzeigt. Diese Seite wird erzeugt, wenn man die Schaltfläche *Full View* betätigt.

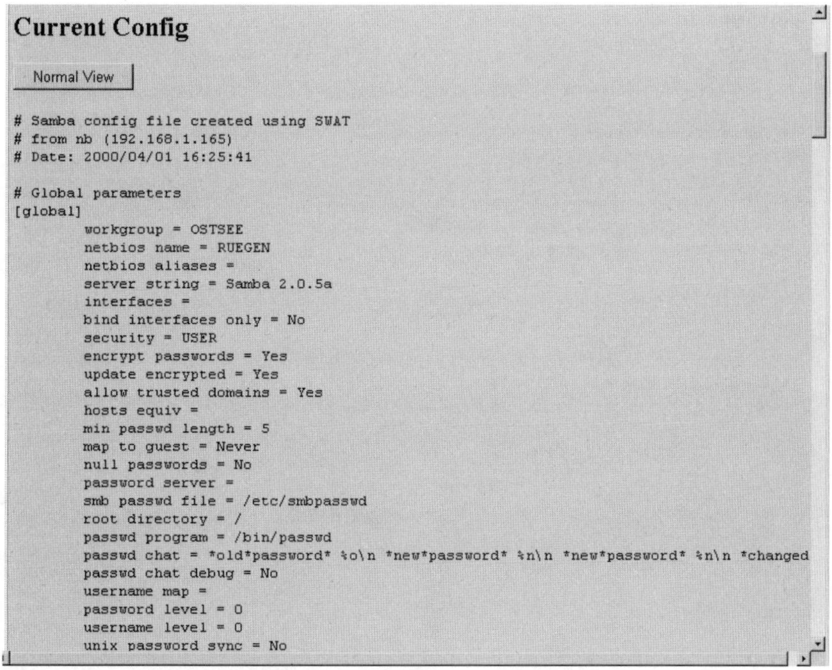

Abb. 10.11: Die Anzeige aller Parameter

Damit werden für alle Sektionen alle implizit oder explizit eingestellten Konfigurationsparameter angezeigt.

Die Umschaltung in die »Normalansicht« nehmen Sie über die Schaltfläche *Normal View* vor.

10.7 Zugriff auf die Online-Dokumentation

Auf der Startseite von SWAT bekommt man unter der Navigationsleiste auch Informationen über die einzelnen Programme, die Samba ausmachen.

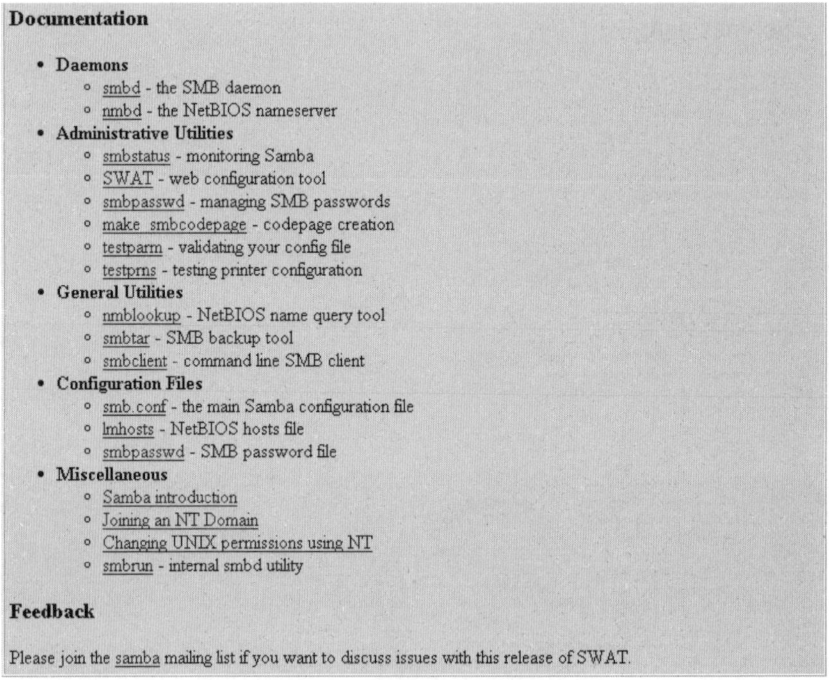

Documentation

- **Daemons**
  - smbd - the SMB daemon
  - nmbd - the NetBIOS nameserver
- **Administrative Utilities**
  - smbstatus - monitoring Samba
  - SWAT - web configuration tool
  - smbpasswd - managing SMB passwords
  - make_smbcodepage - codepage creation
  - testparm - validating your config file
  - testprns - testing printer configuration
- **General Utilities**
  - nmblookup - NetBIOS name query tool
  - smbtar - SMB backup tool
  - smbclient - command line SMB client
- **Configuration Files**
  - smb.conf - the main Samba configuration file
  - lmhosts - NetBIOS hosts file
  - smbpasswd - SMB password file
- **Miscellaneous**
  - Samba introduction
  - Joining an NT Domain
  - Changing UNIX permissions using NT
  - smbrun - internal smbd utility

Feedback

Please join the samba mailing list if you want to discuss issues with this release of SWAT.

Abb. 10.12: Hilfe und Erklärungen sind online verfügbar

Die Dokumente sind im Wesentlichen im Stile der *man pages* (UNIX-Hilfeseiten) verfasst. Da sie aber als HTML daherkommen, kann man die Verweise auf andere Samba-Informationen gleich anklicken.

10.8 Festlegung globaler Parameter

Über das Symbol *GLOBALS* wird diese Seite zur Anzeige und zur Änderung der globalen Samba-Parameter geliefert.

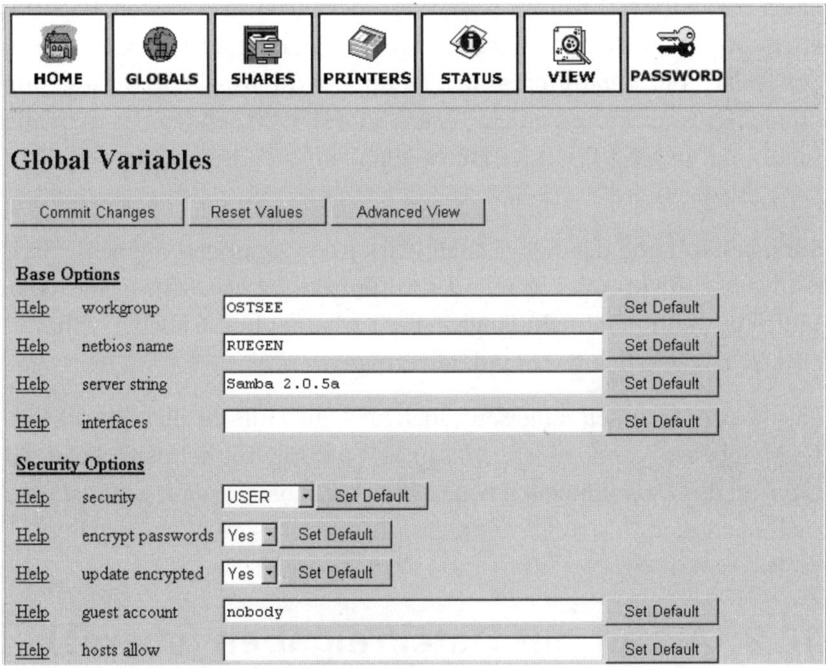

Abb. 10.13: Einstellungen der Global-Sektion

Die Seite ist die komprimierte Ansicht, die nur die wesentlichen Parameter zeigt. Eine vollständige Liste der Eigenschaften der Global-Sektion lässt sich über die Schaltfläche *Advanced View* aufrufen.

Änderungen an den Parametern werden erst wirksam, wenn man sie bestätigt hat. Das ist einerseits sinnvoll, liegt aber auch in der Natur von HTML-Seiten. Diese Bestätigung erfolgt durch die *Commit Changes*-Schaltfläche.

Hat man die Werte noch nicht festgeschrieben, dann kann man über die Schaltfläche *Reset Values* schnell wieder die ursprüngliche Seite aufbauen, seine Änderungen also wieder zurücksetzen. Die Werte werden bei dieser Aktion einfach wieder aus der aktuellen Konfiguration von Samba eingelesen.

Nach meinen Erfahrungen sind die Änderungen in der Global-Sektion etwas problematisch. Sie werden unter Umständen erst wirksam, wenn der *nmbd*- und *smbd*-Prozess neu gestartet wird. Möglicherweise genügt es auch, *beiden* Prozessen ein Signal SIGHUP zu senden. Ist man aber schon mal in SWAT, kann man es auch von hier aus auf der STATUS-Seite erledigen.

Sie sehen anhand des Bildes auch, dass jeder Parameter auf seine Standardwert zurückgesetzt werden kann (Button *Set Default*). Das ist ganz hilfreich, wenn man nicht lange in der Dokumentation suchen will, welcher Wert eigentlich der Standardwert ist.

Last but not least liefert die Seite auch noch die Hilfe zu allen Parametern. Diese Idee ist besonders sinnvoll in Verbindung mit dem sich beim Klicken auf das *Help* öffnenden neuen Browser-Fenster. Somit geht die eventuell noch nicht festgeschriebene Konfigurationsseite nicht verloren.

10.9 Arbeit mit Dateifreigaben (shares)

Die Seite ist über das Symbol *SHARES* zu erreichen.

Nicht ganz ergonomisch ist die Auswahl der Freigaben (shares) für die Bearbeitung gelungen. Die links stehende Schaltfläche *Choose Share* kann man erst betätigen, wenn im Listenfeld rechts daneben der Freigabename ausgewählt wurde.

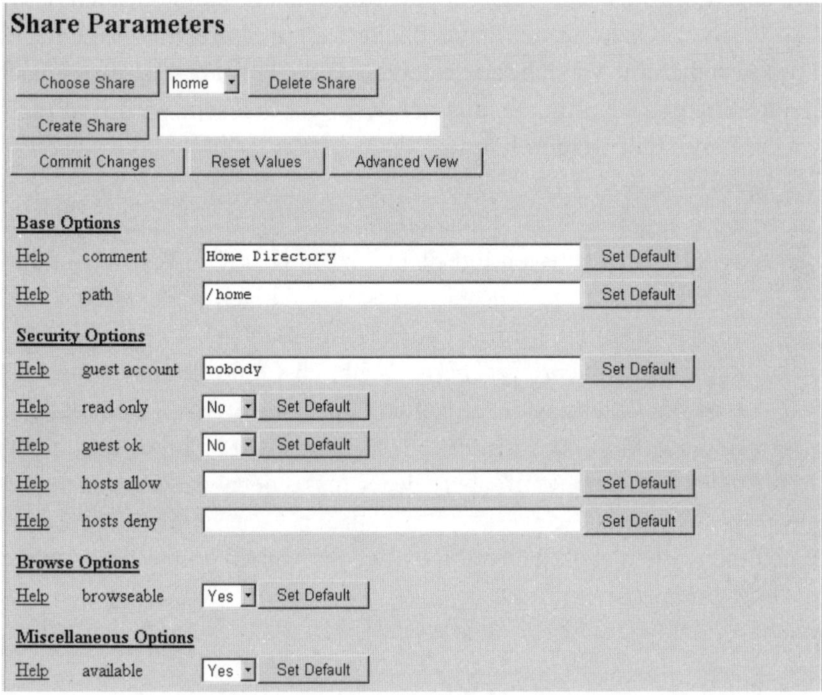

Abb. 10.14: Die wichtigsten Parameter einer Freigabe auf einen Blick

Nach dem Klick auf *Choose Share* erscheint die Seite mit den wichtigsten Angaben zu dieser Freigabe. Analog zum Verhalten bei GLOBALS gibt es auch hier einen *Advanced View*, der alle Parameter zum Ändern anbietet.

Neue Freigaben können Sie in diesem Formular auch mal ganz einfach erzeugen. Dazu tragen Sie in das Feld rechts neben *Create Share* den gewünschten Freigabenamen ein und klickten auf die gerade genannte Schaltfläche. Die weiteren Einzelheiten sehen wir einige Punkte weiter hinten am praktischen Beispiel.

Auch für diese Seite gilt, dass Änderungen erst in der *smb.conf* wirksam werden, wenn die Schaltfläche *Commit Changes* betätigt wurde.

Im Gegensatz zu den globalen Einstellungen kann man Freigaben natürlich löschen. Dazu ist die Schaltfläche *Delete Share* vorgesehen. Der Punkt ist aber mit Vorsicht zu genießen, da die Freigabe-Definition nach Betätigung der Schaltfläche aus der *smb.conf* gelöscht wird und nicht wieder hergestellt werden kann.

> **HINWEIS** Zum Löschen von Freigaben ist lediglich das Betätigen einer Schaltfläche notwendig! Es erfolgt auch keine Warnung oder Sicherheitsabfrage! Die Aktion ist also danach weder abbrechbar noch umkehrbar. (Zur Sicherheit kann man sich vorher aber eine Kopie der *smb.conf* machen.) Es gibt aber eine elegante Möglichkeit, die Löschung zu umgehen. Dazu setzen Sie das *available*-Feld auf *No*, und die Freigabe ist nicht mehr sichtbar und nicht mehr verfügbar, kann aber wieder reaktiviert werden.

Eine Besonderheit stellt die Freigabe mit dem Namen *homes* dar. Genaueres folgt im nächsten Punkt.

10.10 Sonderfall Heimatverzeichnisse

Unter normalen Umständen sind die Nutzer angehalten, ihre Dokumente auf dem Server abzulegen, um eine zentrale Datensicherung zu gewährleisten. Um eine Abgrenzung der Nutzer voneinander zu erreichen, werden so genannte Heimatverzeichnisse (homedirectories) angelegt und zugeordnet. Jeder Nutzer bekommt ein eigenes, nach seinem Nutzernamen benanntes Heimatverzeichnis. Die Rechte sind meist so gesetzt, dass andere Nutzer keinen Zugriff haben.

Nun ist es nur folgerichtig, eine Funktion zur Verfügung zu stellen, die in Abhängigkeit vom Nutzernamen dieses Verzeichnis für den Nutzer freigibt. Diese Funktion wird von der vorbereiteten Freigabe *homes* realisiert.

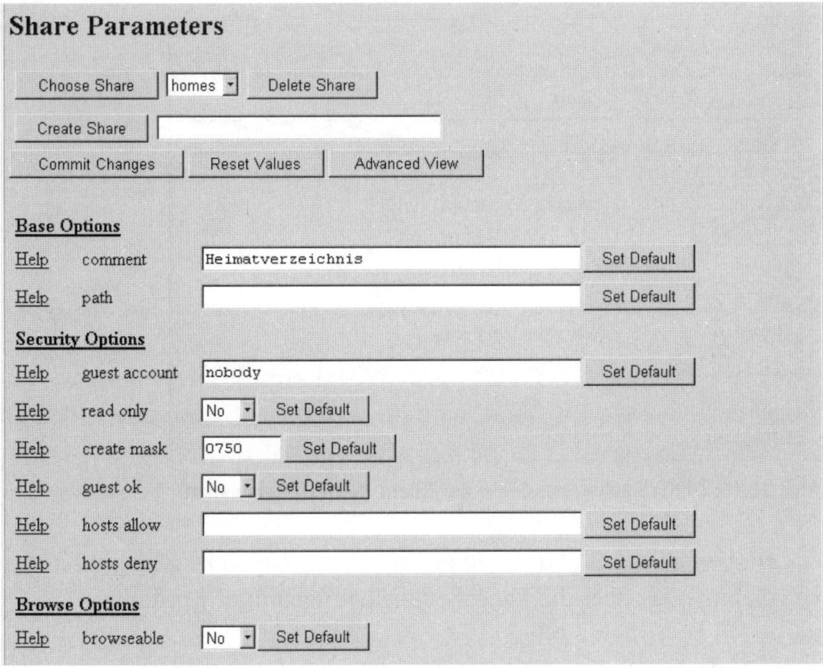

Abb. 10.15: Alle Heimatverzeichnisse können mit einer Freigabe definiert werden

Wie man in dem Screenshot sieht, ist kein konkreter Pfad in der Option *path* eingetragen. An Stelle eines festen Pfades wird hier das Homedirectory des angemeldeten Nutzers freigegeben.

Das führt zu dem glücklichen Umstand, dass Nutzer einfach an ihr Heimatverzeichnis herankommen, gegebenenfalls aber auf die Heimatverzeichnisse ihrer Kollegen nicht zugreifen können, da sie gar nicht sichtbar sind.

Einen Blick wollen wir noch auf das Ergebnis unserer Freigaben werfen. Dieses Bild stammt von einem Windows-95-Rechner, vom *Desktop / Netzwerkumgebung*. Nach der Auswahl des Samba-Servers erscheint beispielsweise folgendes Fenster:

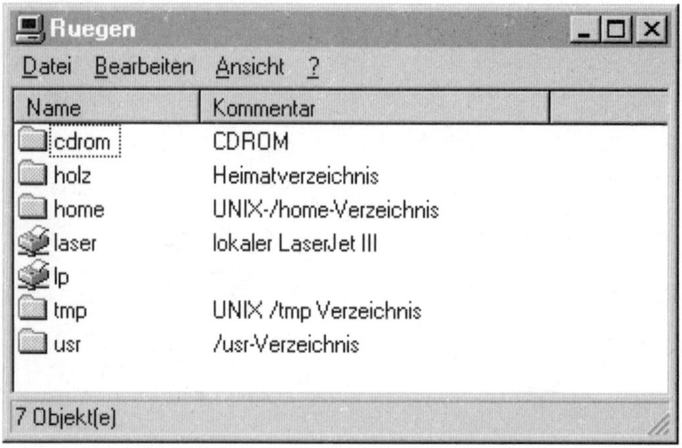

Abb. 10.16: Die Freigaben aus Sicht der Client-Seite (Detailansicht)

cdrom, *home*, *tmp* und *usr* sind reguläre Freigaben. *holz* ist mein Nutzerverzeichnis, das über die Freigabe *homes* zugeordnet wurde.

10.11 Arbeit mit Druckerfreigaben

Diese Seite erreicht man durch Klick auf das Symbol *PRINTERS*.

Bei der Sicht auf die freigegebenen Drucker bekommen Sie sowohl explizit über Samba eingerichtete Drucker als auch vom Spool-System bereitgestellte Drucker angezeigt. Letzteres erfordert aber die korrekte Einstellung des *printing*-Parameters in der *GLOBALS*-Sektion. Bei Systemen, die im BSD-Stil arbeiten (z.B. LINUX), wird die Konfigurationsdatei */etc/printcap* herangezogen. Damit spart diese Methode Arbeit: Das Einschreiben der nötigen Informationen in die */etc/printcap* genügt, und der Drucker ist unter Samba verfügbar.

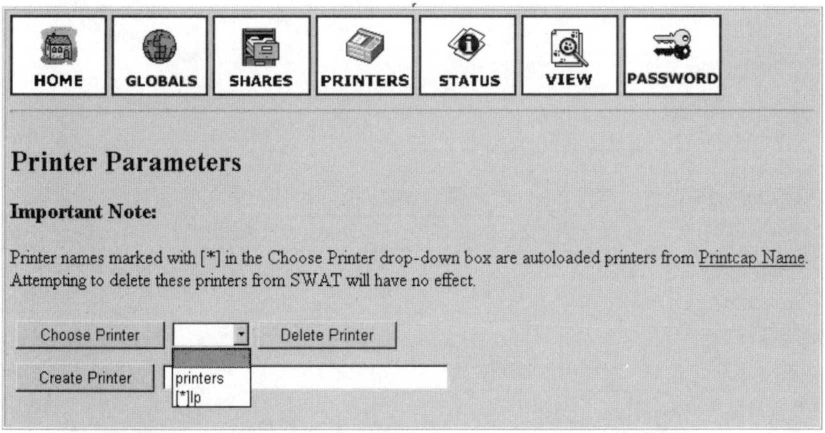

Abb. 10.17: Drucker müssen nicht unbedingt explizit eingerichtet werden

Es gibt noch eine dritte Art von Druckern, die hier mit *printers* umschrieben wird. Dies ist die Liste aller im System verfügbaren Drucker. Welche Drucker das konkret sind, lässt sich an dieser Stelle nicht sagen. Das kann man aber über das Kommando `smbclient -L <server> -N` feststellen (siehe Abbildung 10.18).

Wie bei den Seiten *Share Parameters* und *Global Variables* gibt es auch auf dieser Seite die Unterscheidung zwischen *Basic View* (obiges Bild) und *Advanced View*. In der Basisansicht wird nur das Nötigste zur Änderung angeboten.

Für die genauere Einrichtung rufen Sie den *Advanced View* über die gleichnamige Schaltfläche auf (siehe Abbildung 10.19).

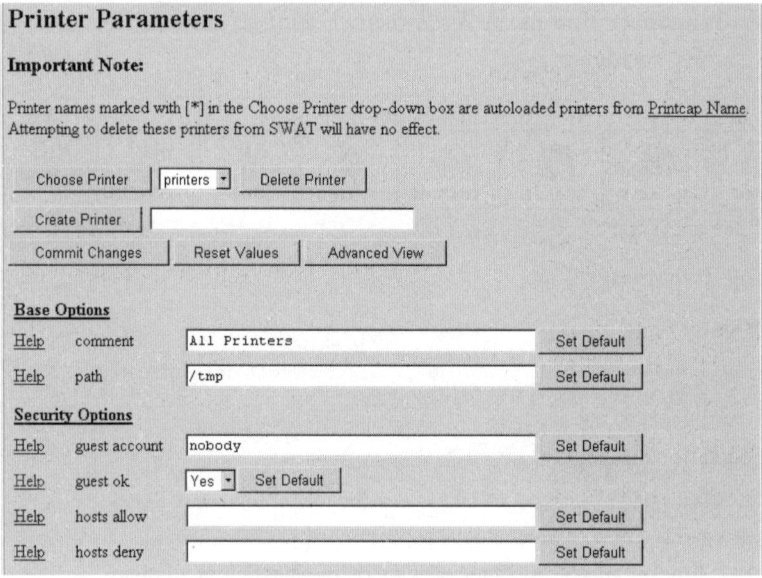

Abb. 10.18: *printers* bezeichnet alle vom System bereitgestellten Drucker

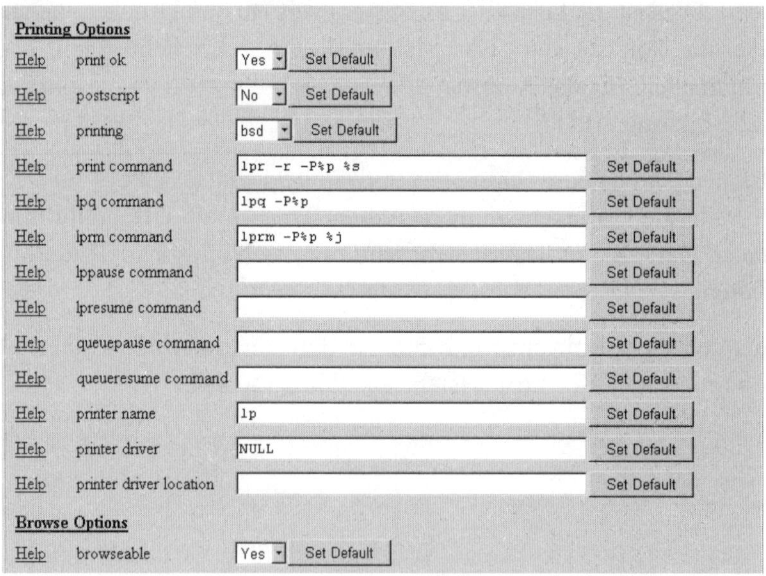

Abb. 10.19: Ein erweiterter Blick auf die Konfiguration eines Druckers

Hier haben Sie nun Zugang zu allen Parametern.

Interessant ist auch, dass Sie mit Hilfe von Samba auf ganz einfache Weise Pseudodrucker bilden können, die die Druckdaten eigentlich nur zur Weiterverarbeitung abfangen und nicht an einen Drucker senden. Dazu tragen Sie einfach in die Zeile *print command* Ihr eigenes Programm zur Weiterverarbeitung der Druckdaten ein.

10.12 Passwortverwaltung

Die Passwortverwaltung ist über das Symbol *PASSWORD* erreichbar.

Es wird die Änderung der Passwörter am lokalen Server (der uns diese Seiten liefert) von Passwortänderungen an anderen (entfernten/remote) Rechnern unterschieden.

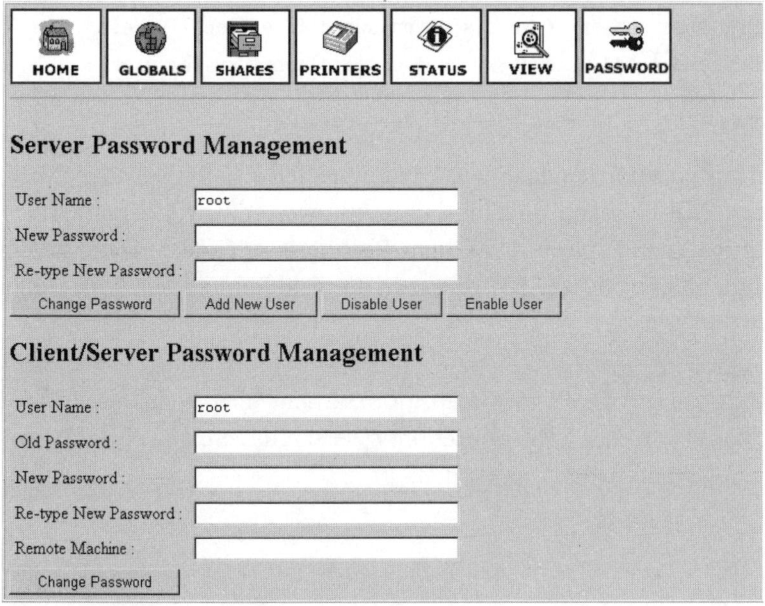

Abb. 10.20: Seite zum Ändern von Passwörtern

Sind Sie als *root* angemeldet, können Sie auch neue Nutzer anlegen, sperren und wieder freigeben. Außerdem, und das ist sehr bequem, können Sie über den Browser die (Samba-)Passwörter von Nutzern ändern. Im Übrigen können die Samba-Nutzer den Dialog auch selbst aufrufen, um ihr eigenes Passwort zu ändern.

> **HINWEIS**
> Das Anlegen von Nutzern und die Änderung von deren Parametern und Passwörtern hat <u>nur</u> Auswirkung auf die Samba-Passwortdatei *smbpasswd*. Das Gleiche gilt auch für Sperrungen und Freigaben. Wollen Sie einen vollwertigen UNIX-Zugang für Nutzer schaffen, dann kommen Sie um das komplette Anlegen der UNIX-Nutzer nicht herum.

Ich möchte auch darauf hinweisen, dass in jedem Falle ein UNIX-Nutzer angelegt werden muss, auch wenn er sich nur über Samba anmelden möchte. Fehlt der Nutzer, kommt eine Fehlermeldung wie diese:

```
User emma does not exist in system password file (usually /etc/
passwd). Cannot add account without a valid local system user.

The passwd for 'emma' has NOT been changed.
```

Soweit zum oberen Teil der Seite. Der untere Teil schafft die Möglichkeit, über das SMB-Protokoll auch die Samba-Passwörter (bzw. Client-Passwörter) auf externen Servern und Client-Rechnern zu ändern. Dazu ist der Maschinenname oder die IP-Adresse in das Feld *Remote Machine* einzutragen.

> **HINWEIS**
> Man sollte die Passwortfunktionen nicht über unsichere Netze betreiben, da die Passwörter ohne Verschlüsselung in Klartext im Netzwerk übertragen werden.

10.13 Konfiguration an einem Beispiel

Wir wollen uns nun eine ganz praktische Aufgabe vornehmen. Wir erzeugen zwei neue Dateisystem-Freigaben und eine Druckerfreigabe.

Der Samba-Server soll der Arbeitsgruppe OSTSEE angehören und den Namen RUEGEN tragen.

Als Clients sind Windows 98 und NT4SP6 vorgesehen. Das hat die Konsequenz, dass verschlüsselte Passwörter erlaubt werden müssen.

Wir wollen exemplarisch die Nutzer »paul« und »emma« anlegen, beide mit der Primärgruppe »logistik«. Für beide sind die nötigen Passwörter zu vergeben, damit sie über einen Windows-98-Cient zugreifen können.

Die Dateisysteme sollen »daten« und »cdrom« heißen, unter */daten* und */cdrom* liegen und für alle Nutzer zugänglich sein. Für *daten* sollen die Rechte allerdings so gestaltet sein, dass die Nutzer einer Gruppe die Dateien der Gruppenteilnehmer lesen und modifizieren können. Die Verzeichnisse müssen entsprechend auch richtig angelegt werden.

In dem freigegebenen Verzeichnis ist ein Verzeichnis »logistik« anzulegen, das für die Mitlieder der Gruppe »logistik« nicht löschbar ist und das auch nur Mitglieder dieser Gruppe einsehen dürfen.

Die angelegte Freigabe *daten* soll für die Clients nicht sichtbar sein (not browseable).

Die Freigabe *cdrom* soll der Verteilung des CD-ROM-Laufwerkes im Netzwerk dienen.

Der einzurichtende Drucker soll *laser* heißen und ein BSD-Drucker sein. Er muss also in der */etc/printcap* eingerichtet sein oder werden.

Vorbereitungen auf der UNIX-Seite

Auf Ebene des UNIX-Betriebssystems sind natürlich einige Vorbereitungen zu treffen.

Ich setze mal voraus, dass das System prinzipiell läuft und das Netzwerk eingerichtet ist. Der Zweckmäßigkeit halber werden erst die Gruppen, dann die Nutzer und dann erst die Verzeichnisse angelegt, weil eines auf dem anderen aufbaut. Zum Schluss kommen die Samba-Definitionen.

Einrichtung der Gruppe »logistik«

Neue Gruppen können Sie in der Regel auf zwei Wegen anlegen. Entweder Sie benutzen das UNIX-Kommando `groupadd` oder Sie bearbeiten die Datei */etc/groups* direkt mit einem Editor. Gelegentlich tut sich auch ein dritter Weg auf: die Verwendung eines betriebssystemabhängigen Verwaltungsprogramms wie *yast* (SuSE-LINUX), *admintool* (Solaris), *sysadmsh* (SCO), *smit* (AIX), *sam* (HPUX) usw.

Allen Verfahren gemeinsam ist die Vorüberlegung der Gruppennummer. Wenn Ihnen nichts einfällt, können Sie die Nummer meist auch vom System vergeben lassen.

Wir wollen im Beispiel die Gruppennummer 300 für die Gruppe »logistik« einsetzen. Dazu lautet das Kommando dann

```
groupadd -g 300 logistik
```

Die vom Kommando in der */etc/groups* nachgetragene Zeile sieht dann so aus:

```
logistik:x:300:
```

Es steht Ihnen frei, diese Zeile auch mit einem Editor einzutragen.

Einrichtung der Nutzer

Die gewünschten Nutzer, in unserem Beispiel »paul« und »emma« sollte man unbedingt mit einem Tool eintragen. Der Grund liegt darin, dass die aktuellen UNIX-Versionen alle mehrere Dateien pflegen, die man nicht immer alle kennt. Benutzen Sie das unter dem Betriebssystem verfügbare Verwaltungswerkzeug oder das Kommando. Das sieht dann so aus (alles in einer Zeile):

```
useradd -c "Mitarbeiterin Logistik" -d /home/emma -g 300 emma

useradd -c "Mitarbeiter Logistik" -d /home/paul -g 300 paul
```

Bei den Kommandos ist bereits berücksichtigt, dass die beiden Nutzer der Gruppe »logistik« angehören sollen. Außerdem sind die Nutzernummern vom System vergeben worden. Wollen Sie das vermeiden, fügen Sie die Option `-u <nutzernummer>` ein.

Man sollte auch nicht aus dem Auge verlieren, dass Nutzer normalerweise ein Heimatverzeichnis haben. Im obigen Kommando sind die Pfade bereits angegeben, ohne dass das Verzeichnis wirklich existiert. Wir führen auch die dazu nötigen Schritte noch aus:

```
mkdir /home/emma /home/paul

chown emma:logistik /home/emma

chown paul:logistik /home/paul
```

Bei der alternativen Verwendung der weiter oben genannten Verwaltungswerkzeuge kann man das Heimatverzeichnis meist mit anlegen lassen.

Erzeugung der Verzeichnisse

Je nach Situation müssen die geforderten Verzeichnisse nur angelegt oder zusätzlich als Dateisystem angemountet werden. Letzteres ist nötig, wenn die Daten auf einer anderen Platte oder Partition liegen sollen.

Für die weiteren Schritte brauchen Sie Superuser-Rechte. Entweder Sie melden sich als *root* an oder benutzen das Kommando `su` zum Hochmelden als Superuser.

Fangen wir mal mit dem Einfachen an: dem Erzeugen des Verzeichnisses *daten*:

```
mkdir /daten
```

Da niemand außer dem Superuser direkt in diesem Verzeichnis andere Verzeichnisse anlegen soll, müssen die Rechte entsprechend gesetzt werden:

```
chmod 755 /daten
```

Sollen die Daten im Root-Dateisystem angelegt werden, dann ist man soweit fertig. Meist wird es allerdings so sein, dass eine andere Festplatte für große Datenablagen verwendet wird. Diese Platte muss vorbereitet werden, sprich es muss ein Dateisystem angelegt und dieses an das vorbereitete Verzeichnis *gemountet* werden. Da das von System zu System sehr unterschiedlich ist, überspringe ich den konkreten Ablauf. Unter den meisten UNIX-Versionen gibt es Werkzeuge, die diese Schritte über die Verwaltungsoberfläche organisieren.

Der nächste Schritt ist das Anlegen des Unterverzeichnisses in */daten*:

```
mkdir /daten/logistik

chown root:logistik /daten/logistik

chmod 770 /daten/logistik
```

Mit diesen Rechten (770) dürfen die Mitglieder der Gruppe *logistik* alles unterhalb von */daten/logistik* tun. Das Verzeichnis selbst kann aber aus */daten* nicht gelöscht werden, da */daten* dem Superuser *root* gehört und für die Mitglieder der Gruppe *logistik* keine Schreibrechte besitzt.

Danach sind die Verzeichnisvoraussetzungen erfüllt.

Einstellung der Global-Sektion

So, nun ist die Samba-Konfiguration dran. Bevor wir loslegen, noch ein praktischer Hinweis. Einige Felder der Global-Sektion sind auch in der Share-Sektion vorhanden. Man kann sich Arbeit sparen, wenn die meisten Einstellungen für alle Freigaben gleich sind. Dann werden die Parameter in der Global-Sektion gepflegt und bei den Freigaben auf dem Standardwert belassen. Das betrifft z.B. die Rechtedefinition und das Verhalten bezüglich der Zeichensatzkonvertierung.

Zur Einstellung der Global-Sektion starten wir einen Browser, der entsprechend Abschnitt 10.3, *Aufruf über einen Browser*, vorbereitet ist. Er kann auf dem aktuellen System laufen oder auf im Netzwerk vorhandenen anderen Maschinen gestartet werden.

Als URL verwende ich:

```
http://ruegen.intern.bsp-firma.de:901
```

Nach der Anmeldung als *root* wird das *GLOBALS*-Symbol gewählt (siehe Abbildung 10.21).

Einige Einstellungen werden erst sichtbar, wenn die Schaltfläche *Advanced View* angeklickt wurde. Füllen Sie nun die notwendigen Felder aus.

Feld	Wert	Kommentar
workgroup	OSTSEE	Vorgabe der Arbeitsgruppe
netbios name	RUEGEN	Vorgabe des Servernamens für NBT
server string	(beliebig)	Das Feld ist eigentlich nur ein Kommentar zum Server
interfaces	(leer)	Keine besondere Definition. Verwenden Sie das Standard-Interface des eingerichteten Netzwerks (fast immer richtig)

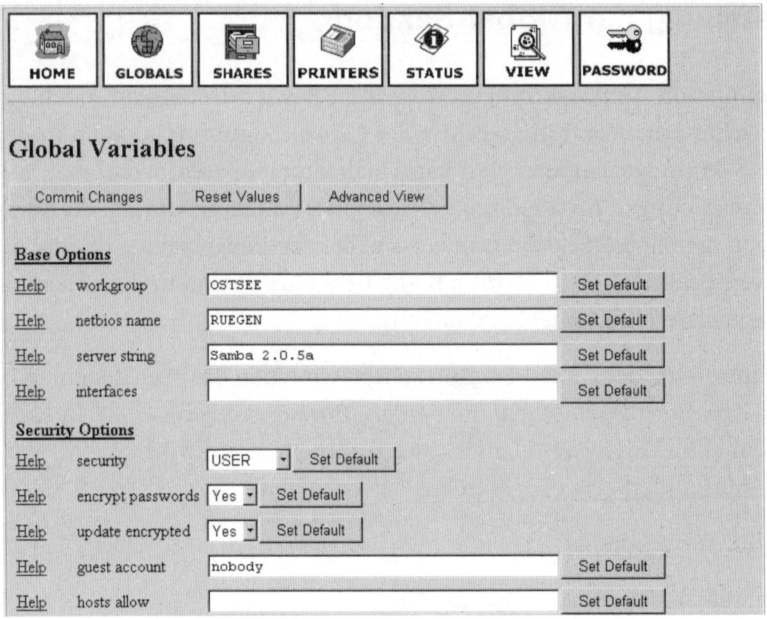

Abb. 10.21: Grundeinstellungen

Feld	Wert	Kommentar
security	USER	Einstellung USER für Windows 98 und Windows NT
encrypt passwords	Yes	Laut Vorgaben sollen sich Windows-98- und Windows-NT-Clients anmelden. Dazu ist die Verarbeitung verschlüsselter Passwörter notwendig.
update encrypted	No	Da beide geforderten Betriebssysteme standardmäßig mit verschlüsselten Passwörtern arbeiten, brauchen Sie die Samba-Passwortdatei nicht upzudaten. Es muss schon von Anfang an der nach SMB-Protokoll verschlüsselte Wert eingetragen sein.

Feld	Wert	Kommentar
guest account	nobody	Gastnutzer (nicht angemeldete Nutzer) bekommen die Rechte des Nutzers *nobody*.
hosts allow	(leer)	Wenn sich alle Maschinen im Netzwerk anmelden dürfen, bleibt die Zeile leer. Ansonsten tragen Sie eine Liste der zugelassenen Rechnernamen ein.
log level	1	Wenn keine Probleme auftreten, kann der Wert 1 benutzt werden, um die Protokolldateien nicht unnötig schnell wachsen zu lassen. Je höher der Wert ist, desto mehr wird aufgezeichnet.
keepalive	0	Server überprüft Verbindung mit Client nicht extra (Standard)
socket options	TCP_NODELAY	Standardwert
os level	0	Standardwert
preferred master	Yes	Dieser Server soll der Master Browser für die Arbeitsgruppe sein. Wenn andere SMB-Server (Samba, Windows NT) im Netzwerk laufen und diese Arbeitsgruppe bedienen, muss die Einstellung ggf. geändert werden. Nur ein Server im LAN darf Master Browser sein.
local master	Yes	Mit dieser Einstellung versucht *nmbd* der lokale Master Browser in einem Subnetz zu werden. Wenn Sie keine Subnetze haben, dürfte die Einstellung keinen Einfluss auf das Verhalten haben.
domain master	No	Standardwert

Feld	Wert	Kommentar
wins server	(leer)	Haben Sie einen WINS-Server im Netz, kann der DNS-Name oder die IP-Adresse dieses Servers eingetragen werden.
wins support	No	Samba läuft hier nicht als WINS-Server. Die Einstellung auf *Yes* hat nur Sinn, wenn Subnetzte existieren. Außerdem darf im Gesamtnetzwerk nur ein Server als WINS-Server agieren!
character set	ISO8859-1	Wir sind Europäer. Deshalb muss die Codepage für Westeuropa eingestellt werden. Das bedeutet auch, dass für die *client code page* der Wert 850 einzustellen ist! Diese Einstellung ist wichtig, da sonst die Umlaute falsch behandelt werden und gegebenenfalls Dateien entstehen, die nicht benutzt oder nicht gelöscht werden können.
client code page	850	Forderung, wenn *character set* auf ISO8859-2 steht.

Tab. 10.2: Beispielbelegung der Eingabefelder

Nach dem Eintragen dürfen Sie nicht vergessen, die Werte festzuschreiben. Das geschieht über die Schaltfläche *Commit Changes*.

Insbesondere bei Änderungen in den Feldern *workgroup* und *netbios name* sollte *nmbd* neu gestartet werden, damit sie wirksam werden. Dazu wechseln Sie auf die Seite *STATUS* und klickt die Schaltfläche *Restart nmbd* an.

Wenn während der Einrichtung schon Clients verbunden sind, sollte auch *smbd* neu gestartet werden, damit die Änderungen wirksam werden. Sie brauchen keine Bedenken zu haben, dass die vorhandenen Verbindungen verlustig gehen; sie werden in kurzer Zeit und ohne Nutzereingriff wieder hergestellt. Offene Dateien werden allerdings geschlossen, was eventuell problematisch sein kann.

Passwort-Management

Sollen sich die beiden geforderten Nutzer *emma* und *paul* auch am UNIX anmelden dürfen, dann ist die Vergabe von UNIX-Passwörtern nötig. Das geht über das Kommando *passwd*. (Die Eingabe der Passwörter ist nicht sichtbar.)

```
root@ruegen:/root > passwd paul

New password:

New password (again):

Password changed
```

Mit der Nutzerin *emma* wird genauso verfahren.

Für die Einrichtung der Samba-Passwörter bemühen wir nun im Browser die Seite *PASSWORD*. Da wir uns auf dem Samba-Server befinden, ist der erste Teil der Seite zuständig.

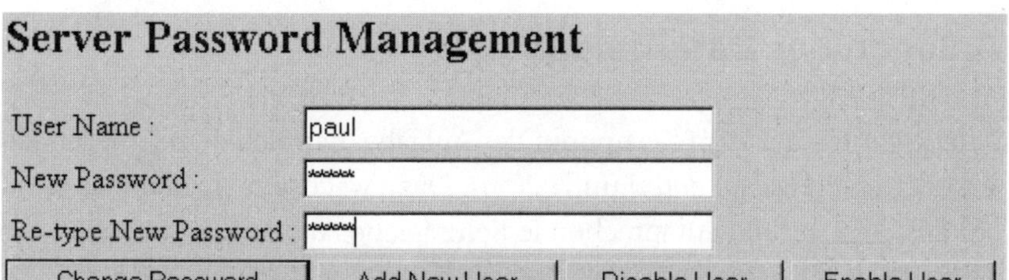

Abb. 10.22: Änderung eines Nutzerpassworts

Sicherlich liegt es nahe, nun das Passwort für Samba einfach einzutragen und auf *Change Password* zu klicken. Das führt allerdings nur zu der folgenden Fehlermeldung:

```
Failed to find entry for user paul.

The passwd for 'paul' has NOT been changed.
```

Der Grund ist das Vorhandensein von zwei verschiedenen Passwortdateien. Das ist nötig, weil UNIX und Windows NT zwei verschiedene Hash-Algorithmen zur Umwandlung der Eingabe in ein verschlüsseltes Passwort verwenden. Da es kein direktes Verfahren zum Rückwandeln des verschlüsselten Passwortes in das Klartext-Passwort gibt, kann man auch nicht vom UNIX-Passwort auf das NT-Passwort schließen.

Der Grund für die Fehlermeldung ist, dass der Nutzer *paul* in der Samba-Passwortdatei noch nicht vorhanden ist. Sie müssen ihn dort also erst anlegen, indem Sie auf *Add New User* klicken. Diesmal bekommen Sie eine positive Bestätigung:

```
Added user paul.

The passwd for 'paul' has been changed.
```

Damit ist der erste Nutzer eingerichtet. Gleiches ist auch für die zweite geforderte Nutzerin *emma* durchzuführen.

Anlegen der Dateifreigaben

Nun kommen wir zum Kernpunkt der Aufgabe, nämlich dem Anlegen der geforderten Freigaben *daten* und *cdrom*. Dazu wechseln Sie über das Symbol *SHARES* auf die entsprechende Seite (siehe Abbildung 10.23).

Zuerst kümmern wir uns mal um die Freigabe von *daten*. In das Feld neben *Create Share* tragen Sie den gewünschten Freigabenamen ein und klicken auf die Schaltfläche. Das Ergebnis ist eine neue Seite mit den vorbelegten Einstellungen für *daten* (siehe Abbildung 10.24).

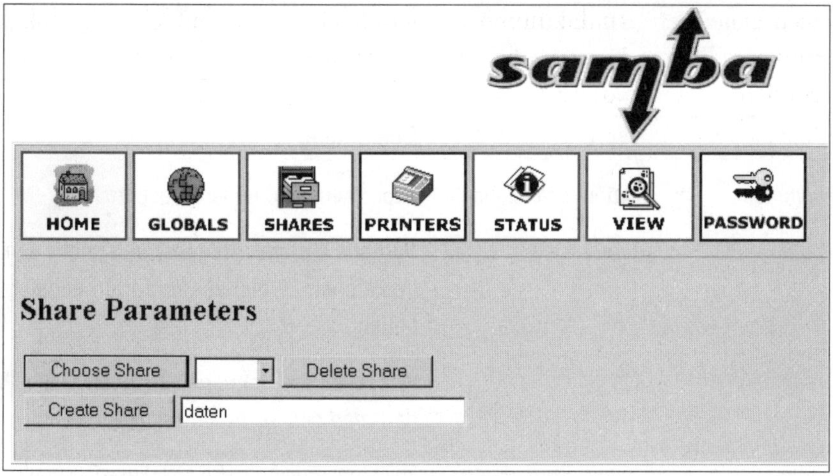

Abb. 10.23: Die Erzeugung der Freigabe *daten*

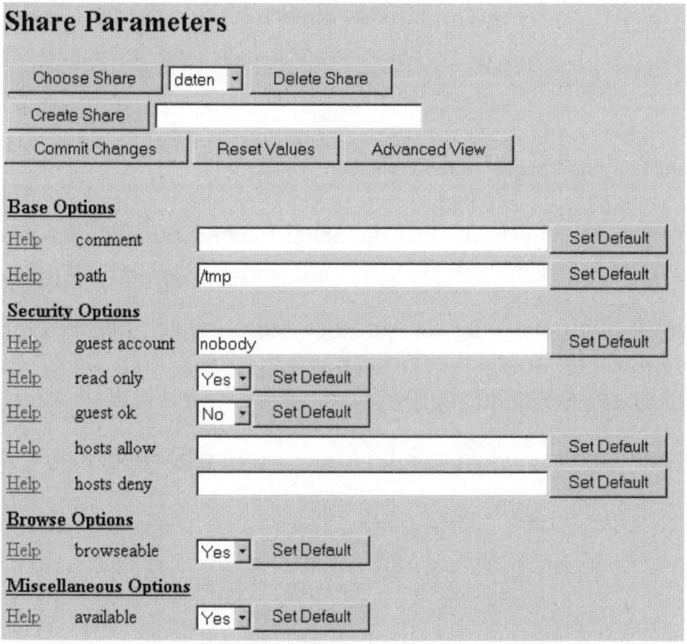

Abb. 10.24: Vorgaben für *daten*. Der Pfad (path) stimmt z.B. noch nicht.

So wie die Werte sind, können sie nicht bleiben. Die Zeilen, die geändert werden sollen, erläutere ich in der nachfolgenden Tabelle:

Feld	**Wert**	**Bemerkung**
comment	Datenverzeichnis	oder irgendeine andere Beschreibung
path	/daten	Vorgabe laut der Aufgabe, entspricht dem Verzeichnis, welches wir vorhin angelegt haben
read only	No	Wir sollen das Schreiben erlauben. Deshalb darf *read only* nicht auf *Yes* stehen.
browseable	(siehe Bemerkung)	Nach unserer Aufgabe soll diese Ressource eigentlich nicht auflistbar sein. Mit der somit geforderten Einstellung *No* lässt sich aber die korrekte Funktion nicht gut kontrollieren. Deshalb stellen wir erst einmal *Yes* ein.

Tab. 10.3: Notwendige Änderungen an der Freigabe

Diese Änderungen speichern Sie über die Schaltfläche *Commit Changes* ab.

Es sind nun noch nicht alle Teile der Aufgabe erfüllt. Bei den Rechten gab es Besonderheiten. Die Kontrolle der Rechte gelingt aber erst, wenn wir den *Advanced View* eingestellt haben.

In nachfolgender Tabelle sind wieder die Änderungen gegenüber den Vorgaben kommentiert.

Feld	Wert	Bemerkung
create mask	0660	In diesem Beispiel sollen alle Mitglieder innerhalb einer Gruppe keinen Einschränkungen unterliegen. Deshalb darf der Eigentümer und jedes Mitglieder der gleichen Gruppe Dateien lesen und schreiben (rw-rw- = 66). Andere Nutzer dürfen nichts (--- = 0). Hinweis 1: Diese Einstellung ist nur für Dateien relevant. Für Verzeichnisrechte gibt es eine eigene Maske. Hinweis 2: Mancher wird fragen, warum nicht 0770? Das geht auch. Aber: Unter UNIX wird das execute-Bit (rw**x**) normalerweise nur für ausführbare Dateien gesetzt. Daten, die vom PC kommen, haben diesen Status im Sinne des UNIX eigentlich nicht. Solange man die Dateien nur auf dem PC weiterverarbeitet, ist die Diskussion rein akademisch. Haben sie aber für das UNIX auch eine Bedeutung, sollte man sich für die *richtige* Einstellung entscheiden. rw-rw-... scheint mir da eher sinnvoll.
directory mask	0770	Für Eigentümer und Gruppe wird alles erlaubt. Alle anderen Nutzer haben keine Rechte.

Tab. 10.4: Notwendige Änderungen im *Advanced View*

Vergessen Sie bitte auch nach diesen Änderungen nicht das Sichern (*Commit Changes*).

HINWEIS

Haben Sie bereits eine Verbindung zu dem Samba-Server laufen, werden die mit *Commit Changes* realisierten Änderungen zwar für Samba sofort wirksam, nicht aber für die vorhandenen Verbindungen. Das fällt gerade auf, wenn man eine neue Freigabe angelegt hat und nun den Pfad ändert und bestätigt. Nach der Bestätigung hat man auf der Clientseite immer noch den alten Pfad. Gehen Sie in solchen Fällen auf die Seite *STATUS* und klicken Sie auf *Restart smbd*.

Nun zu der Freigabe des CD-ROM-Laufwerks. Die Besonderheit liegt hier darin, dass man bei solchen Geräten, die nicht beschreibbar sind, darauf achten sollte, dass für die Samba-Freigabe auch nur *read only* deklariert wird. Missachtet man das, kann es zu schlecht interpretierbaren Fehlern kommen. Schließlich ist die Client-Seite überzeugt, in diesem Dateisystem schreiben zu können. Der Versuch wird aber erst vom UNIX abgewiesen, denn dort ist ein CD-ROM-Laufwerk mit Sicherheit nicht beschreibbar.

An dieser Stelle ist jetzt noch nicht gesagt, dass überhaupt eine CD gemountet ist. Das ist keine Aufgabe von Samba, sondern bei den meisten UNIX-Versionen eine Aufgabe des Administrators. Machen Sie sich mal schlau, wie das bei Ihrem System zu bewerkstelligen ist.

Dann gibt es noch ein interessantes Feature, welches besonders für die Freigabe von CD-ROM-Laufwerken von Bedeutung ist. Häufiger ist auf CDs Software abgelegt, die beim Start den *volume name* bzw. das *label* der CD abfragt. Dieser Name ist ein versteckter Verzeichniseintrag und geht beim Mounten im UNIX verloren bzw. wird durch den Freigabenamen ersetzt, wie folgendes Beispiel für das über Samba verbundene Laufwerk E: zeigt:

```
E:\>dir

Datenträger in Laufwerk E: heißt CD-ROM

 Verzeichnis von E:\

AR2       EXE        131.072  20.04.98  16:19 AR2.EXE

AUTORUN       <DIR>           05.11.98  19:00 AUTORUN

...
```

Mit dem Eintrag des richtigen Namens in das Feld *volume* (*Advanced View / Miscellaneous Options*) kann man dem Client-Programm einen anderen Namen vorgaukeln. Als Beispiel trage ich einmal »NFS3« in das Feld *volume* ein. Das Ergebnis ist wie gewünscht:

```
E:\>dir

Datenträger in Laufwerk E: heißt NFS3

 Verzeichnis von E:\

AR2       EXE        131.072  20.04.98  16:19 AR2.EXE

AUTORUN       <DIR>           05.11.98  19:00 AUTORUN

...
```

HINWEIS In den Microsoft-Explorern unter Windows 9x und NT werden nicht die Volume-Namen angezeigt, sondern die Namen der Freigaben.

Einige UNIX-Versionen haben Prozesse laufen, die den Zustand des CD-ROM-Laufwerks überwachen und nach dem Einlegen einer CD diese automatisch anmounten. Zum Beispiel bei Sun Solaris ist dafür der Prozess *vold* zuständig.

Dieses Verfahren stört Samba nicht, solange das freigegebene Verzeichnis vorhanden ist.

Anlegen der Druckerfreigaben

Wir wollen einen Laserdrucker mit dem Freigabenamen »laser« zur Verfügung stellen. Es wird davon ausgegangen, dass er an der parallelen Schnittstelle eines LINUX-PCs angeschlossen ist.

Zuerst müssen wir den Drucker im Betriebssystem verfügbar machen. Leider existiert hierzu auf den einzelnen UNIX-Versionen kein einheitliches Kommando. Ich will mich deshalb auf das LINUX-Beispiel beschränken, wo eigentlich nur ein Eintrag in die Konfigurationsdatei */etc/printcap* gemacht werden muss. Der Vorgang ist genauer im Kapitel 4 beschrieben.

Nach erfolgter Eintragung gehen Sie über das SWAT-Symbol *PRINTERS* auf die Druckerfreigaben, wählen *laser* aus und klicken auf *Choose Printer*. Der folgende Hinweis erscheint:

»Printer names marked with [*] in the Choose Printer drop-down box are autoloaded printers from Printcap Name. Attempting to delete these printers from SWAT will have no effect.« – »Drucker, die in der Liste mit einem [*] gekennzeichnet sind, wurden automatisch aus dem Printcap-Namen erstellt. Der Versuch, solche Drucker mit SWAT zu löschen, wird ignoriert.«

Die automatische Übernahme hat natürlich ihre guten Seiten und erspart uns Arbeit. Ein Problem entsteht, wenn im Betriebssystem vorhandene Drucker nicht zur Verfügung gestellt werden sollen. Dann kann man diese Drucker auf *available = No* setzen. Das führt aber dazu, dass für den Drucker nun ein Eintrag in der *smb.conf* angelegt wird. Danach wird er als normaler Drucker in der Konfiguration geführt und hat kein [*] mehr (siehe Abbildung 10.25).

Noch einige Erläuterungen zu den Einstellungen finden Sie in Tabelle 10.5.

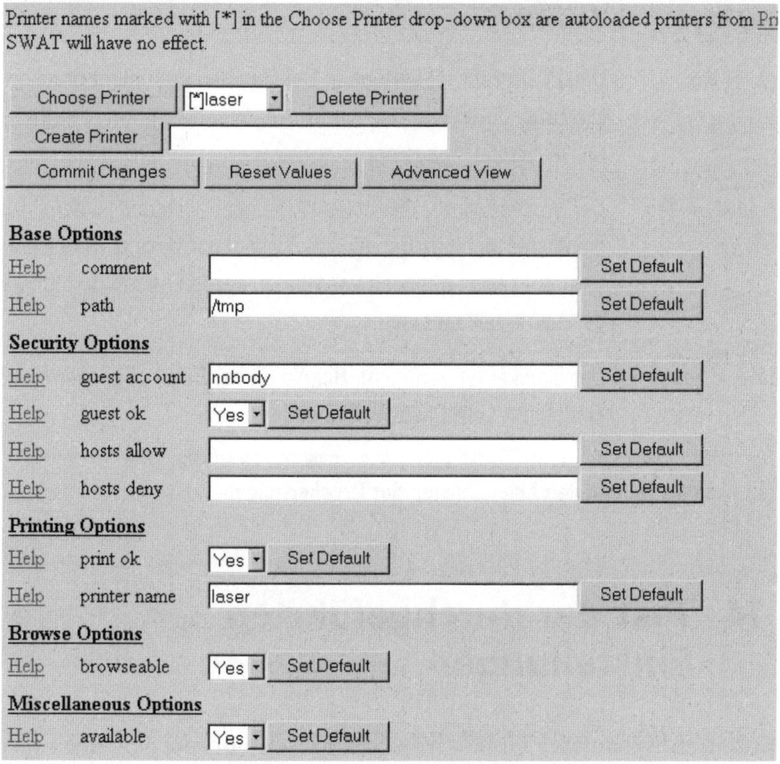

Abb. 10.25: Auswahl des Druckers *laser*, der vom UNIX bereitgestellt ist

Feld und Wert	Bemerkung
path = /tmp	In diesem Verzeichnis werden die Druckdaten vor der Weitergabe an das Spool-System zwischengespeichert. Es muss also beschreibbar sein.
guest ok = Yes	Steht der Wert auf *Yes*, braucht sich der Client für die Verwendung dieser Ressource nicht zu autorisieren. Für Druckerfreigaben ist das eventuell sinnvoll, wenn alle Nutzer einen Samba-Drucker verwenden sollen, auch wenn sie bei Samba nicht als gültiger Nutzer eingetragen sind.

Feld und Wert	Bemerkung
print ok = Yes	Dieser Drucker ist verfügbar. Bei *No* kann man nicht drucken. Die Druckdaten werden aber trotzdem in dem oben spezifizierten Verzeichnis abgelegt.
browseable = Yes	Der Drucker wird in die *browse list* eingetragen und ist damit für die Clients sichtbar. Der Wert *No* besagt nur, dass er nicht sichtbar ist. Er kann dennoch verwendet werden, wenn dem Client der Name bekannt ist.
available = Yes	Der Drucker ist verfügbar. Bei *No* ist der Drucker gesperrt und kann nicht vom Client verbunden werden.

Tab. 10.5: Änderungen an den Einstellungen der Druckerfreigabe

10.14 Test der durchgeführten Einstellungen

Damit hätten wir auf der UNIX- bzw. Samba-Seite unsere Vorgaben fast erfüllt. Bleibt noch der Test auf der Client-Seite.

Die einfachste Variante ist das Öffnen der *Netzwerkumgebung* des Desktop. Wenn wir nur den einen Samba-Server haben, sieht das Bild aus wie in Abbildung 10.26 dargestellt.

Durch Doppelklick auf das Server-Symbol bekommen wir nun die freigegebenen Ressourcen angezeigt. Die Freigabe *holz* ist mein Heimatverzeichnis (siehe Abbildung 10.27).

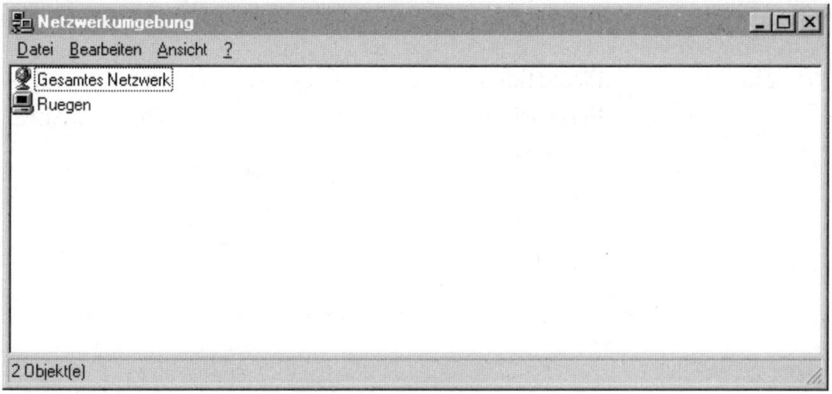

Abb. 10.26: Der Samba-Server *Ruegen* ist verfügbar

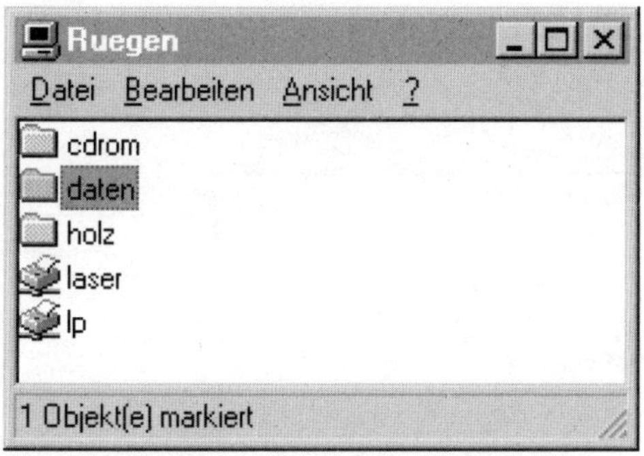

Abb. 10.27: Unsere definierten Freigaben

Wenn wir uns noch an die Aufgabe erinnern, so stand die Forderung, eine Ressource als *browseable = No* einzustellen.

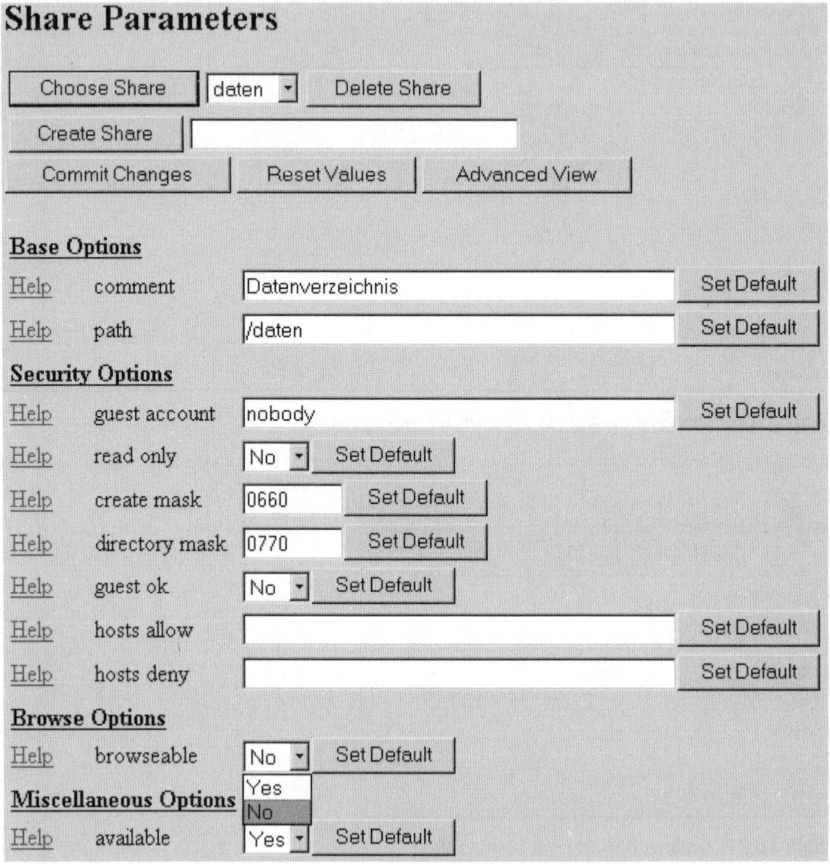

Abb. 10.28: Änderung des Parameters *browseable*

Das holen wir nun nach und bestätigen die Änderung (*Commit Changes*). Nach einigen Minuten Wartezeit oder dem Neustart von *smbd* betrachten wir noch einmal die freigegebenen Ressourcen (siehe Abbildung 10.29).

Bleibt die Frage, wie man eine Ressource verwenden kann, die nicht angezeigt wird und welchen Sinn das hat.

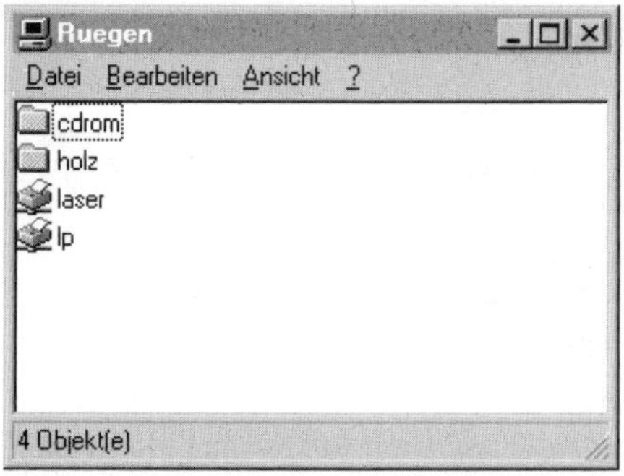

Abb. 10.29: So sehen die geforderten Ressourcen aus

Oft gibt es in einem Netzwerk Server mit vor allem Installationsprogrammen. Den Server möchte man vor allzu neugierigen Blicken ein wenig abschirmen, ohne echten Beschränkungen zu unterliegen. Meist ist der Zugriff der Nutzer auf die Dateien auch notwendig, so dass man sie nicht einfach aussperren kann.

Wie ist eine solche Ressource denn nun benutzbar? Eigentlich genau so wie auf dem üblichen Wege, außer dass man nun nicht ausschließlich mit Mausklicks zum Ziel kommt. Der Ablauf wird hier anhand des Windows-95-Explorers dargestellt.

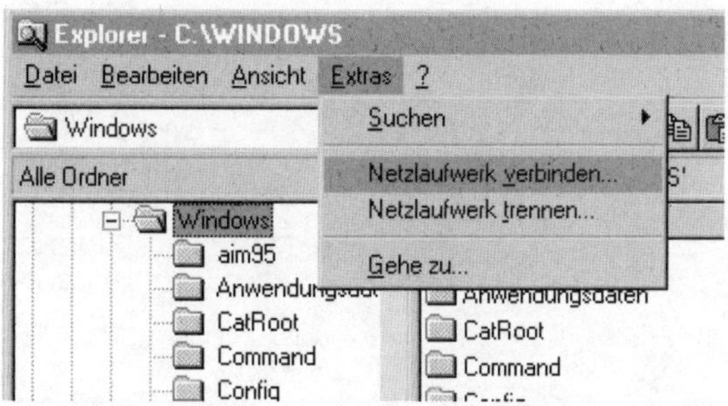

Abb. 10.30: Netzwerkverbindung beim Windows-95-Explorer

Verwenden Sie den Windows-Explorer. Das Menü *Extras* beinhaltet den gesuchten Punkt *Netzwerklaufwerk verbinden*. Im folgenden Dialog muss nun ein Laufwerksbuchstabe gewählt werden.

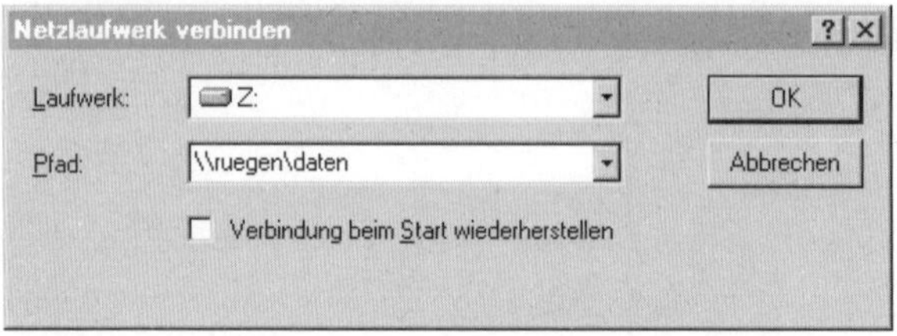

Abb. 10.31: Der Pfad wird manuell eingetragen

Den Pfad müssen Sie diesmal allerdings manuell eingeben. Nach zwei Backslash-Zeichen folgt der Samba-Servername und nach einem weiteren Backslash der Freigabename.

Ein zweiter Weg ist die Verwendung des Kommandos `net use` in einer Batch-Datei oder der Kommandoeingabe von Windows.

```
net use z: \\ruegen\daten
```

Mit einem einfachen `net use` lassen sich die eingebundenen Freigaben auch anzeigen.

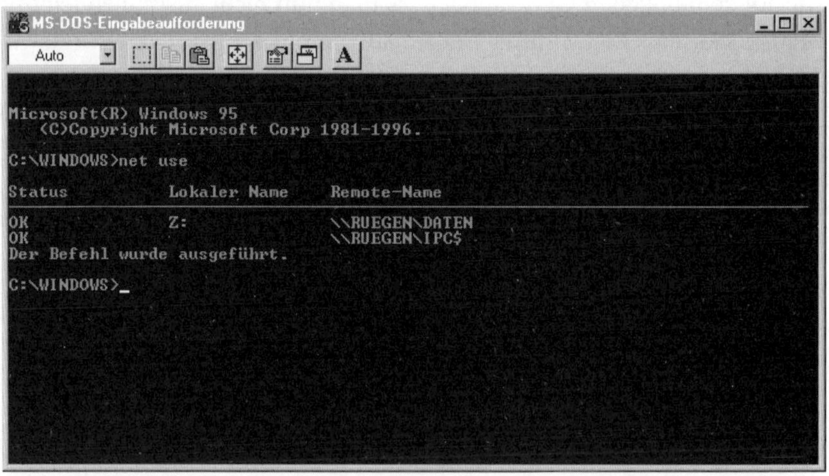

Abb. 10.32: Auch auf MS-DOS-Ebene lassen sich die verbundenen Ressourcen anzeigen

Damit wäre die Aufgabe in unserem Konfigurationsbeispiel erfüllt.

10.15 Zusammenfassung, Fragen und Übungen

Zusammenfassung

- Es ist sehr sinnvoll, SWAT einzurichten. Der Anfangsaufwand spart später erheblich Zeit bei der Einrichtung und Verwaltung von Samba.
- SWAT benutzt den Port 901, was in der Systemkonfiguration beachtet werden muss.
- SWAT liefert HTML-Seiten, kann also auf allen verbreiteten Browsern ausgeführt werden.
- Diese HTML-basierende Verwaltung ist passwortgesichert, kann also normalerweise nur vom Systemadministrator ausgeführt werden. Nutzer können sich auch anmelden, um ihre Passwörter zu ändern und die Einstellungen einzusehen.
- Das Samba-Hilfesystem konnte wegen der HTML-Basis von SWAT elegant eingebettet werden. Unmittelbar neben den konfigurierbaren Parametern ist sofort die Online-Hilfe verfügbar.
- Mit SWAT können alle relevanten Konfigurationsaufgaben für Samba realisiert werden. Das sind vor allem das Anlegen, Löschen und Modifizieren von Datei- und Druckerfreigaben.
- SWAT liefert eine Möglichkeit für die Nutzer, ihr Samba-Passwort zu ändern. Gerade bei Konstellationen, bei denen kein NT-System (PDC) angeschlossen ist und dessen Nutzer sich auch am UNIX nicht per telnet anmelden sollen, ist die Änderung der Nutzerpasswörter sonst ein Problem.
- SWAT bietet die Möglichkeit, die Konfigurationsdatei *smb.conf* ohne Anmeldung am UNIX einzusehen.

Zusammenfassung

- Über SWAT können ohne Anmeldung am UNIX die Daemon-Prozesse *smbd* und *nmbd* gestoppt, gestartet oder restartet werden.
- Es gibt keine reinen Samba-Nutzer. Jeder Nutzer, der Samba-Dienste verwenden möchte, muss auch im UNIX angelegt worden sein.

Fragen und Übungen

1. Legen Sie eine Freigabe »local« für das Verzeichnis */usr/local* an, für die aber nur das Lesen erlaubt sein soll.
2. Wie kann man eine Freigabe sperren, ohne sie gleich löschen zu müssen?
3. Legen Sie einen neuen Nutzer »emil« an und vergeben Sie für ihn ein Passwort. Versuchen Sie über einen Client, sich als *emil* anzumelden und eine Ressource zu verwenden.
4. Sperren Sie den Nutzer *emil* und testen Sie die Anmeldung.
5. Versuchen Sie, auf MS-DOS-Ebene den Drucker *laser* mit LPT2: zu verbinden.

Sambas Werkzeuge

11 Sambas Werkzeuge

Mit Samba werden eine Reihe von Werkzeugen mitgeliefert. Diese sollen hier nun kurz beschrieben werden.

11.1 smbclient

`smbclient` ist ein SMB/CIFS-Client-Programm für UNIX. Es ist ein wenig dem bekannten Programm *FTP* nachempfunden.

Im folgenden Beispiel verbinde ich den UNIX-Rechner mit einer SMB-Freigabe. War das erfolgreich, übernimmt `smbclient` die Bedienerführung.

```
> smbclient //poel/temp -U holz

added interface ip=192.168.1.2 bcast=192.168.1.255 nmask=255.255.255.0

Password:

smb: \> ls

  .                                    D        0  Wed Jul 14 10:29:36 1999

  ..                                   D        0  Wed Jul 14 10:29:36 1999

  DemoDir                              D        0  Mon May 22 10:02:26 2000

  demo.txt                             A        0  Mon May 22 10:02:12 2000


                65526 blocks of size 32768. 50098 blocks available
```

Das Kommando realisierte die Verbindung und über das interne und von mir eingegebene Kommando `ls` wurde der Inhalt des Verzeichnisses angezeigt.

HINWEIS

Die Angabe des Servers kann im Gegensatz zum Beispiel auch auf die NT-typische Art erfolgen. Da das Backslash-Zeichen (\) für die UNIX-Shell aber ein Sonderzeichen ist, muss man es jeweils doppelt schreiben oder den ganzen Ausdruck in Anführungsstriche setzen:

```
smbclient \\\\server\\share
```

oder

```
smbclient "\\server\share"
```

Aufruf-Optionen

Es gibt eine Reihe von Aufruf-Optionen, wovon hier nur einige wichtige beschrieben werden. Die komplette Aufstellung können Sie der Hilfeseite zu `smbclient` entnehmen.

[-s smb.conf]

Wenn nicht der einkompilierte Pfad der *smb.conf* verwendet werden soll, kann mit dieser Option eine andere *smb.conf* als Konfiguration angegeben werden.

[-N]

Normalerweise wird beim Verbinden mit einem Server immer nach dem Passwort gefragt. Diese Option unterdrückt diese Frage. Besonders nützlich ist sie, wenn die Freigabe kein Passwort erfordert.

[-d debug level]

Über die Erhöhung des *debug level* kommt man an mehr Diagnoseinformationen über die Aktivität von `smbclient` heran. Der normale Zustand ist *debug level 0*.

[-U nutzername]

Will man eine Freigabe verbinden, ist meist ein Nutzername erforderlich. Beim Aufruf von `smbclient` wird eigentlich der aktuelle Nutzer ermittelt und verwendet. Für die Ermittlung werden in dieser Reihenfolge die Umgebungsvariablen `USER` und `LOGNAME` herangezogen. Sind beide nicht definiert, wird der Nutzername GUEST verwendet.

Mit dieser Option können Sie nun den zu verwendenden Nutzer explizit festlegen und damit den von `smbclient` ermittelten Nutzer überschreiben.

[-T tar optionen]

Ein sehr sinnvolles Feature von `smbclient` ist die Möglichkeit, mit Hilfe des UNIX-Sicherungs- bzw. Archivierungskommandos `tar` Daten vom Server auf Band (oder woanders hin) zu sichern. Damit lassen sich z.B. lokale Festplatten von Windows-9x-Stationen sichern, wenn sie freigegeben sind. (Dann agiert Windows ja auch als SMB-Server.)

Leider sprengt die ganze Problematik den Rahmen dieses Buches. Mein Vorschlag: Beschäftigen Sie sich ein wenig mit dem `tar`-Kommando und dann sind Sie auch in der Lage, mit dieser Option zu experimentieren.

smbclient-Kommandos

Nun werden die internen Kommandos von `smbclient` beschrieben. Es sind allerdings nur die wichtigeren aufgeführt. Die vollständige Liste finden Sie in der Hilfeseite zu `smbclient`.

? [kommando] | help [kommando]

Anzeige der Kommandohilfe. Wird *kommando* angegeben, dann bekommt man gleich gezielte Hilfe.

! [kommando] (Shell-Aufruf)

Hiermit kann eine neue UNIX-Shell gestartet werden. Wird *kommando* angegeben, dann wird es ausgeführt und nach Beendigung nach `smbclient` zurückgekehrt.

cancel <jobnummer>

Abbruch des Druckjobs *jobnummer*.

cd [verzeichnis]

Verzeichniswechsel nach *verzeichnis*, oder, wenn nicht angegeben, wird das aktuelle Verzeichnis ausgegeben.

del <ausdruck>

Löschen von Dateien auf dem Server. *<ausdruck>* ist eine Maske zu Erfassung der gewünschten Dateien.

dir [ausdruck] | ls [ausdruck]

`dir` oder `ls` zeigen den Inhalt des aktuellen Verzeichnisses an. Ist *ausdruck* spezifiziert, wird nur das spezifizierte angezeigt, ansonsten alles.

du

Mit diesem Kommando wird der von den Dateien im aktuellen Verzeichnis belegte Plattenplatz ausgegeben. Die Unterverzeichnisse werden mit einbezogen, wenn `recurse on` gesetzt ist.

exit | quit | q

Beenden von `smbclient`.

get <entfernte datei> [lokale datei]

Analog zu `ftp` wird eine Datei vom Server in das aktuelle lokale Verzeichnis kopiert.

lcd [verzeichnis]

Wechsel des lokalen Verzeichnisses.

md <verzeichnis> | mkdir <verzeichnis>

Anlegen eines neuen Verzeichnisses <*verzeichnis*>.

mget <ausdruck>

Analog zum `mget` des `ftp`-Kommandos können hiermit mehrere Dateien nacheinander vom Server kopiert werden.

Beispiel: `mget *.txt`

more <datei>

Hiermit lässt sich eine entfernte Datei lokal anzeigen.

mput <ausdruck>

Analog zu `mget`, nur dass nun Dateien nach dem Muster <*ausdruck*> zum Server kopiert werden.

put <lokale datei> [entfernte datei]

Wie unter `ftp` wird eine lokale Datei zum Server kopiert.

pwd

Ausgabe des aktuellen (entfernten) Verzeichnisses.

rm <ausdruck>

Löschen von entfernten Dateien nach dem Muster *<ausdruck>*.

tar, tarmode

Wie oben schon beschrieben, wird hier auf das `tar`-Kommando nicht weiter eingegangen.

translate

Sorgt für die richtige Konvertierung der Zeilenendezeichen zwischen UNIX und DOS/Windows, wenn auf `on` gesetzt.

11.2 smbfs und smbmount

Mit `smbfs` und `smbmount` lassen sich unter LINUX Ressourcen von SMB/CIFS-Servern lokal mounten. Dazu ist allerdings ein Kernel mit smbfs-Unterstützung nötig. LINUX-seitig sollte man einen Kernel ab der Version 2.2 verwenden.

Da das UNIX-`mount`-Kommando mit dem SMB-Dateisystem nicht direkt umgehen kann, ist durch Samba als ergänzendes Kommando `smbmount` mit der gleichen Funktionalität vorhanden.

Am folgenden Beispiel sehen wir den Ablauf. Die Aktionen müssen allerdings mit *root*-Rechten ausgeführt werden.

Als Erstes fragen wir mal die Möglichkeiten des Windows-95-PCs ab:

```
ruegen:~ # smbclient -L poel -N

added interface ip=192.168.1.2 bcast=192.168.1.255 nmask=255.255.255.0
```

```
        Sharename      Type      Comment
        ---------      ----      -------
        TEMP           Disk
        JAVA           Disk
        IPC$           IPC       Remote-IPC

        Server              Comment
        ------              -------

        Workgroup           Master
        ---------           ------
```

Ich möchte die Freigabe JAVA an das Verzeichnis */mnt* mounten.

```
ruegen:~ # smbmount //poel/java /mnt -o username=holz
Password:
```

Wenn keine Meldung erscheint, war das Mounten erfolgreich. Das lässt sich auch noch anders feststellen:

```
ruegen:~ # mount
/dev/hda2 on / type ext2 (rw)
proc on /proc type proc (rw)
devpts on /dev/pts type devpts (rw,gid=5,mode=0620)
//poel/java on /mnt type smbfs (0)
```

Die für uns interessante Zeile ist die letzte. Man kann in diesem Beispiel nun in das Verzeichnis */mnt* wechseln und dort normal arbeiten.

Die Ressourcen lassen sich durch das UNIX-Kommando *umount* wieder entfernen. (Vorher bitte das gemountete Verzeichnis wieder verlassen.)

```
ruegen:~ # umount /mnt
```

Wenn Sie eine busy-Meldung bekommen, befindet sich noch jemand in dem Verzeichnisbaum */mnt*.

Die Password-Abfrage lässt sich zur Automatisierung auch durch Übergabe des Passwortes auf verschiedene Arten umgehen. Eine Art funktioniert so:

```
ruegen:~ # smbmount //poel/java /mnt -o username=holz,password=ac6ttgt
```

11.3 smbprint

`smbprint` erweitert die UNIX-Druckmöglichkeiten um das Drucken auf SMB/CIFS-Servern. Es arbeitet intern mit `smbclient` zusammen. Da einige Randbedingungen zu beachten sind, bitte ich Sie, die Samba-Dokumentation zu konsultieren.

11.4 smbtar

`smbtar` ist ein sehr hilfreiches Kommando, um im Netz verteilte SMB-Ressourcen z.B. auf Magnetband zu sichern. Leider sprengt es deutlich den Rahmen dieses Buches, darauf genauer einzugehen. Wenn Sie mit dem UNIX-Kommando `tar` vertraut sind, sollte es kein Problem sein, auch `smbtar` einzusetzen.

Als Beispiel möchte ich aber die Sicherung der Freigabe *JAVA* vom PC *poel* auf das Bandlaufwerk aufzeigen. Von Bedeutung ist noch, dass bei diesem Aufruf die Umgebungsvariable *TAPE* verwendet wird, die den aktuellen

Bandtreiber definiert. Sie steht bei mir LINUX-spezifisch auf */dev/nst0*. Das Kommando lautet dann mit Kontrollausgabe (`-v`):

```
smbtar -u holz -p ac6ttgt -s poel -x java -v
```

11.5 testparm

Das Programm `testparm` dient der Analyse der *smb.conf*. Es ist das einfachste Werkzeug, um syntaktische Fehler zu finden und die Belegung aller Parameter zu ermitteln.

Mit dem Aufruf

```
testparm -h
```

bekommt man eine kurze Hilfe. Ich möchte hier auf die wichtigsten Argumente eingehen.

Normalerweise kann man `testparm` ohne weitere Parameter aufrufen. Das setzt voraus, dass die Konfigurationsdatei *smb.conf* dort liegt, wo es während des Kompilierens festgelegt wurde. `testparm` durchsucht die Datei und liefert im ersten Teil die Fehler und Warnungen. Das sieht etwa so aus:

```
> testparm

Load smb config files from /etc/smb.conf

Processing section "[homes]"

Processing section "[printers]"

Processing section "[home]"

NOTE: Service home is flagged unavailable.

Processing section "[testPrinter]"

Processing section "[daten]"
```

```
Processing section "[cdrom]"

Processing section "[laser]"

Loaded services file OK.

WARNING: You have some share names that are longer than 8 chars. These
may give errors while browsing or may not be accessible to some older
clients

Press enter to see a dump of your service definitions
```

Im nächsten Schritt kann man sich alle Parameter anzeigen lassen. Dazu muss man der Aufforderung nachkommen und die Eingabetaste drücken.

In einigen Fällen möchte man den Zwischenhalt vermeiden. Dann ruft man `testparm -s` auf.

Will man eine andere *smb.conf* testen, dann kann man sie einfach als Argument angeben:

```
testparm -s /smbtest/smb.conf.
```

Das `-s` unterdrückt auch hier wieder den Zwischenhalt.

Betrachten wir noch einmal die obige Ausgabe. Dort gibt `testparm` zwei Warnungen aus, nämlich, dass ein Dienst (`[home]`) als nicht verfügbar gekennzeichnet ist (war so vorgesehen) und dass ein Dienstname eventuell zu lang ist. Beide Warnungen sind nicht weiter tragisch und man kann sie vermutlich ohne Konsequenzen ignorieren. Anders sieht es schon aus, wenn folgende Meldung erscheint:

```
Processing section "[homes]"

Unknown parameter encountered: "browseabl"

Ignoring unknown parameter "browseabl"
```

In solchen Fällen sollte man dem nachgehen, denn dieser (Schreib-)Fehler führt dazu, dass der ganze Parameter `browsable` ignoriert wird. Möglicherweise kann dadurch das Verhalten der Freigabe derart beeinflusst werden, dass der gewünschte Effekt ausbleibt. Also: Fehler beseitigen!

11.6 testprns

Dieses Werkzeug überprüft ganz simpel, ob der angegebene Drucker in der *printcap*-Datei (normalerweise */etc/printcap*) vorhanden ist.

Aufruf:

```
testprns <druckername> [printcap-datei]
```

Beispiel:

```
ruegen:~ # testprns laser

Looking for printer laser in printcap file /etc/printcap

Printer name laser is valid.
```

Fehler sehen so aus:

```
ruegen:~ # testprns laser1

Looking for printer laser1 in printcap file /etc/printcap

Printer name laser1 is not valid.
```

11.7 smbstatus

Mit Hilfe dieses Programms lassen sich die aktuellen Samba-Verbindungen beobachten. Schon der Aufruf ohne Parameter liefert eine detaillierte Auflistung der verbundenen Dienste und der gesperrten Dateien. Die Liste ist allerdings so breit, dass ich sie hier nicht darstellen kann.

Es gibt einige interessante Optionen, die kurz erläutert werden sollen:

-b

Liefert nur eine kurze Ausgabe.

-d

Liefert eine erweiterte Anzeige.

-L

Sorgt dafür, dass nur Dateisperren angezeigt werden.

-p

Listet alle *smbd*-Prozesse und beendet dann. Die Option kann man gut für den Einbau in Shell-Scripten verwenden.

-S

Listet nur die Freigaben.

-s <configurationsdatei>

Der Standardwert der Konfigurationsdatei wird während der Kompilierung festgelegt. Mit dieser Option kann eine andere Datei im *smb.conf*-Format festgelegt werden.

-u <nutzername>

Listet nur Informationen, die den Nutzer *<username>* betreffen.

11.8 nmblookup

Mit `nmblookup` können NetBIOS-Namen in IP-Adressen überführt werden. Es kann demnach als Diagnosewerkzeug bei Problemen dienen. Ich spare mir hier, alle der unzähligen Optionen zu erläutern. Stattdessen werden einige praktische Beispiele gezeigt. Wer es genauer wissen möchte, kann die Hilfeseite zu *nmblookup(1)* studieren.

Wir wollen die IP-Adresse eines Hosts ermitteln:

```
ruegen:~ # nmblookup poel

querying poel on 192.168.1.255

192.168.1.165 poel<00>
```

Gibt man statt des Namens einen Stern an, wird ein Broadcast in das lokale Netz gesendet und alle angesprochenen Hosts melden sich. (Der Stern muss unter UNIX maskiert werden, da er sonst von der Shell interpretiert wird.)

```
ruegen:~ # nmblookup '*'

querying * on 192.168.1.255

192.168.1.2 *<00>

192.168.1.165 *<00>
```

Sie sehen, es sind zwei Hosts in diesem Netzsegment gefunden worden.

Man kann auch den Masterbrowser ermitteln. Dazu dient die Option `-M` in Zusammenspiel mit einem Minus (–) als Ersatz für den vollen Namen `__MSBROWSE__`.

```
ruegen:~ # nmblookup -M -

querying __MSBROWSE__ on 192.168.1.255

192.168.1.2 __MSBROWSE__<01>
```

Grundsätzlich kann auch die Option `-T` angegeben werden, wenn statt der IP-Adresse der Hostname angezeigt werden soll. Das funktioniert natürlich nur richtig, wenn die */etc/hosts* gepflegt ist bzw. der DNS arbeitet.

```
ruegen:~ # nmblookup -M - -T
```

```
querying __MSBROWSE__ on 192.168.1.255
ruegen.privat.de, 192.168.1.2 __MSBROWSE__<01>
```

Einige Anwendungsfälle für dieses Kommando finden Sie im Kapitel 12.

11.9 smbpasswd

Dieses Kommando dient der Verwaltung der Samba-Passwörter. Wie bereits geschildert, unterscheiden sich die UNIX-Passwörter von den verschlüsselten, die durch die Windows-Welt vor einigen Jahren eingeführt wurden. Deshalb ist eine Sonderbehandlung nicht zu umgehen.

Ist in der *smb.conf* die Option `encrypt passwords` auf `Yes` eingestellt, dann benutzt Samba nicht die UNIX-Passwort-Datei zur Nutzerautorisierung, sondern die Datei *smbpasswd*. (Der Dateiname ist identisch mit dem Kommando, also bitte nicht verwechseln.) Das setzt voraus, dass die relevanten Nutzer in dieser Datei bereits angelegt sind und ein Passwort zugewiesen bekommen haben.

Bei der weiteren Betrachtung beleuchte ich nur die lokalen Aspekte. Das Kommando kann auch zur Änderung von Passwörtern auf anderen Hosts benutzt werden.

Zunächst sehen wir uns an, wie man einen Eintrag für die *smbpasswd* generiert. Grundvoraussetzung für diesen Eintrag ist, dass der anzulegende Nutzer im UNIX schon vorhanden ist. Ist das der Fall, kann der Superuser *root* einen Eintrag, wie in folgendem Beispiel, hinzufügen:

```
ruegen:~ # smbpasswd -a holz
New SMB password:
Retype new SMB password:
Password changed for user holz.
```

Das unmittelbar zu vergebende Passwort wird, wie üblich, doppelt blind abgefragt. Ist der Nutzer im UNIX unbekannt, erhalten Sie eine Fehlermeldung wie diese:

```
User "emma" was not found in system password file.
```

Der zweite wichtige Fall ist die vom Nutzer erwünschte Änderung seines Passwortes. Dazu muss er sich am UNIX-System anmelden können und eine Shell erhalten. Dort kann er dann sein Passwort folgendermaßen ändern:

```
> smbpasswd

Old SMB password:

New SMB password:

Retype new SMB password:

Password changed for user holz
```

Wie üblich wird erst das alte Passwort abgefragt.

Ist den Nutzern die direkte Anmeldung an der Console oder via *telnet* nicht möglich, kann man es auch über einen Browser und SWAT erledigen. Lesen Sie dazu bitte das Kapitel über SWAT.

11.10 Zusammenfassung, Fragen und Übungen

Zusammenfassung

- Das Kommando `smbclient` kann, ähnlich wie *ftp*, benutzt werden, um sich mit einer SMB-Freigabe zu verbinden, Dateien auszutauschen und andere Manipulationen vorzunehmen.

Zusammenfassung

- `smbclient` ist gut geeignet, um sich schnell einen Überblick über die Ressourcen eines SMB-Servers zu verschaffen.
- Unterstützt der UNIX-Kernel das SMB-Dateisystem (smbfs), dann lassen sich entfernte Freigaben in Analogie zu NFS lokal mounten. Diese Kernelunterstützung existiert zumindest für LINUX.
- Mit `smbtar` ist es recht simpel, die Sicherung von Client-PCs zu realisieren. Zwei triviale Voraussetzungen müssen natürlich erfüllt sein: Der PC muss zum Sicherungszeitpunkt laufen und das zu Sichernde muss freigegeben sein.
- Zur schnellen Überprüfung einer vorhandenen Konfigurationsdatei *smb.conf* ist das Werkzeug `testparm` vorgesehen. Es liefert recht präzise Fehlerangaben und Warnungen zu der Konfiguration.
- Informationen über offene Dateien, Dateisperren und verbundene Ressourcen bekommt man mit dem Kommando `smbstatus`. Es gibt zahlreiche Optionen zur Feinsteuerung.
- Für Fragen und Probleme der NetBIOS-Namensauflösung ist das Werkzeug `nmblookup` vorgesehen.
- Die gesamte Samba-Passwortverwaltung wird über das Kommando `smbpasswd` realisiert. Beachten Sie, dass unter heutigen Bedingungen (verschlüsselte Passwörter) jeder Samba-Nutzer mit diesem Programm angelegt werden muss. Alternativ kann man aber auch SWAT verwenden.

Fragen und Übungen

1. Fragen Sie einen Ihrer SMB-Server nach seinen Ressourcen.
2. Verbinden Sie sich über `smbclient` mit einem der Dienste und transferieren Sie eine Datei auf ihre lokale Maschine.

Fehlersuche und geeignete Werkzeuge

12 Fehlersuche und geeignete Werkzeuge

Möglicherweise hätte dieses Kapitel in Ihren Augen weiter vorn stehen sollen. Aber, um Fehler einigermaßen sicher selbst zu finden, sollte man ein gewisses Maß an Wissen über das Objekt seiner Analyse haben. Deshalb haben die vorherigen Kapitel hoffentlich eine genügende Grundlage an Informationen vermittelt.

Wie geht man ein Problem an? Mit Dokumentationen und Werkzeugen und, wenn man Glück hat, mit eigenen Erfahrungen oder denen von Bekannten. Und was die Erfahrungen betrifft, kann man durchaus mit Hilfe des Internets auch auf die der »ganzen« Welt zugreifen.

12.1 Beschaffung von Informationen

Das UNIX-Hilfesystem

Wie schon im Abschnitt über UNIX angerissen, sollte Ihnen das UNIX-Hilfesystem zur Verfügung stehen. Die Hilfeseiten (man pages) werden über das Kommando `man` aufgerufen.

Mal vorausgesetzt, Samba ist komplett installiert, dann sollte folgendes Kommando funktionieren:

```
man samba
```

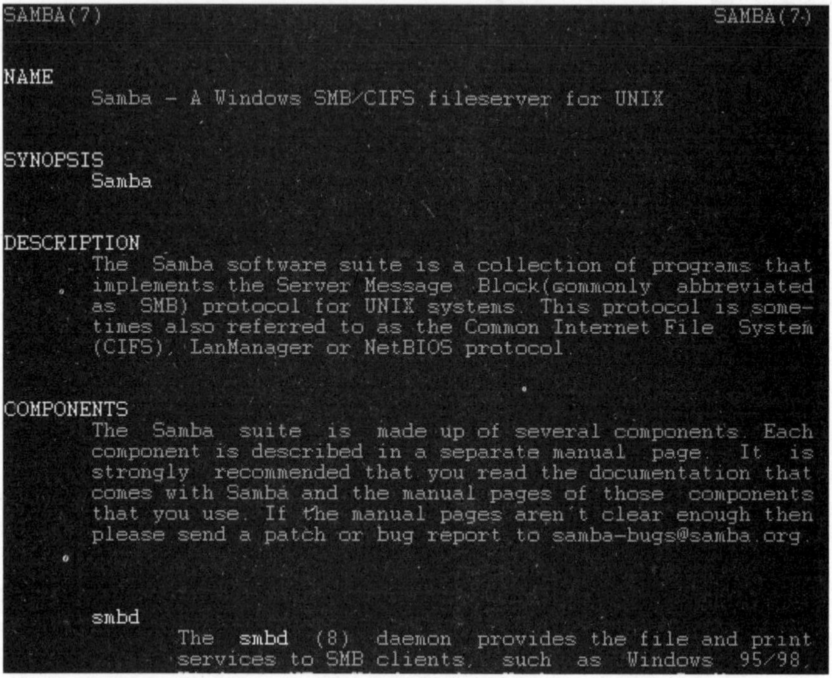

```
SAMBA(7)                                                    SAMBA(7)

NAME
       Samba - A Windows SMB/CIFS fileserver for UNIX

SYNOPSIS
       Samba

DESCRIPTION
       The  Samba software suite is a collection of programs that
       implements the Server Message  Block(commonly  abbreviated
       as  SMB) protocol for UNIX systems. This protocol is some-
       times also referred to as the Common Internet File  System
       (CIFS), LanManager or NetBIOS protocol.

COMPONENTS
       The  Samba  suite  is  made up of several components. Each
       component is described in a separate manual  page.  It  is
       strongly  recommended that you read the documentation that
       comes with Samba and the manual pages of those  components
       that you use. If the manual pages aren't clear enough then
       please send a patch or bug report to samba-bugs@samba.org.


       smbd
              The  smbd  (8)  daemon  provides the file and print
              services to SMB clients,  such  as  Windows  95/98,
```

Abb. 12.1: Die ersten Zeilen der Hilfeseite von Samba

Diese Seite ist als Einstieg für die mit Samba in Zusammenhang stehenden Informationen gut geeignet. Zum Beispiel wird auf die Hilfeseite *smb.conf (5)* verwiesen. Die *5* bezeichnet die Sektion. Machen wir den Test, ob wir die Informationen zu dieser Seite bekommen:

```
man 5 smb.conf
```

Nun sollten Sie die Unmenge an Informationen zur Konfiguration bekommen.

> **HINWEIS**
>
> Bei einigen UNIX-Versionen kann es sein, dass man die Sektion anders angeben muss. Rufen Sie `man man` auf, um das herauszufinden.

Samba-Dokumentation

Neben einer Reihe von allgemeinen Dokumenten in der Samba-Distribution wird speziell für die Fehlerbehandlung die Datei `DIAGNOSIS.txt` mitgeliefert. Bevor man andere Leute wild macht, sollte man diese Datei einmal durcharbeiten.

Internet

Zusätzlich zu den Adressen im Anhang kann man es gegebenenfalls auch mit Newsgroups versuchen. Die für *smb* zuständige lautet:

comp.protocols.smb

12.2 Überprüfung der smb.conf

Das Herzstück von Samba ist natürlich die Konfigurationsdatei. Logisch, dass man bei deren Erstellung die meisten Fehler machen kann. Solche Fehler können aber zur »Totalverweigerung« der Arbeit von *smbd* oder *nmbd* führen. Deshalb scheint es vernünftig, die Konfigurationsdatei analysieren zu können. Dazu ist das Werkzeug `testparm` vorgesehen.

Erwartet man viele Fehler, ist es anzuraten, die Analyse-Ausgabe nach einer Seite anzuhalten. Das erreicht man mit folgendem Aufruf:

```
testparm /etc/smb.conf | more
```

`testparm` kann auch auf die Pfadangabe verzichten, wenn die *smb.conf* so abgelegt ist, wie bei der Kompilierung definiert. Sind Sie sich unsicher, ob auch wirklich die richtige *smb.conf* analysiert wird, sollten Sie den Pfad mit angeben.

Die Ausgabe ist hinsichtlich Fehlern und Warnungen durchzugehen. Vor allem die Meldung

```
Unknown parameter encountered: "xyz"
```

sollte genauer untersucht werden, da sie meist auf Schreibfehlern in der Konfiguration beruht. Und dass der Grund für richtige Fehlermeldungen immer beseitigt werden muss, versteht sich doch von selbst, oder?

12.3 Überprüfung der IP-Verbindung

Grundlage der Kommunikation zwischen Client und Server ist natürlich ein funktionierendes IP-Netzwerk. Samba setzt nur auf IP auf. Deshalb genügt auch die Fehlerfreiheit dieses Protokolls.

Als Erstes überprüfen Sie, ob der Client den Server über TCP/IP erreicht. Dazu gibt es das Kommando `ping`, das Pakete an einen Host sendet, der diese als Bestätigung zurückschickt. Es gibt unter dem verwendeten Protokoll ICMP keine Fehlerkorrektur, so dass Paketverluste schon für sich sprechen. (In einem lokalen Netzwerk sollten keine Paketverluste auftreten.)

In der MS-DOS-Eingabeaufforderung von Windows 95 sieht das dann so aus:

```
C:\WINDOWS>ping ruegen


Pinging ruegen [192.168.1.2] with 32 bytes of data:


Reply from 192.168.1.2: bytes=32 time=1ms TTL=255

Reply from 192.168.1.2: bytes=32 time=1ms TTL=255
```

```
Reply from 192.168.1.2: bytes=32 time<10ms TTL=255

Reply from 192.168.1.2: bytes=32 time=1ms TTL=255
```

Das ist in Ordnung, denn alle Pakete sind in vertretbarer Zeit zurückgekommen. Die Zeitangaben unter DOS sollte man ohnehin mit Vorsicht genießen, da der interne Timer nicht gerade mit großer Auflösung arbeitet. UNIX-Systeme liefern genauere Zeitangaben.

Wie man am Aufruf sieht, ist der Name des Servers (*ruegen*) verwendet worden. Das funktioniert aber nur, wenn eine Namensauflösung auf dem PC arbeitet. Entweder es existiert ein Eintrag in der Datei *c:\Windows\hosts* für *ruegen* oder der PC ist korrekt an einen DNS-Server angeschlossen. Sollte die Namensauflösung nicht funktionieren, sieht das etwa so aus:

```
C:\WINDOWS>ping darss

Bad IP address darss.
```

Das bedeutet nicht, dass der Rechner nicht erreichbar ist, sondern nur, dass der PC die IP-Adresse von *darss* nicht kennt.

Es bleibt immer noch die Möglichkeit, bei `ping` direkt die IP-Adresse anzugeben. Damit kann man die Lauffähigkeit der IP-Verbindung trotzdem nachweisen. Allerdings ist die Namensauflösung auch für andere Fälle nötig, so dass sie unbedingt funktionieren sollte!

Als zweiter Schritt kann nun auch vom Server versucht werden, den Client zu erreichen:

```
user@ruegen:/home/user > ping poel

PING poel (192.168.1.165): 56 data bytes

64 bytes from 192.168.1.165: icmp_seq=0 ttl=32 time=0.801 ms

64 bytes from 192.168.1.165: icmp_seq=1 ttl=32 time=0.657 ms

64 bytes from 192.168.1.165: icmp_seq=2 ttl=32 time=0.636 ms
```

```
64 bytes from 192.168.1.165: icmp_seq=3 ttl=32 time=0.653 ms
64 bytes from 192.168.1.165: icmp_seq=4 ttl=32 time=0.631 ms
– poel ping statistics –
5 packets transmitted, 5 packets received, 0% packet loss
round-trip min/avg/max = 0.631/0.675/0.801 ms
```

> **HINWEIS**
> Bei einigen UNIX-Versionen beendet `ping` nicht automatisch. Unterbrechen Sie einfach mit dem INTR-Zeichen (meist ^C). Unter Solaris bekommt man keine Aufstellung mit Statistik, sondern nur eine Meldung: *<host> is alive*.

Wenn beide Seiten so ordnungsgemäß funktionieren, ist die IP-Vernetzung einsatzbereit.

12.4 Überprüfung der Prozesse

smbd

Für diese Schritte müssen die beiden Prozesse *smbd* und *nmbd* laufen. Da es verschiedene Möglichkeiten des Starts gibt, ist die Diagnose bei fehlenden Prozessen etwas schwierig.

Das einfachste ist erst einmal, mit dem Kommando `ps` in die Prozessliste zu sehen. Etwas unterschiedlich bei den einzelnen UNIX-Versionen rufen Sie

```
ps –ef | more
```

oder

```
ps ax | more
```

auf. Es muss ein Prozess *nmbd* und mindestens ein Prozess *smbd* laufen. Sollten die Prozesse nicht laufen, können Sie trotzdem folgendes Kommando aufrufen. Schlägt es fehl, müssen Sie die Startprobleme der beiden Prozesse untersuchen. Klappt es, dann wurden sie über *inetd* gestartet, was in Ordnung ist.

Das folgende Kommando wurde auf dem Server *ruegen* selbst aufgerufen.

```
> smbclient -L ruegen -N

added interface ip=192.168.1.2 bcast=192.168.1.255 nmask=255.255.255.0

Domain=[OSTSEE] OS=[Unix] Server=[Samba 2.0.6]

        Sharename      Type      Comment

        ---------      ----      -------

        cdrom          Disk      CDROM

        laser          Printer   lokaler LaserJet III

        IPC$           IPC       IPC Service (Samba 2.0.6 on ruegen)

        lp             Printer


        Server              Comment

        ------              -------

        POEL                Notebook

        RUEGEN              Samba 2.0.6 on ruegen


        Workgroup           Master

        ---------           ------

        OSTSEE              RUEGEN
```

Sollten Ports nicht verfügbar sein, kommt eine Meldung ... *Connection refused ...*

Ein weiteres Problem kann sein, dass Hosts in der Sperrliste (`hosts deny`) oder nicht in der Erlaubnisliste (`hosts allow`) stehen. Für die Inbetriebnahme sollten beide Listen leer sein.

Achten Sie bei Problemen auch darauf, dass die IP-Angaben (IP-Adresse, Broadcast-Adresse und Netzmaske) stimmen. Sehen wir uns noch einmal die vorherige Ausgabe an. Dort erscheint die Zeile

```
added interface ip=192.168.1.2 bcast=192.168.1.255 nmask=255.255.255.0
```

mit den von Samba ermittelten Angaben. Sind diese fehlerhaft, dann bleibt die Möglichkeit, sie explizit festzulegen. Dazu dient der Parameter `interfaces`. Dieser Parameter ist ausführlich im Kapitel 8, *Konfiguration von Samba*, dargestellt.

nmbd

nmbd lässt sich gut mit dem Werkzeug `nmblookup` überprüfen. Damit wird die NetBIOS-Namensauflösung getestet.

```
nmblookup –B <servername> __SAMBA__
```

HINWEIS

Ein »__« besteht aus zwei Unterstrichen. »__SAMBA__« hat vorn und hinten je zwei Unterstriche.

Konkret sieht das dann so aus:

```
user@ruegen > nmblookup -B ruegen __SAMBA__

querying __SAMBA__ on 192.168.1.2

192.168.1.2 __SAMBA__<00>
```

Wenn `nmblookup` die IP-Adresse nicht ermitteln kann, kann es daran liegen, dass *nmbd* nicht starten kann.

12.5 Überprüfung des Client-PCs

Um das NetBIOS-Interface des Client abzufragen, ist ebenfalls das `nmblookup`-Kommando benutzbar. Der Aufruf lautet sinngemäß

```
nmblookup –B <client> '*'
```

Bei Windows-9x- und WfW-Clients sieht das Ergebnis dann so aus:

```
user@ruegen > nmblookup -B poel '*'

querying * on 192.168.1.165

192.168.1.165 *<00>
```

Sollte diese Meldung nicht erscheinen, dann überprüfen Sie bitte die TCP/IP-Einstellungen des PCs und die Verbindung.

12.6 Überprüfung der Broadcast-Adresse

Das korrekte Arbeiten des Broadcasting ist wichtig für die NetBIOS-Namensregistrierung und -auflösung. Wir benutzen wieder das Werkzeug *nmblookup*, diesmal aber mit einem höheren Debuglevel (-d2), um mehr Informationen über den Ablauf zu bekommen. Die Angabe des Sternes sorgt dafür, dass nicht ein konkreter Host, sondern alle verfügbaren Hosts über einen Broadcast angesprochen werden.

```
nmblookup –d2 '*'
```

```
user@ruegen > nmblookup -d2 '*'
```

```
added interface ip=192.168.1.2 bcast=192.168.1.255 nmask=255.255.255.0
querying * on 192.168.1.255
Got a positive name query response from 192.168.1.2 ( 192.168.1.2 )
Got a positive name query response from 192.168.1.165 ( 192.168.1.165 )
192.168.1.2 *<00>
192.168.1.165 *<00>
```

Wenn das Broadcasting funktioniert, bekommen Sie mehrere Meldungen der Form:

```
Got a positive name query response from 192.168.1.2 ( 192.168.1.2 )
```

Das funktioniert natürlich nur, wenn auch mehrere NetBIOS-Geräte im Netz aktiv sind.

Fehlen solche Antworten, empfiehlt es sich, einige Versuche mit dem `interfaces`-Parameter zu unternehmen.

12.7 Versuch, den Dienst lokal zu verbinden

Sind die Schritte bis hier erfolgreich gewesen, testen Sie auf dem Server die Verbindung zu einer (eigenen) Ressource. Für diesen Schritt benötigen wir einen Ressourcen-Namen. Entweder Sie wissen ihn (bzw. sehen in die *smb.conf*) oder Sie benutzen noch einmal das Kommando `smbclient -L <server> -N`, um einen Überblick zu bekommen. Damit werden allerdings nur die Freigaben aufgelistet, die `browsable = Yes` sind.

Nun verbinden Sie eine Freigabe unter korrektem Nutzernamen mit dem Kommando:

```
user@ruegen > smbclient '\\ruegen\tmp' -U user
added interface ip=192.168.1.2 bcast=192.168.1.255 nmask=255.255.255.0
Password: <Eingabe unsichtbar>
Domain=[OSTSEE] OS=[Unix] Server=[Samba 2.0.6]
smb: \>
```

Nach der Eingabe des Passworts Sind Sie korrekt mit der Freigabe verbunden, und können beispielsweise das Kommando `dir` eingeben und bekommen die Liste der Dateien und Verzeichnisse.

`smbclient` verlassen Sie mit `exit` wieder.

12.8 Listen der Ressourcen auf DOS-Ebene

Dazu steht uns unter allen Windows-Varianten das Kommando `net` zur Verfügung. Speziell für das Listen von Informationen gibt es die Erweiterung `net view`.

```
C:\WINDOWS>net view
Server in Arbeitsgruppe OSTSEE verfügbar.
Servername          Bemerkung
-------------------------------------------
\\POEL              Notebook
\\RUEGEN            Samba 2.0.6 on ruegen
Der Befehl wurde ausgeführt.
```

Möchten Sie auch die Ressourcen eines Servers sehen, geben Sie als Argument den Servernamen an:

```
C:\WINDOWS>net view \\ruegen

Freigegebene Ressourcen auf \\RUEGEN


Freigabename Typ         Kommentar

---------------------------------------------

cdrom        Platte      CDROM

holz         Platte      Heimatverzeichnis

laser        Druck       lokaler LaserJet III

lp           Druck

tmp          Platte      UNIX /tmp Verzeichnis

Der Befehl wurde ausgeführt.
```

Probleme können mit Windows 98/NT auftreten, wenn der Server keine verschlüsselten Passwörter unterstützt (`encrypt passwords = No`). Entweder die Verschlüsselung wird dann bei Samba zugeschaltet (`encrypt passwords = Yes`) oder Windows muss über die *registry* »verbogen« werden. Die Umschaltung des Parameters reicht übrigens noch nicht. Es müssen auch noch die Passwörter in der Datenbank angelegt werden. Mehr zu diesem Thema finden Sie im Kapitel 8, *Konfiguration von Samba*.

12.9 Verbinden der Freigabe auf DOS-Ebene

Das `net`-Kommando kann auch zum Verbinden von freigegebenen Drukkern und Platten verwendet werden.

```
C:\WINDOWS>net use t: \\ruegen\tmp
```

```
Der Befehl wurde ausgeführt.
```

Möglicherweise fragt der Client noch nach dem Passwort.

Unter Windows-NT können Sie mit dem Parameter `/user:<nutzername>` auch unter anderem Namen eine Verbindung herstellen. Diese Möglichkeit besteht unter Windows 9x leider nicht. Dort muss man sich zur Not bei Windows erst unter einem anderen Namen anmelden.

Analog zu oben können Sie auch Drucker verbinden:

```
C:\WINDOWS>net use lpt2: \\ruegen\laser

Der Befehl wurde ausgeführt.
```

Zum Schluss noch die Auflistung der verbundenen Ressourcen:

```
C:\WINDOWS>net use


Status          Lokaler Name     Remote-Name

----------------------------------------------

OK              T:               \\RUEGEN\TMP

OK              LPT2             \\RUEGEN\LASER

Der Befehl wurde ausgeführt.
```

12.10 Listen der Ressourcen über die »Netzwerkumgebung«

Wenn bis hierhin alles funktioniert hat, wird die grafische Anzeige unter Windows auch keine Schwierigkeiten machen. Der Aufruf geschieht über das Symbol *Netzwerkumgebung* auf dem Desktop.

Dennoch kann es an dieser Stelle Probleme geben, die leider nicht pauschal beschrieben oder gelöst werden können. Meist hängt das dann mit den `*browse*`-Einstellungen der Samba-Konfiguration zusammen.

12.11 Auswertung der Protokolle

Samba zeichnet standardmäßig für beide Prozesse (*nmbd, smbd*) ein Protokoll auf. Die Konfiguration lässt sich sehr fein gestalten, bis hin zu Einzelprotokollen für Nutzer oder Hosts.

Wo die Protokolle zu finden sind, ist unterschiedlich, meist im Verzeichnis */var/log* oder */var/adm*. Haben Sie keine Sonderkonfiguration, dann lauten die Namen *log.smb* und *log.nmb*.

Sie können steuern, wie genau das Protokoll geführt wird. Dazu existiert eine Einstellung `log level` alias `debug level`.

log level	Beschreibung
0	Aufgezeichnet werden systemkritische Fehler
1 – 2	Das »normale« Protokoll für den täglichen Einsatz. Verbindungen und Gültigkeit der Anmeldungen werden protokolliert.
3 – 5	Kontrollmitteilungen von Einstellungen und Quellcode werden protokolliert
> 6	Es wird alles aufgezeichnet, was für die Softwareentwicklung von Bedeutung ist.

Tab. 12.1: Log level und ihre Bedeutung

Wenn die Prozesse *nmbd* und *smbd* gestartet sind, arbeiten sie mit dem aus der Konfiguration gelesenen `log level`. Sie können jedoch den `log level` auch im laufenden Betrieb erhöhen und vermindern, indem Sie den

Prozessen die Signale *USR1* (Erhöhung) bzw. *USR2* (Verminderung) senden. Dazu suchen Sie die betreffenden Prozessnummern (*pid*s) aus der Prozessliste und senden das Signal mit dem Kommando *kill*. Root-Rechte sind nötig.

`kill -USR1 <pid>` zum Erhöhen des `log level`

oder

`kill -USR2 <pid>` zum Vermindern des `log level`.

12.12 Scannen des Netzwerks

Als letzte Waffe gegen hartnäckige Fehler können Sie so genannte *network sniffer* einsetzen. Diese Programme zeichnen im Allgemeinen den gesamten Netzverkehr innerhalb eine LAN auf. Es leuchtet ein, dass entweder vor der Aufzeichnung oder bei der Auswertung der Daten erheblich gefiltert werden muss, um das zu finden, was man sucht.

Generell hat ein Anfänger im Bereich der Netzwerke kaum eine Chance, mit einem *sniffer* im Netzwerkverkehr die Fehler zu finden (falls überhaupt klar ist, was man sucht). Nichtsdestotrotz nenne ich einige Programme, die in Frage kämen:

- tcpdump:
  Freie Software. Es gibt eine SMB-Erweiterung (patch) dafür, die die SMB-Auswertung erleichtert. Unter UNIX verfügbar.
- ethereal:
  Ebenfalls frei verfügbar für LINUX. Gegenüber *tcpdump* ist die Bedienung moderner.
- Microsoft Network Monitor:
  Kommt mit der Windows-NT-Server-CD-ROM mit. Kann nur unter Windows NT betrieben werden.

12.13 Zusammenfassung, Fragen und Übungen

Zusammenfassung

- Bei der Fehlersuche sollte man logisch vorgehen und in einzelnen Schritten, wie beschrieben, die einzelnen Aspekte des Problems beleuchten.
- Die meisten Samba-Fehler lassen sich ohne weiteres auf dem beschriebenen Weg finden. Der Einsatz von Sniffern lohnt nur, wenn man schon reichlich Netzwerkerfahrungen hat.
- Bei Änderungen an der *smb.conf* sollte man bedenken, dass sie nicht sofort wirksam werden. Je nach Parameter werden sie automatisch, nie oder nach einiger Zeit wirksam. Will man die Wirkung erzwingen, sollte man *nmbd* und *smbd* das Signal SIGHUP senden oder sie neu starten.

Fragen und Übungen

1. Wie überprüft man die Konfigurationsdatei auf Fehler?
2. Mit welchem Kommando lässt sich die IP-Verbindung zu einem Partner überprüfen?
3. Welche Möglichkeiten gibt es zur Überprüfung der Samba-Prozesse *smbd* und *nmbd*. Müssen sie laufen?
4. Man kann vom Server aus auch den Client überprüfen. Wie gehen Sie dazu vor?

Fragen und Übungen

5. Verbinden Sie einen Ihrer Dienste lokal auf dem Server!
6. Welche Informationen kann man den Samba-Protokollen entnehmen?

Lösungen

Lösungen

Kapitel 1

1. Grundvoraussetzung für den Einsatz von Samba ist das Vorhandensein eines UNIX-Betriebssystems bzw. eines der im Kapitel aufgeführten Derivate oder Alternativen. Es muss natürlich Netzwerk-fähig sein.

Kapitel 2

1. Ein Socket stellt bei einer Netzverbindung zweier Computer die Kommunikationsendpunkte dar, die die Anwenderprogramme benutzen, um dem jeweiligen Partner Informationen zu übermitteln und von ihm welche zu erhalten. Der Begriff hat vor allem im TCP/IP Bedeutung. Unter modernen Programmierumgebungen kann man Sockets mit wenig Aufwand in eigenen Programmen verwenden, um einen Datenaustausch über das Netzwerk zu ermöglichen.
2. Das NetBIOS liefert analog zum BIOS eine Software-Schnittstelle, die vom Betriebssystem für die Netzwerkfunktionalität benutzt wird.
3. Samba verwendet zur Kommunikation das SMB-Protokoll. Die Weiterentwicklung trägt allerdings den Namen CIFS und wird nun auf breiterer Ebene diskutiert und standardisiert.

Kapitel 3

1. Im Bereich 0x00 bis 0x1f der ASCII-Tabelle sind Steuerzeichen angeordnet, die keine sichtbaren Darstellungen haben. Dort liegt z.B.

Line Feed (Zeilenvorschub), *Carriage Return* (Wagenrücklauf), *Form Feed* (Blattvorschub) und *Escape*.

2. Wagenrücklauf (CR) = 0x0D, Zeilenvorschub (LF) = 0x0A und Blattvorschub (FF) = 0x0C

3. CR = 13, LF = 10, FF = 12

Kapitel 4

1. Die Aufgabe, die gerade verwendete Shell zu killen, ist nicht besonders sinnvoll, aber besonders effektvoll. Man muss die Prozessnummer der richtigen Shell aus der Prozessliste suchen (`ps`-Kommando) und auf diesen Prozess das `kill`-Kommando anwenden (`kill <prozessnummer>`). Wenn es die richtige und Ihre einzige Shell war, müssen Sie sich danach neu anmelden. Die Shells heißen in der Prozessliste *sh*, *ksh*, *csh* oder *bash*.

2. Der Eintrag für einen Drucker *tinte* würde etwa so aussehen:

   ```
   tinte:lp=:rm=pserver:sd=/var/spool/tinte:lf=/usr/adm/lpd-errs:
   ```

   Als Besonderheit wird der ferne Printserver *pserver* angegeben, an den die Druckdaten weitergeleitet werden. Es ist darauf zu achten, dass die IP-Adresse für *pserver* bekannt sein muss (DNS, */etc/hosts*) und das die definierten Verzeichnisse existieren und für *lp* schreibbar sind.

Kapitel 5

1. Gegeben ist die IP-Adresse 194.199.20.6 .Es ist ein Class-C-Netz mit der Netzadresse 194.199.20.0. Die Broadcast-Adresse wäre 194.199.20.255. Das alles stimmt nur, wenn die (Standard-)Subnetzmaske den Wert 255.255.255.0 hat.

2. Die Rechner mit den IP-Adressen 192.168.1.20 und 192.168.2.10 können sich *keine* Pakete zusenden, weil sie sich in verschiedenen Netzsegmenten befinden. Beide Adressen gehören zu jeweils eigenständigen Class-C-Netzen, d.h., die ersten drei Bytes repräsentieren das Netz. An diesen Stellen unterscheiden sie sich aber schon.

Kapitel 6

1. SMB benutzt die IP-Ports 137, 138 und 139.
2. Bestandteil des SMB-Protokolls sind die drei Dienste *name service* (Namensauflösung), *session service* (Autorisierung usw.) und der *datagram service* (Austausch von Nutzdaten wie Dateien).

Kapitel 7

1. Nach einer Neuinstallation sollten folgende Dateien kontrolliert werden:

Datei	Bemerkung
smb.conf	Meist im Verzeichnis */usr/local/samba/lib* oder unter */etc*. Allgemeine Konfiguration.
/etc/services	Sind die Ports 137 bis 139 eingetragen?
/etc/inetd.conf	Wer startet *smbd* und *nmbd*?

Tab. L.1: Wichtige Dateien

2. Ob *smbd* und *nmbd* laufen, lässt sich anhand der Prozessliste überprüfen. Laufen sie nicht, ist zu überprüfen, ob die beiden Prozesse eventuell nur auf Anforderung von *inetd* gestartet werden und eine

solche Anforderung vorliegt. Wenn nicht, ist es normal, dass sie nicht gestartet sind.

Kapitel 8

1. Die Definition sieht folgendermaßen aus:

   ```
   [local]

       comment = /usr/local-Verzeichnis

       path = /usr/local

       read only = Yes

       browseable = No
   ```

   Mehr Angaben sind nicht nötig, da Schreiben zu diesem Dienst nicht erlaubt ist. `LOCAL` kann auch klein geschrieben werden, da intern sowieso alles in Großbuchstaben umgewandelt wird.

2. Eine Beispieldefinition könnte sein:

   ```
   [DJ1200]

       path = /tmp

       guest ok = Yes

       print ok = Yes

       printer name = tinte
   ```

   Der Eintrag `guest ok = yes` erlaubt auch die Benutzung, ohne dass sich ein Nutzer angemeldet hat.

3. Jeden normalen Dienst kann man mit dem Eintrag `available = no` abschalten.

Kapitel 9

1. Zum Verbinden einer weiteren Ressource gibt es mehrere Möglichkeiten. Neben der im Kapitel dargestellten kann man im Windows-Explorer die Ressource auch direkt eingeben. Den notwendigen Dialog rufen Sie über das Menü *Extras / Netzwerklaufwerk verbinden* auf. Dort fällt auch die Entscheidung, ob die Verbindung beim nächsten Start restauriert wird.

2. Der Zugriff auf Samba-Ressourcen ohne die vorherige Verbindung eines Netzwerklaufwerks ist möglich, indem man im Windows-Explorer-Feld *Alle Ordner* bis zu *Netzwerkumgebung* geht und dann entsprechend navigiert.

3. Für die Verbindung auf der DOS-Kommandozeile wird das Kommando `net use <laufwerksbuchstabe:> \\server\freigabe` verwendet.

4. Laufwerke trennen kann man über den Windows-Explorer, Menü *Extras / Netzwerklaufwerk trennen* oder über das Kommando `net use <laufwerksbuchstabe:> /d`.

Kapitel 10

1. Zum Anlegen einer Freigabe *[local]* für das Verzeichnis */usr/local* kann man so vorgehen wie bei der Anlage der Freigabe *[cdrom]*. Das Bild sieht dann so aus:

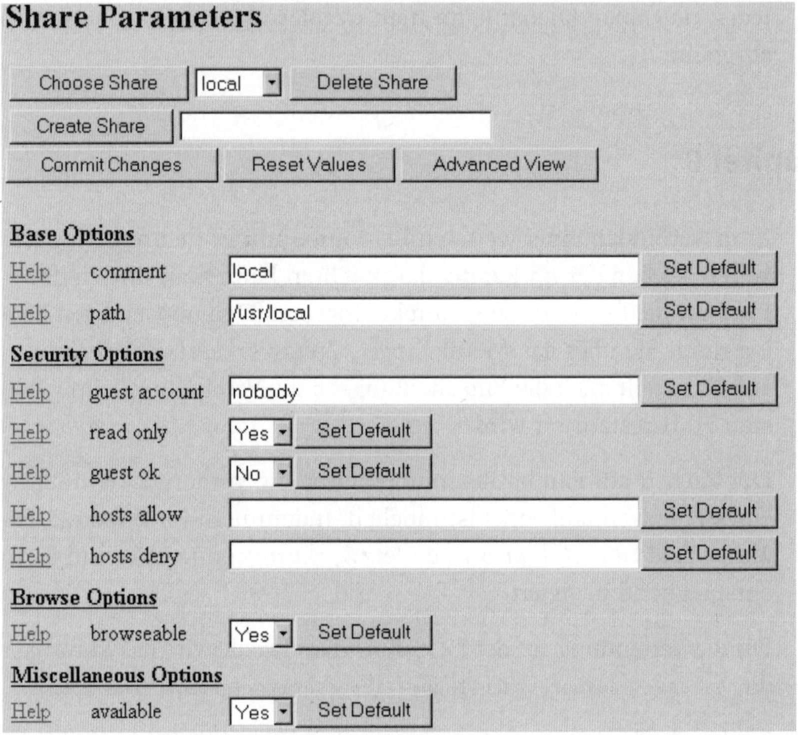

Abb. L.1: Einstellungen zur Freigabe *[local]*

2. Freigaben sperren, ohne sie zu löschen, können Sie über die Option *available*. Sie muss dann auf *No* stehen.

3. Zum Anlegen eines neuen Nutzers gehen Sie genau so vor wie im Beispiel des Kapitels: zuerst die UNIX-seitige Einrichtung und dann das Anlegen unter Samba.

4. Die Samba-seitige Sperrung eines Nutzers ist recht einfach. Gehen Sie unter SWAT auf die Seite *PASSWORD* und tragen Sie den Nutzernamen im oberen Teil in das Feld *User Name* ein. Klicken Sie dann auf *Disable User*. Die Sperrung kann über *Enable User* wieder aufgehoben werden. Die Sperrung und Freigabe hat keinen Einfluss auf den Status als UNIX-Nutzer.

5. Zum Verbinden eines Druckers kann der Befehl `net use` verwendet werden:

   ```
   net use lpt2: \\ruegen\laser
   
   Der Befehl wurde ausgeführt.
   ```

   Zur Kontrolle kann man `net use` auch ohne weitere Argumente aufrufen, und es wird eine Liste der verbundenen Ressourcen angezeigt.

Kapitel 11

1. Um den eigenen SMB-Server nach seinen Ressourcen zu fragen, benutzen Sie den Aufruf:

   ```
   smbclient -L <server> -N
   ```

   Mit `-N` wird der Passwortzwang abgeschaltet, was für das Listen der Ressourcen genügt. Dieses Kommando ist übrigens das einfachste Verfahren, den Server zu testen.

2. Zum Transfer einer entfernten Datei mit Hilfe von `smbclient` verbinden Sie zuerst die entsprechende Freigabe:

   ```
   > smbclient //poel/temp -U <nutzername>
   ```

   Der nächste Schritt ist die Übertragung mit dem internen Kommando

   ```
   get <datei>
   ```

   Unter Umständen müssen Sie vorher das entfernte Verzeichnis mit dem internen Kommando `cd <ziel>` wechseln.

Kapitel 12

1. Zur Überprüfung der Konfigurationsdatei dient primär das Kommando `testparm`.

2. Das Überprüfen der IP-Verbindung zu einem anderen Computer gelingt am besten mit dem Kommando `ping <ip-adresse>`. Ist sicher, dass das DNS funktioniert oder die Datei */etc/hosts* gepflegt ist, kann statt der IP-Adresse auch der Name des Computers eingesetzt werden. `ping` gibt Auskunft, nach wieviel Millisekunden der getestete Computer geantwortet hat.

3. Will man Samba benutzen, müssen die Prozesse *smbd* und *nmbd* laufen. Allerdings gibt es die Möglichkeit, diese Prozesse erst auf Anforderung zu starten. Diese Aufgabe erledigt dann der Prozess *inetd*. Für die Einrichtung und Diagnose von Samba ist der Start über *inetd* problematisch, weil eine Fehlerquelle zusätzlich vorhanden ist. Die meisten Installationen nutzen diese Startvariante nicht und Starten *smbd* und *nmbd* schon beim Systemstart. Unter diesen Bedingungen ist die primäre Überprüfung leicht, da man die beiden Prozesse nur in der Prozessliste suchen muss.

4. Zur Überprüfung eines Clients vom Server aus sollte man zuerst das Kommando `ping <ip-adresse>` anwenden, um die Netzwerkschichten zu kontrollieren. Funktioniert das, dann ist die NetBIOS-Schnittstelle zu kontrollieren. Dazu dient das Kommando `nmblookup –B <client> '*'` . Normalerweise wird die IP-Adresse des Client-PCs gefolgt von *<00>* angezeigt.

5. Als einfachen Test auf dem Server, ob eine eigene Freigabe verfügbar ist, kann man die Freigabe lokal verbinden. Dazu benutzt man das Kommando `smbclient '\\ruegen\tmp' -U <nutzername>`. `\\ruegen` ist der Samba-Server, `\tmp` ist die Freigabe und nach dem `-U` muss der Nutzername für die Verbindung angegeben werden.

6. Die Samba-Protokolle liefern in ihrer ursprünglichen Form Informationen zum Start der Samba-Prozesse und zu weiteren Ereignissen. Die Verbindung von Freigaben wird in der *log.smb* dokumentiert, wogegen alle Dinge, die die Namensdienste betreffen, in der *log.nmb* zu finden sind. Es wird immer eine Zeit angegeben. Die Dateien liegen z.B. bei SuSE LINUX unter */var/log*. Die Dateinamen und die Art der Einträge lassen sich konfigurieren.

Anhang

Anhang

smb.conf-Variablen

Innerhalb der Konfigurationsdatei kann auf etliche Variablen zurückgegriffen werden, die hier kurz beschrieben werden.

Variable	Beschreibung
%a	Die Architektur der entfernten Maschine. Es ist nicht gewährleistet, dass der Wert immer geliefert werden kann. Momentan werden die Werte *Samba, WfWg, WinNT* und *Win95* unterstützt. Windows 98 wird als *Win95* zurückgegeben. Windows 2000, eigentlich Windows NT 5.0, wird als *WinNT* zurückgegeben.
%d	Die Prozessnummer des laufenden Server-Prozesses (*smbd*).
%g	Die Primärgruppe des Nutzers %u.
%G	Die Primärgruppe des Nutzers %u.
%h	Der Hostname der Maschine, auf der Samba läuft.
%H	Das Homedirectory des Nutzers %u.
%I	Die IP-Adresse der Client-Maschine in Punktnotation (z.B. 192.168.1.100).
%L	Der NetBIOS-Name des Servers.
%m	Der NetBIOS-Name der Client-Maschine.
%M	Der Internet-Hostname der Client-Maschine.

Variable	Beschreibung
%N	Nur NIS: Der Name Ihres NIS-Homedirectory-Servers, wie er in der *auto.home* Tabelle festgelegt wurde. Wenn Samba ohne AUTOHOME-Unterstützung übersetzt wurde, entspricht der Wert %L.
%p	Nur NIS: Der Pfad zum Nutzer-Homedirectory, wie in der *auto.home* definiert. Der NIS-Tabellen-Eintrag wird durch Doppelpunkte getrennt und ist unterteilt als %N:%p.
%P	Das root directory (Wurzelverzeichnis) des aktuellen Dienstes.
%R	Das Protokoll, das während der Protokoll-Einigungsphase ausgewählt wurde. Gültige Werte sind *CORE, COREPLUS, LANMAN1, LANMAN2* und *NT1.*
%S	Der Name des aktuellen Dienstes.
%T	Das aktuelle Datum und die aktuelle Zeit.
%u	Der Nutzername des aktuellen Dienstes.
%U	Der Nutzername, den der Client während des *session setup* (Sitzungsaufbaus) angefordert hat. Er muss nicht unbedingt %u entsprechen.
%v	Die Samba-Versionsnummer.

Wichtige Konfigurationsdateien

Datei	Funktion
/etc/groups	Verzeichnis der Gruppen (Gruppennummer *gid* und Gruppenname).
/etc/hosts	Zuordnung von Namen zu IP-Adressen.

Datei	Funktion
/etc/inetd.conf	Konfigurationsdatei von *inetd*.
/etc/nsswitch.conf	Festlegung der Reihenfolge der Namensauflösung (nicht bei allen UNIX-Dialekten, aber bei Solaris und LINUX).
/etc/passwd	Nutzerangaben (Nutzernummer uid, Primärgruppe, Heimatverzeichnis, Shell...).
/etc/printcap	Drucker- bzw. Warteschlangenkonfiguration des BSD-Spoolsystems
/etc/shadow	Die verschlüsselten Passwörter der Nutzer aus der */etc/passwd*. Die Datei ist nur für den Nutzer *root* lesbar.

Internet-Adressen von Informationsquellen

Internet-Adresse	Inhalt
http://www.gnu.org	Die GNU-Homepage
http://www.ietf.org	IETF: RFCs
http://ww.microsoft.com/workshop/networking/cifs	Infos zu SMB und CIFS
http://samba.org	Die Samba-Homepage

Glossar

Glossar

ASCII

American Standard Code for Information Interchange – ein Standard zur Definition von Zeichen zum Informationsaustausch.

API

Application Programming Interface – eine Schnittstellendefinition für Programmierer.

Backslash

Das Zeichen »\«. Es wird in der Microsoft-Welt als Pfadtrennzeichen und in doppelter Form als Präambel für Servernamen benutzt, wie z.B. \\ruegen.

Die Shell unter UNIX benutzt es als Maskierungszeichen. Das bedeutet, dass das unmittelbar auf den Backslash folgende Zeichen nicht von der Shell interpretiert wird, wie z.B. der Stern bei dem Kommando:

```
find /home -name \*.txt -print
```

BDC

Backup Domain Controller – ein Computer, der ersatzweise oder im Fehlerfalle die Dienste eines PDC erbringt.

Boolescher Wert

Eine Variable, die nur die Werte ja oder nein (yes/no, true/false) annehmen kann.

Broadcast

Rundruf. Sendung an alle lokalen Netzwerkteilnehmer. Normalerweise wird nur ein Teilnetz von einem Broadcast abgedeckt. Es gibt jedoch prinzipiell auch weiterreichende Möglichkeiten, wenn die Inter-Netzwerk-Komponenten, wie Router, die Broadcasts weiterleiten. Letzteres wird selten realisiert, weil dadurch der Netzwerkverkehr drastisch zunimmt.

browse list

Eine Liste von Computern (bzw. deren NetBIOS-Namen) in einem

NetBIOS-Netzwerk. Ein Server legt diese Liste an. Die Clients ergänzen die Liste und fragen sie ab.

browse server

NetBIOS-Server, der eine *browse list* führt und damit die Liste der bekannten (aktiven) Computer propagiert.

Browsing

Eine Listenanzeige; im Sinne von Samba das Vorhalten und Anzeigen der verfügbaren Ressourcen innerhalb einer Arbeitsgruppe oder Domäne.

Bug

Synonym für Softwarefehler.

Cachen

Zwischenspeichern von Werten, die nur relativ aufwendig ermittelt werden können. Dadurch steigt der Speicherverbrauch, aber gleichzeitig sinkt die Systembelastung und die Wartezeit.

CIFS

Common Internet File System. Dieses Protokoll ist die Fortführung des SMB und löst es ab.

Client

Der Bediente in einem Client-Server-Konzept. Im Buch verwende ich grundsätzlich diesen englischen Begriff statt des deutschen Ausdrucks »Klient«.

Beispiel: Wenn Sie einen PC an einen Samba-Server anschließen wollen, dann ist der PC der Client.

... debug ...

Hilfe zur Fehlerfindung. Wenn in irgendeinem Zusammenhang das Debugging eingeschaltet wird, dann werden zusätzliche Informationen zur Verfolgung der Abläufe bereitgestellt.

DNS

Domain Name Service – ein TCP/IP-Dienst zur Auflösung von Namen zu IP-Adressen und umgekehrt. Der oder die Server, die den Dienst erbringen, werden in der TCP/IP-Einrichtung eingetragen.

Auf DNS kann in kleinen Netzwerken verzichtet werden. Dann ist auf jeder Maschine eine Hosttabelle zur Auflösung der Namen zu pflegen.

Domäne (domain)

Eine Anzahl von vernetzten Computern, deren Überprüfung der Nutzergültigkeit und damit die Vergabe von Zugriffserlaubnissen allein dem Domaincontroller obliegt. Das Konzept dient zur zentralen Verwaltung von Nutzerdaten und anderen Informationen.

Domain controller

Eine Maschine, die Anforderungen von Servern zur Bestätigung der Nutzergültigkeit beantwortet.

GMT

*G*reenwich *M*ean *T*ime – Zeitzone mit Referenzfunktion.

GPL

*G*nu *P*ublic *L*icense – ein populäres Lizenzmodell für Software-Quellen.

Hash-Code

Oft benötigt man für die Speicherung oder Zuordnung von Zeichenketten einen Kurzcode mit konstanter Länge. Diesen Code nennt man Hash-Code.

Homedirectory

Das Heimatverzeichnis eines Nutzers, also das Verzeichnis, was ihm vom System bei der Anmeldung automatisch zugewiesen wird.

Host

Ein Computer, eine Maschine (im Netzwerk).

hosts (*/etc/hosts*)

Tabelle, die die Zuordnung von IP-Adressen zu (Host)Namen enthält. Die Namensauflösung über diese Tabelle kann einzeln, alternativ oder in Ergänzung zum DNS verwendet werden.

Hostname

Maschinenname, Computername (im Netzwerk).

IE5

Gängige Abkürzung für *Microsoft Internet Explorer 5.*

Internet

Ein weltweites Netz von Rechnern (Hosts), die über TCP/IP kommunizieren.

IP

Abkürzung für *Internet Protocol*.

inetd

UNIX-Prozess, der konfigurierte Ports überwacht und auf Anforderung das entsprechende Dienstprogramm für den Port startet. Dadurch brauchen nicht ständig alle Dienste zu laufen, wenn sie nicht gebraucht werden.

Interface

(Netzwerk-Interface). Netzwerkschnittstelle zu anderen Computern. Sie wird in unserem Falle über eine IP-Adresse angesprochen. Ein weiterer wichtiger Parameter ist die Subnetzmaske.

Intranet

Ein lokales Netz von Computern, die über TCP/IP kommunizieren. Intranets können kontrolliert über eine Firewall an das Internet angeschlossen werden.

Log

Synonym für ein Protokoll oder eine Protokolldatei.

Master Browser

Siehe *Browsing*; der Master Browser liefert die *browse list*.

NetBEUI

***Net**BIOS **E**xtended **U**ser **I**nterface* – ein relativ einfaches Netzwerkprotokoll von IBM, das die NetBIOS-API implementiert und erweitert.

NetBIOS

***Net**work **B**asic **I**nput/**O**utput **S**ystem*. API, die es Programmierern erlaubt, Netzwerkanwendungen zu schreiben.

NetBIOS scope

Microsoft: »NetBIOS-BereichsID«. Eine Zeichenkette, die NetBIOS-Namensbereiche voneinander abgrenzt. Hosts in einem Bereich können Hosts aus anderen Bereichen nicht sehen, obwohl sie sich im gleichen physischen Netzwerk befinden.

NBNS

*NetBIOS **N**ame **S**erver* – ein Computer, der über eine Tabelle aus

NetBIOS-Namen IP-Adressen erzeugt (resolving). Er ist auch für die Eintragung neuer Namen zuständig (registration). WINS ist eine spezielle Microsoft-Implementation eines NBNS.

NIS

***N**etwork **I**nformation **S**ervice*. Die gelben Seiten des Internet/Intranet (deshalb früher auch yellow pages = yp genannt). Über NIS werden in (meist reinen) UNIX-Umgebungen Verwaltungsinformationen jeglicher Art, insbesondere Nutzerinformation, zentralisiert und verteilt.

PDC

***P**rimary **D**omain **C**ontroller*. Server, der in einem Microsoft-Netzwerk die Nutzer und Ressourcen verwaltet. Er übernimmt auch die Autorisierung der Nutzer.

RFC

RFC bedeutet ***R**equest **F**or **C**omment*, eine Art Quasistandard, der in der TCP/IP-Welt aber von allen Seiten akzeptiert wird.

root

Der Benutzernamen des Superusers (Administrators) eines UNIX-Systems.

rpm

redhat **p**ackage **m**anager – ein Installationsprogramm unter LINUX. Über *rpm* installierbare Pakete tragen ebenfalls diesen Namen.

Script

Im UNIX-Computerdeutsch eine Datei, die ein Programm zur interpretativen Abarbeitung enthält. Das entspricht also etwa einer Batch-Datei unter DOS.

SMB

***S**erver **M**essage **B**lock*. Protokoll zur Verteilung von Ressourcen im Netzwerk.

SP

***S**ervice **P**ack*. Gebräuchliche Abkürzung für Korrekturen und Anpassungen zu Windows NT, z.B. Windows NT4 SP5.

Subnetzmaske

Engl.: subnet mask: Bitmaske, die definiert, welcher Teil der IP-Adresse zum Netzwerk (1) und welcher zum Host (0) gehört. Typisch für ein Class-C-Netz ist die Subnetzmaske 255.255.255.0. Das bedeutet 24 Bit Netzanteil, 8 Bit Host-Anteil.

syslog

Systemprotokoll. Bei den meisten UNIX-Systemen läuft dieser Prozess, der von jedem Programm in Anspruch genommen werden kann, um Ereignisse zu dokumentieren. Es gibt verschiedene Ebenen der Eintragung, wie z.B. Fehler und Warnungen.

System V

Eine der großen Unterarten von UNIX. Dazu gehören Solaris, SCO-UNIX u.a., aber nicht LINUX.

TCP/IP

Transmission Control Protocol/Internet Protocol – ein paketorientiertes Netzwerkprotokoll mit Routing-Möglichkeiten, Fehlertoleranz und sicheren Datenverbindungen.

UFS

UNIX File System – ein Dateisystem unter UNIX, speziell z.B. bei Solaris im Einsatz.

URL

Universal Resource Locator – eine einheitlich aufgebaute Adressangabe zu Ressourcen, z.B. WWW-Seiten im Internet.

WAN

Wide Area Network. Überregionales Netzwerk, z.B. über Telefonverbindungen oder Standleitungen.

WfW, WfWg

Abkürzung für *Windows for Workgroups*, auch bekannt als Windows 3.11.

WINS

Windows Internet Name Service – eine spezielle Implementation eines NBNS, eingeführt von Microsoft.

YP

Yellow Pages. Siehe NIS.

Index

L

M

N

O

P

T

U

V